beck Ische
reihe

W0035129

b sr

Die „Vergangenheitsbewältigung" in Deutschland, also die politische Auseinandersetzung mit der nationalsozialistischen Diktatur und ihren Folgen, ist längst selbst zu einem historischen Thema geworden. Von der Entnazifizierung und den Nürnberger Prozessen bis zur aktuellen Debatte um das Holocaust-Mahnmal und die Entschädigung der Zwangsarbeiter beschreibt dieses Buch, wie die Deutschen politisch, juristisch und letztlich auch moralisch mit der NS-Vergangenheit umgegangen sind. Peter Reichel bietet dabei nicht nur eine Fülle von historischer Information, sondern er geht immer wieder auch der zentralen Frage nach, wie sich öffentliche Erinnerung an die Verbrechen des Dritten Reiches überhaupt konstituiert und gesellschaftlich entfaltet.

Peter Reichel ist Professor für Politische Wissenschaft an der Universität Hamburg. Mit seinen Büchern *Der schöne Schein des Dritten Reiches* (²1993) und *Politik mit der Erinnerung* (²1999) ist er als Kenner der Geschichte des Nationalsozialismus und seiner Folgen hervorgetreten.

Peter Reichel

Vergangenheitsbewältigung in Deutschland

Die Auseinandersetzung mit
der NS-Diktatur von 1945 bis heute

Verlag C.H.Beck

Die Deutsche Bibliothek – CIP-Einheitsaufnahme

Reichel, Peter:
Vergangenheitsbewältigung in Deutschland : die
Auseinandersetzung mit der NS-Diktatur von 1945
bis heute/Peter Reichel. – Orig.-Ausg. – München :
Beck 2001
    (Beck'sche Reihe ; 1416)
    ISBN 3 406 45956 0

Originalausgabe
ISBN 3 406 45956 0

Umschlagentwurf: +malsy, Bremen
Umschlagabbildung: Holocaust-Mahnmal Entwurf,
Architekt Peter Eisenmann (Foto: dpa);
auf der Rückseite: Hauptkriegsverbrecherprozess in Nürnberg,
vorne v. l. n. r.: Hermann Göring, Rudolf Heß, Joachim von Ribbentrop
und Wilhelm Keitel, dahinter Karl Dönitz und Erich Raeder,
Baldur von Schirach sowie Fritz Sauckel. Durch die Tür betritt Albert
Speer den Saal (Foto: Süddeutscher Verlag Bilderdienst, München)
© Verlag C. H. Beck oHG, München 2001
Gesamtherstellung: Druckerei C. H. Beck, Nördlingen
Printed in Germany

www.beck.de

Für R.R.

Inhalt

Vorwort

Auch wenn am 8. Mai 1945 die Waffen schwiegen, in Reims und Berlin-Karlshorst die bedingungslose Kapitulation unterzeichnet und das ‚Dritte Reich' liquidiert wurde, – die Geschichte der Hitler-Diktatur war damit nicht einfach zu Ende. Die zweite Geschichte des Nationalsozialismus hatte schon begonnen: Es ist die bis heute andauernde, konfliktreiche Geschichte der Schuldbewältigung und Schuldverdrängung, des politischen Wandels, des trauernden Gedenkens, des öffentlichen Erinnerns und Vergessens, der historiographischen Deutung und Umdeutung, des Erfindens und Erzählens. Es ist die Geschichte, in der zunächst die Nach- und Überlebenden, später auch die Nachgeborenen mit der Vergegenwärtigung der Vergangenheit Politik gemacht haben und weiterhin machen. Welch große Bedeutung dieser zweiten Geschichte des Nationalsozialismus bis heute zukommt, zeigt sich schon daran, dass für sie nicht weniger als vier verschiedene, spannungsreich gegeneinander abgegrenzte und miteinander verknüpfte Handlungsfelder relevant sind, mit je eigenem Aufgabenprofil, handlungsleitendem Kriterium und speziellem Personal:

– erstens die politisch-justitielle Auseinandersetzung mit den Folgen der Hitler-Diktatur und ihrer Verbrechen – also das, was seit Jahrzehnten im Kern mit ‚Vergangenheitsbewältigung' gemeint ist. Sie ist das Thema dieses Buches;

– zweitens die Geschichte der öffentlichen Erinnerungs- oder Memorialkultur, also die emotionale Hinwendung zur Vergangenheit und ihren Toten in rituellen Erinnerungsfeiern und Gedenktagen, Gedenkstätten und Denkmälern, die Gegenstand meines Buches über die *Politik mit der Erinnerung* (2. Aufl. Frankfurt/Main 1999) ist;

– drittens die Geschichte der ästhetischen Kultur, also die subjektive Vergegenwärtigung der NS-Vergangenheit in den künstlerischen Medien;

– viertens schließlich die wissenschaftliche Auseinandersetzung mit der Geschichte des Nationalsozialismus, also die objektivierende Darstellung und Deutung der Vergangenheit.

Die Forschung beschäftigt sich inzwischen nicht mehr allein mit der Zeit des Nationalsozialismus, sondern auch und in zunehmendem Maße mit seiner zweiten Geschichte, deren Teil sie ist. Auch in diesem Feld sind in den letzten Jahren beachtliche Fortschritte gemacht worden. Ohne sie wäre diese Einführung in das hochkomplexe Problemfeld der Vergangenheitsbewältigung kaum möglich gewesen. Einige wenige Hinweise zur Forschungslage mögen das verdeutlichen. Mehrere grundlegende Studien der letzten Jahre haben überzeugend nachgewiesen, daß bereits die fünfziger Jahre im Umgang mit der NS-Vergangenheit sehr viel widersprüchlicher, ereignis- und ergebnisreicher waren als uns ein populäres Geschichtsbild und prominente Autoren glauben machen wollen –, ob sie nun, wie Hermann Lübbe, das „Beschweigen" der Vergangenheit positiv und als funktional notwendig für den Übergang von der Hitler-Diktatur zur Nachkriegsdemokratie bewerten, oder, wie Ralph Giordano und zuvor schon die Mitscherlichs, als Fehlverhalten verurteilen.

In mehreren grundlegenden Untersuchungen und Dokumentationen sind auch die spröden und in ihrer bürokratisch-rechtlichen Komplexität nicht leicht überschau- und verstehbaren Problemfelder der Entnazifizierung und Wiedergutmachung erschlossen und einem breiteren Publikum zugänglich gemacht worden. In den letzten Jahren hat verständlicherweise die ‚antifaschistische' Auseinandersetzung mit der NS-Vergangenheit in der DDR großes Interesse gefunden. Auch der Vergleich der Vergangenheitsbewältigung in den beiden deutschen Teilstaaten rückt verstärkt ins Blickfeld, was sich bereits an einem produktiven Niederschlag in der wissenschaftlichen Literatur ablesen lässt. Mehr und mehr sind Kontinuität und Wandel zwischen der Zeit des Nationalsozialismus und seiner Nachgeschichte an exemplarischen Lebensgeschichten prominenter Akteure, Führungs- und Berufsgruppen untersucht worden.

Auch die großen NS-Prozesse – vielleicht das Herzstück deutscher Vergangenheitsbewältigung – finden, nachdem die bahnbrechende Studie zur nationalsozialistischen Gewaltkriminalität von Herbert Jäger aus den 1960er Jahren zunächst folgenlos blieb, in der Forschung allmählich die Aufmerksamkeit, die sie längst verdienen. Erst jüngsthin wendet sich das wissenschaftliche Interesse verstärkt den Nürnberger Prozessen, dem Eichmann- und dem Auschwitz-Prozess zu. In vielen Fällen fehlen allerdings Spezialstudien zu den oft langjährigen Verfahren, einschließlich ihrer öffentlichen, nationalen wie internationalen Resonanz. Eine gründliche Monographie der gesamten NS-Prozessgeschichte gibt es bisher ebenso wenig wie eine aus dem Kontext der politischen Kultur Westdeutschlands entwickelte Geschichte der legislativen und justitiellen Maßnahmen ‚gegen Rechts'. Die Verjährungsdebatten wurden bisher nur am Rande und im Rahmen allgemeiner parlaments- und justizgeschichtlicher Studien gewürdigt.

Angesichts so vieler Einzelthemen, die zur politisch-justitiellen Vergangenheitsbewältigung gezählt werden können, angesichts eines in der Öffentlichkeit anhaltenden Interesses und einer zumindest für Nicht-Spezialisten nur mehr schwer überschaubaren Literaturfülle, erscheint ein neuer Versuch, einen einführenden Gesamtüberblick zu geben, überfällig, zumal nach gut fünfzig Jahren Vergangenheitsbewältigung in Deutschland. Eine solche Einführung hat erstmals und bereits 1981 Peter Steinbach („Nationalsozialistische Gewaltverbrechen. Die Diskussion in der deutschen Öffentlichkeit nach 1945") vorgelegt. Das schmale, aber für viele Jahre anregende Buch wird zu Recht bis heute immer wieder benutzt und zitiert. Dem lange in Berlin und nun in Karlsruhe lehrenden Kollegen bin ich seit zwei Jahrzehnten freundschaftlich verbunden. Ihm verdanke ich viel, auch und gerade für die Erarbeitung des weitgespannten Problemfeldes dieses Buches.

Teile des Textes gehen auf Unterrichtsmaterialien zurück, die ich für Seminare und Vorlesungen erarbeitet und über die ich immer wieder mit Studierenden diskutiert habe. Insofern profitiert dieses Buch in hohem Maße von der Zusammenarbeit mit ihnen, ihrem Interesse, ihren Fragen und ihrem Widerspruch. Für diese, in den 1970er Jahren Geborenen, deren politisch-zeitgeschichtliche Bewusstseinsbildung in der Ära Kohl begann, ist die Zeit des ‚Dritten Reiches' schon die weit entrückte Geschichte ihrer Großeltern. Nur die öffentlichen NS-Debatten der jüngeren Gegenwart können sie aus eigenem Erleben beurteilen, während ihnen die frühe Nachgeschichte des Nationalsozialismus bereits die Eltern und Lehrer erzählt haben, wenn sie es denn taten. Ihnen für

den zeithistorischen Zusammenhang deutscher Vergangenheitsbewältigung einen von den späten vierziger Jahren bis an ihre Gegenwart heranreichenden Überblick und eine Arbeitsgrundlage
für die eigene Beschäftigung mit dem Thema zu geben, war ein
wesentliches Motiv, diese Einführung zu schreiben.

Meiner Mitarbeiterin Christina Gallo danke ich herzlich für
ihre ausdauernd freundliche und zuverlässige Hilfe bei Internet-
Recherchen, beim herkömmlichen Bibliographieren und bei der
Beschaffung von oft sehr kurzfristig benötigten Büchern, Zeit-
schriften und Zeitungen, Dr. Harald Schmid für seine kritische
Lektüre des ganzen Manuskriptes und zahlreiche Verbesserungs-
vorschläge, und Silke Möhl im Sekretariat für vielfältige Unterstützung. Sie verlor auch dann die Fassung nicht, wenn sie gleichzeitig schreiben, mailen, faxen und telefonieren musste. Die Hamburger Staatsbibliothek Carl von Ossietzky hat auch diesmal
vielfältige Hilfe geleistet; mein besonderer Dank gilt Dr. Dieter
Ludwig, für den offenbar kein Benutzerproblem unlösbar ist. Zu
großem Dank bin ich nicht zuletzt Dr. Detlef Felken, dem Chef-
lektor des Verlages C. H. Beck, verpflichtet. Er hat mich ermuntert
und auch gedrängt, aus einem schon aufgegebenen Projekt dieses
Buch für die Beck'sche Reihe zu machen. In diesen Dank sind im
Hause C. H. Beck herzlich auch Eva von Freeden und Dr. Ernst-
Peter Wieckenberg eingeschlossen.

Auch das familiäre Umfeld hat zum Gelingen beigetragen. Die
Kinder und Patenkinder sind inzwischen in einem Alter, dass man
ihren Zuspruch, ihre Hilfe und ihren Sachverstand gar nicht mehr
missen möchte. Kristina danke ich sehr herzlich für kritische Anmerkungen aus kompetenter juristischer Sicht. Annette hat die
ersten Texte ,getestet' und mir das schönste Kompliment gemacht,
als sie erklärte, für sie sei die Lektüre noch nach einem langen Ar-
beitstag, in nächtlicher Stunde, spannend gewesen. Und Matthias
war Retter in höchster Not, als ich noch im letzten Augenblick
wieder einmal zwischen den tückischen PC-Klippen manövrier-
unfähig wurde.

Hamburg im November 2000   *Peter Reichel*

1. Stile des Erbens und der Umgang mit Schuld

Die beiden deutschen Staaten als Nachfolger
der Hitler-Diktatur

Seit mehr als einem halben Jahrhundert sind der Nationalsozialismus und seine Gewaltverbrechen ein zentrales und dauerhaft kontroverses Thema. Nicht nur in der westdeutschen Politik, auch zwischen den beiden deutschen Teilstaaten war diese gemeinsame Vorgeschichte nach 1945 ein beständiges Streitobjekt. Dabei haben sich die Erben der Hitler-Diktatur wie zerstrittene Brüder aufgeführt. Ihre unterschiedlichen Einstellungen zu dieser Erbschaft prägten den Stil ihres Erbens und haben die innerdeutsche Auseinandersetzung beeinflußt.[1] Sie war zugleich Ausdruck der neuen internationalen Konfliktkonstellation des Kalten Krieges. Die zuvor in der Anti-Hitler-Koalition verbündeten, ungleichen Supermächte, die USA und die Sowjetunion, standen sich nun feindselig gegenüber. Unter ihrer politischen Vormundschaft begann der östliche, kommunistische Bruder mit dem Aufbau eines vorgeblich neuen Deutschland, während der größere, kapitalistische Bruder im Westen die Nachfolge des 1871 gegründeten Deutschen Reiches beanspruchte. Dieser verstand sich „als Mitglied einer antikommunistischen Allianz gegen den sowjetischen Totalitarismus", während sich jener „als Mitglied einer antifaschistischen Allianz gegen den Kapitalismus" sah.[2] Der SED-Staat hat sich von Anfang an wie ein Sieger der Geschichte benommen und dem Westen gegenüber gern als moralisch überlegen aufgespielt. Seine führenden Politiker repräsentierten zu einem Großteil, zumindest ihrem Selbstverständnis nach das neue, nach opfervollem Kampf siegreiche, antifaschistische Deutschland. Unbestritten ist, dass die miteinander rivalisierenden kommunistischen Führungsgruppen der frühen DDR unter ihrer Regimegegnerschaft und der Verfolgung des NS-Staates gelitten hatten, so unterschiedlich ihre Erfahrungen und Überzeugungen auch waren, die sie aus dem Moskauer Exil, der KZ-Haft oder der Emigration in westliche Länder mitbrachten. In dem Maße aber, in dem sich die Moskauer Gruppe um Walter Ulbricht, die sich auf die Sowjetische Militäradministration stützen konnte, durchsetzte, geriet ihr Antifaschismus und das Pathos ihrer sozialistischen Vision in Widerspruch zur Praxis eines zunehmend repressiven Regimes.[3] Die antifaschistische Staatsräson erstarrte zur rituellen Staatsdoktrin, und die stalinistischen Verbrechen des Archipel GULAG wurden ebenso verschwiegen wie das Unrecht in den Internierungslagern der Sowjetischen Besatzungszone.

Entsprechend lückenhaft und ideologisch verengt blieb das Geschichtsbild des SED-Regimes.[4] Die Machtübernahme durch die ‚faschistische' Hitler-Regierung wurde gemäß der Dimitroff-Formel aus den dreißiger Jahren als das Produkt der Machenschaften der „am meisten chauvinistischen, imperialistischen und aggressiven Teile des deutschen Finanzkapitals" dargestellt. Dieses Bündnis, so wurde unterstellt, habe zwei machtpolitische Interessen verfolgt: die Vorbereitung eines Eroberungskrieges gegen die Sowjetunion und die Abwehr einer drohenden proletarischen Revolution unter Führung der KPD. Folgerichtig erschien in dieser Perspektive der Antikommunismus des NS-Regimes weitaus bedeutsamer als dessen Rassenantisemitismus, wurde insbesondere die deutsche Arbeiterschaft zum Opfer der Hitler-Diktatur stilisiert und das deutsche Volk als von Hitler getäuscht und missbraucht dargestellt. Das hatte für die DDR-Bevölkerung keine geringe schuldentlastende Wirkung. Sie wurde dadurch noch verstärkt, dass die Geschichtsdoktrin der DDR den Faschismus als universales Entwicklungsproblem des Kapitalismus deutete. Eine im revolutionären Übergang von der Monarchie zur Republik 1918/19 immerhin mögliche Überwindung des Kapitalismus, so argumentierte sie, hätte dem Nationalsozialismus beizeiten den Boden entzogen.

Diese ‚Fehlentwicklung' versuchte die DDR-Führung in ihrer Gründungsphase zu korrigieren.[5] Mit umfassenden Enteignungen der Großindustrie und des Großgrundbesitzes („Junkerland in Bauernhand") sowie einer zunächst einschneidenden Entnazifizierung insbesondere im Justiz- und Bildungswesen konnte sie glauben machen, die 1918/20 gescheiterte sozialistische Revolution nachgeholt zu haben. Aus ihrer Sicht der Geschichte hatte sie jedenfalls in der revolutionären Umgestaltung und im sozialistischen Aufbau nachträglich die Ursachen des im Kapitalismus wurzelnden Faschismus ein für allemal beseitigt. Stolz und selbstgewiss erklärte die DDR nach Abschluss dieser Phase im Artikel 6 ihrer Verfassung von 1968 bündig, dass sie „auf ihrem Gebiet den deutschen Militarismus und Nazismus ausgerottet" habe. Eine politische Mitverantwortung für die Folgen der Hitler-Diktatur, die politische Schuld und materielle Schuldenlast, mit denen sich der westdeutsche Teilstaat immer wieder konfrontiert sah, wollte die DDR deshalb lange nicht akzeptieren. Aus ideologischer Überheblichkeit und innenpolitischer Bedrängnis heraus versuchte sie sich sogar verschiedentlich durch Denunziation und Verleumdung der Bundesrepublik zu profilieren und zu stabilisieren. So blieb die DDR fast bis zuletzt gefangen zwischen antifaschistischer Vergangenheitsverklärung, kommunistischer Zukunftsgewissheit und Schuldabwehr.

Wie sehr aber schließlich diese über Jahrzehnte ungleiche Lastenverteilung in der DDR als bedrückend und ungerecht empfunden wurde, zu welcher Geste der Korrektur einer verfehlten Geschichtspolitik ihre neuen politischen Repräsentanten imstande waren, das zeigte sich am Anfang des kurzen, demokratischen Endes der DDR in bewegender Weise. Die eben erst unabhängig gewordene Deutsche Demokratische Republik, die ihren Namen für einen zu kurzen Augenblick nun ganz zu Recht und selbstbewusst tragen durfte, sie dokumentierte ihre neue Freiheit mit einem in keinem anderen deutschen Parlament der Nachkriegszeit je so artikulierten Schuldbekenntnis: Ein Schuldbekenntnis als Unabhängigkeitserklärung. Als wollte die neue DDR diesem Bewusstseinswandel einen besonderen Ausdruck geben, ging dem Prozess der Wiedervereinigung mit Währungsunion (1. Juli) und Verfassungsvertrag (3. Oktober) die verspätete Übernahme einer historischen Schuld voraus. Am 12. April 1990 verabschiedete die erste demokratisch gewählte Volkskammer der DDR eine Resolution, die in der Nachkriegsgeschichte ihresgleichen sucht:

„Durch Deutsche ist während der Zeit des Nationalsozialismus den Völkern der Welt unermessliches Leid zugefügt worden. Nationalismus und Rassenwahn führten zum Völkermord, insbesondere an den Juden aus allen europäischen Ländern, an den Völkern der Sowjetunion, am polnischen Volk und am Volk der Sinti und Roma". Zugleich bekannte sich die Erklärung „im Namen der Bürgerinnen und Bürger dieses Landes zur Mitverantwortung für die Demütigung, Vertreibung und Ermordung jüdischer Frauen, Männer und Kinder". „Wir bitten die Juden in aller Welt", so heißt es dort weiter, „um Verzeihung. Wir bitten das Volk in Israel um Verzeihung für Heuchelei und Feindseligkeit der DDR-Politik gegenüber dem Staat Israel und für die Verfolgung und Entwürdigung jüdischer Mitbürger auch nach 1945 in unserem Lande."[6]

Diese Entschließung hat nicht nur den Umgang der DDR mit der Erbschaft des Nationalsozialismus als schwerwiegenden Fehler eingestanden – und symbolisch zu korrigieren versucht. Sie hat zugleich daran erinnert, dass für beide Nachfolgerstaaten des Deutschen Reiches der Nationalsozialismus *das* konstitutive Gründungsereignis gewesen ist. Aber es war eben so extrem negativ, dass sich weder die DDR noch die Bundesrepublik allein oder unmittelbar auf dieses Erbe beziehen konnten. Sie mussten eine Einstellung zur Erbschaft finden und an Ereignisse anknüpfen, die außerhalb der NS-Herrschaft liegen, aber mit ihr in ursächlicher Verbindung stehen. Beide Länder haben ihre neuen politischen Ordnungen gewissermaßen durch eine nachträgliche „Reparatur der Geschichte"[7] zu legitimieren versucht. Darin kommt der sehr unterschiedliche Stil ihres Erbens zum Ausdruck. Die DDR glaubte, die Erblast mit all ihren moralischen und materiellen Verbindlichkeiten ausschlagen zu können, und hat umso entschiedener das revolutionäre und Kulturerbe beansprucht, in welcher ideologischen Blickverengung dies auch immer geschah.

Einige Beispiele: 1948, in der antifaschistischen Gründungszeit der DDR, wurde u. a. das neben der Neuen Wache aufgestellte, von Christian Daniel Rauch geschaffene, klassizistische Standbild des preußischen Heeresreformers Gerhard von Scharnhorst als Symbol des verhassten preußischen Militarismus entfernt, anders als das Schloß aber glücklicherweise nicht zerstört. Fünfzehn Jahre später kehrte der General zurück. Nun war er als „Erfinder des Volksheeres" für die historische Legitimation der Nationalen Volksarmee nützlich.[8] In den achtziger Jahren wurde dann die preußisch-protestantische Tradition auf breiter Front rehabilitiert. Noch bevor 1983 das Karl-Marx-Jahr gefeiert wurde, proklamierte die DDR das Luther-Jahr. Anerkennung fand nun auch der konservative Widerstand gegen Hitler, selbst Friedrich der Große und Bismarck erschienen in einem günstigeren Licht.

Ganz anders war die Ausgangslage im Westen. Die Bundesrepublik hat sich von Anfang an zum Grundsatz der Gesamtnachfolge bekannt und die Erbschaft des Nationalsozialismus insofern mit allen darin enthaltenen und anfangs gar nicht absehbaren Risiken und Verbindlichkeiten antreten müssen. Der westdeutsche Teilstaat beanspruchte insoweit auch, in der Kontinuität des von Bismarck geschaffenen deutschen Nationalstaates zu stehen, zugleich aber mit seinem Vorgänger, der Hitler-Diktatur, definitiv zu brechen. Die konstitutiven Organe und die bei der Beratung des Grundgesetzes maßgeblichen Personen und Parteien der Bundesrepublik sahen vor allem in den Strukturschwächen und im Beginn der Selbstzerstörung der Weimarer Republik die entscheidende Bedingung für den Aufstieg der NSDAP und die Machtübertragung auf Hitler. Das Bezugsereignis für die zunächst defensiv verstandene freiheitlich-demokratische Grundordnung der Bonner Demokratie war das Jahr 1930, also der Übergang von der parlamentarischen zur präsidialen Demokratie. Bonn sollte nicht Weimar werden, aber die zweite Republik doch an die demokratischen Verfassungen von 1919 und 1848 anschließen. Die Bundesrepublik befand sich also von Anfang an in einem zwiespältigen und insofern auch stets zweideutigen Verhältnis zur NS-Vergangenheit. Einerseits versteht sich die alte ebenso wie die vereinte Bundesrepublik als Nachfolger des von den Alliierten liquidierten Deutschen Reiches. Zugleich beansprucht sie, eine Neuschaffung der Nachkriegszeit zu sein. Die beiden nationalen historischen Museen in Bonn und Berlin aus den Anfängen der Ära Kohl machen diese Zweideutigkeit anschaulich.

Die politische Praxis zeigte schnell, dass die Doppelrolle keine leichte Aufgabe sein würde. Denn als Nachfolgerstaat des Deutschen Reiches war die Bundesrepublik zugleich Treuhänder und Schuldner. In diesem politischen Selbstverständnis erhob sie nicht nur einen internationalen Alleinvertretungsanspruch und machte die Wiedervereinigung in der Grundgesetz-Präambel zum Verfassungsgebot. Sie übernahm auch gegenüber den Sieger- und Besatzungsmächten – also den Gläubigern des Deutschen Reiches – sowie gegenüber den Verfolgten des nationalsozialistischen Unrechtsstaates die Verpflichtung zur Tilgung der anfangs gar nicht absehbaren politisch-moralischen Schuld und materiellen Schuldenlast. So blieb in der westdeutschen Öffentlichkeit der Wille sichtbar, sich der Vergangenheit und ihren vielfältig nachwirkenden Belastungen zu stellen, wie widerstrebend und innergesellschaftlich widerstreitend dies auch immer geschah.[10] Die Bundesrepublik ist ein anschauliches Beispiel für eine gesellschaftlich-politische Entwicklung, in der „vernünftiges Lernen aus der Vergangenheit und neurotische Prägung durch die Vergangenheit eine eigentümliche Verbindung eingehen"[11] können, die zu charakteristischen Übertreibungen führt, ob im Bedürfnis nach Stabilität und Normalität, ob im Konsens, im Stolz oder im Selbstmitleid.

Durch die Entnazifizierung, die Nürnberger Prozesse, die nachdrücklich eingeforderte Rückerstattung und Wiedergutmachung konfrontierten die Alliierten die westdeutsche Nachkriegsgesellschaft mit den Verbrechen und Zerstörungen des nationalsozialistischen Unrechtsregimes und der Bewältigung ihrer Folgen. Die offensichtlichen Mängel und Ungerechtigkeiten, die mit diesen historisch einmaligen, bürokratischen und gerichtlichen Verfahren zwangsläufig einhergingen, wurden jedoch in der deutschen Bevölkerung vielfach als neues Unrecht und Schuldentlastung empfunden. Kampagnen *für* die in alliierten Gefängnissen einsitzenden ‚Kriegsverbrecher' und *gegen* die, auch von den Parteien und Kirchen vehement verurteilte Entnazifizierung gaben dem teilweise aggressiven Ausdruck.

Hinzu kam, dass der mit der Absage an den Nationalsozialismus eingeleitete und im amerikanischen Reeducation-Programm positiv als Demokratisierung der gesellschaftlichen Lebensweise konzipierte Wandel zu einer posttotalitären Gesellschaft durch den Ost-West-Konflikt gleichsam gebremst wurde. Denn durch ihn behauptete sich eine wichtige ideologische Grundorientierung der Zwischenkriegszeit, der Antikommunismus bzw. Antibolschewismus. Die Westdeutschen konnten glauben, zumindest in dieser Hinsicht seit langem auf der richtigen, westlichen Seite gestanden zu haben. Mehr noch. Die Bundesrepublik verknüpfte die Abkehr vom Nationalsozialismus im populären Antitotalitarismus tagespolitisch geschickt mit der Ablehnung des stalinistischen Kommunismus. Das hatte für die westdeutsche Wiederaufbaugesellschaft, in die sich nun die ehemalige ‚Volksgemeinschaft' verwandelte, in zweifacher Hinsicht einen vorteilhaften Effekt. Sie wurde von der Auseinandersetzung mit der NS-Vergangenheit teilweise entlastet. Und mit der – die ‚braune' und ‚rote' Diktatur identifizierenden – Totalitarismustheorie hatte sie etwas in der

Hand, das sie der kommunistischen Faschismustheorie entgegensetzen konnte.

Die politische Abkehr vom nationalsozialistischen Unrechtsregime und die soziale Integration seines mehr oder weniger kompromittierten Personals vollzogen sich im Rahmen stabiler politischer und schnell prosperierender wirtschaftlicher Verhältnisse. Über die NS-Vergangenheit wurde zwar immer wieder in der Öffentlichkeit geredet und gestritten, ob aus Anlass des Remer-Prozesses und des Verbots der Sozialistischen Reichspartei (SRP), der Wiedergutmachung und der Wiederbewaffnung, der Kriegsverbrecherfrage und des 20. Juli. Immer wieder entzündeten sich die Debatten auch an einzelnen Personen, an fragwürdigen Biographien und Karrieren, genannt seien nur Hans Globke, Veit Harlan, Werner Heyde/Sawade, Theodor Oberländer oder an anrührenden Lebensgeschichten von NS-Verfolgten wie insbesondere die der Anne Frank und Sophie Scholl. Aber im stark gegenwartsorientierten Bewusstsein einer Gesellschaft, die sich als ‚modern‘ verstand und vor allem an Wiederaufbau und Wirtschaftswachstum, an Konsum, Freizeit und Unterhaltung dachte, verblassten die Schreckensbilder der Vergangenheit, lösten sich die Konturen der anfangs dämonisierten Hitler-Diktatur auf.[12]

Im Übergang von den fünfziger zu den sechziger Jahren wurde dann allerdings schlagartig offenkundig, dass die Mehrzahl der Täter und Massenmordgehilfen, aber auch ein Großteil der durch den Nationalsozialismus belasteten Eliten in der Politik, der Wirtschaft, Wissenschaft, Medizin und Justiz nicht nur straflos davongekommen waren, sondern ihre bürgerliche Reputation zurückgewonnen hatten und ihre Pensionen verzehrten. Der Ulmer Einsatzgruppen-Prozess, die Einrichtung der Ludwigsburger Zentralstelle der Landesjustizverwaltungen für die Verfolgung von NS-Verbrechen, die großen Strafprozesse und Verjährungsdebatten des Bundestages führten am Vorabend der Studentenproteste der späten sechziger Jahre der jüngeren, in den Kriegsjahren geborenen Generation das ganze Ausmaß der Gewaltverbrechen und die Art und Weise der Verstrickung ihrer Väter und Mütter drastisch vor Augen. Dass die Studentenbewegung zur Politisierung der überfälligen NS-Debatte beigetragen und ihr zugleich durch ausufernde Theoriedebatten und einen vielfach denunziatorischen Antifaschismus auch geschadet hat, muss hier nicht erörtert werden.[13] Zu erörtern ist allerdings zunächst das, was im Generationenkonflikt der sechziger Jahre als Problem erkannt und je nach Einstellung ,Vergangenheitsbewältigung' oder ,unbewältigte Vergangenheit' genannt wurde, der politisch-justitielle Umgang mit dem nationalsozialistischen Erbe durch die Erben.

Bewältigung der Vergangenheit
durch Politik und Recht

Vergangenheitsbewältigung – das ist ein ebenso populäres wie umstrittenes Wort. Ungenau ist es auch. Denn was geschehen ist, kann nicht mehr bewältigt werden. Bewältigt werden können allerdings – oder müssen sogar – die für die Nachlebenden belastenden Folgen eines vergangenen politischen Ereignisses. Insoweit weist das Wort auf eine unangenehme und unausweichliche Aufgabe hin. Es tritt vieldeutig und gewichtig auf, gilt als typisch deutsch, ist kaum übersetzbar und in jedem Fall erläuterungsbedürftig. Vielleicht offenbart es auch, wie Bernhard Schlink gemeint hat, eine „Sehnsucht nach Unmöglichem", eine dem Ansinnen der „Wiedergutmachung" vergleichbare trotzig-naive, kindliche Einstellung: „das Vergangene so in Ordnung zu bringen, dass seine Erinnerung nicht mehr auf der Gegenwart lastet".[14]

Nur das, was gar nicht ausdrücklich genannt wird, versteht sich offenbar von selbst. Denn jeder, der das Wort hört oder benutzt, weiß sofort, dass die nationalsozialistische Vergangenheit gemeint ist und nur sie. Solange der Ausdruck ,Vergangenheitsbewältigung' in der öffentlichen Auseinandersetzung über das ,Dritte Reich' und seine Folgen dominierte, schien es, als habe jene Zeit alle anderen Vergangenheiten bedeutungslos gemacht, als sei alle weiter zurückgehende Vorgeschichte unserer Gegenwart auf diese eine kurze Zeitspanne der zwölf Jahre dauernden Hitler-Diktatur zusammengeschrumpft. Lange war das nationale Bewusstsein der Deutschen wie eingeschnürt durch eine Befangenheit der Nähe zum Nationalsozialismus und seiner Verbrechen. Erst nach und nach hat es Distanz zu der so bedrückend gegenwärtigen Vergangenheit finden und eine größere Zeittiefe zurückgewinnen können. Dem sozialen Gedächtnis der Deutschen, das seinen Rückhalt in der eigenen Nationalgeschichte 1945 zunächst weitgehend verlor, blieb insofern eine gewisse Unruhe und Unsicherheit eigen. Unser „unglückliches nationalstaatliches Geschichtsbewusstsein"[15] schwankt bis heute zwischen einer Historisierung und einer Verabsolutierung der nationalsozialistischen Vergangenheit. Es schwankt zwischen der forcierten Neigung, die Nationalgeschichte in der Deutung zu normalisieren, und dem nicht weniger ausgeprägten Hang, den historischen Rückblick auf den engen Zeithorizont der kurzen, aber folgenschweren zwölf Jahre zu zentrieren.

Der Göttinger Historiker Hermann Heimpel traf schon Ende der fünfziger Jahre den Kern dieses Problems, als er schrieb, „die Unrast und die Unlust, mit der wir der Geschichte begegnen, oder ihr auszuweichen suchen, ist zunächst also eine deutsche Erscheinung, ein deutsches Verhängnis – es ist die vielzitierte ‚unbewältigte Vergangenheit'. Diese bricht über alle herein, ob sie es wissen oder nicht – denn der Kampf um unsere Vergangenheit liegt nicht hinter uns, sondern vor uns."[16] Heimpel konnte nicht ahnen, wie bald und wie sehr er mit seiner Einschätzung Recht behalten sollte. Wenig später begannen die Eichmann- und Auschwitz-Prozesse, folgten die parlamentarischen Verjährungsdebatten und die politischen Kontroversen um die zeithistorischen Dramen von Rolf Hochhuth bis Peter Weiss. Am Vorabend der geschichtspolitisch außerordentlich konflikt- und ereignisreichen sechziger Jahre war Heimpel allerdings nicht grundlos beunruhigt über eine gewisse „Ermüdung und Bedrohung des geschichtlichen Sinnes".[17]

Wer immer das Wort ‚Vergangenheitsbewältigung' erfunden hat, es kam in Umlauf, als das erste Nachkriegsjahrzehnt zu Ende ging, die Zerstörungen des Krieges weitgehend beseitigt und die Folgen des nationalsozialistischen Unrechtsregimes bewältigt erschienen.[18] Westintegration und Wiederbewaffnung waren eingeleitet, die Bundesrepublik erhielt mit dem Deutschlandvertrag ihre Souveränität, und die westdeutsche Wiederaufbau-Gesellschaft ließ im optimistischen Schwung des ‚Wirtschaftswunders' die Vergangenheit hinter sich, mochte auch eine keineswegs unbedeutende Minderheit beharrlich von einer ‚unbewältigten Vergangenheit' sprechen, die gesellschaftliche Auseinandersetzung mit dieser Erblast einfordern und mit einer generationenübergreifenden, politisch-moralischen Verpflichtung begründen. Die schweigende Mehrheit forderte nach den Nürnberger Prozessen, nach beendeter Entnazifizierung, Begnadigung der ‚Kriegsverbrecher‘ und Wiedergutmachung den definitiven Schlusspunkt – so wie es im allgemeinen früher oder später noch stets nach einschneidenden politischen Systemwechseln geschieht.

Mit dem damals neuen Kunstwort ‚Vergangenheitsbewältigung‘ ist also ein durchaus alter Sachverhalt angesprochen. Denn das Problem, mit den Folgen eines als illegitim angesehenen Herrschaftssystems politisch und rechtlich umzugehen, hat sich für Nachfolgerstaaten immer wieder gestellt.[19] Grundsätzlich geht es dabei um die Frage, ob man mit den Verantwortlichen einer Diktatur ‚kurzen Prozess‘ macht, oder ob man sich auf eine langwierige Auseinandersetzung mit den Diktaturfolgen einlassen will. Einiges spricht dafür, dass das Ende einer Gewaltherrschaft „kurz und blutig" sein sollte, denn mit rechtsstaatlichen Mitteln kann „das Erbe an Hass, Wut, Entrüstung und Verachtung nicht bewältigt werden, das die Tyrannei materiell und psychisch hinterlässt".[20] In Deutschland gab es keine „Bartholomäusnächte" (E. Kogon), wie das nicht wenige NS-Verfolgte bei Kriegsende erwartet hatten.

Das gewaltsame Verstoßen und Lossagen von den Tätern, Anstiftern und Mithelfern eines Gewaltverbrechens durch eine Nacht der langen Messer trifft allerdings neben Schuldigen unvermeidlich immer auch Unschuldige.[21] Andererseits erweisen sich aber auch rechtsstaatliche, gerichtsförmige Verfahren gegenüber staatlich organisierten Verbrechen schnell als unzureichend. Zum einen, weil sie nur nach der individuellen Schuld im Sinne eines persönlich vorwerfbaren rechtswidrigen Verhaltens fragen können. Zum anderen, weil Strafprozesse der großen Zahl der Tatbeteiligten kaum gewachsen sind, ja, weil Art und Ausmaß des Verbrechens die Relation von Strafe und Schuld überhaupt außer Kraft gesetzt haben. Mit einer Unschuld der Opfer, die „jenseits der Tugend liegt", und mit einer „Schuld, die jenseits des Verbrechens steht", kann man, wie Hannah Arendt schon 1946 an Karl Jaspers schrieb, weder juristisch noch politisch umgehen. Göring zu hängen, sei „zwar notwendig gewesen, aber völlig inadäquat".[22]

Tatsächlich lassen sich in der nach Krieg, Revolution und politischem Systemwechsel mehr oder weniger unvermeidlichen Auseinandersetzung mit einer illegitimen Vergangenheit vielfältige Bewältigungsstrategien unterscheiden, wobei dem Recht als einem sowohl erinnernden als auch vergessenden Medium zentrale Bedeutung zukommt.[23] Ich unterscheide nachfolgend idealtypisch sieben Varianten rechtlich-politisch definierter Handlungsformen, die in der Realität zumeist komplexer, widersprüchlicher und oft auch kombiniert oder gemischt in Erscheinung treten.

Vergangenheitsbewältigung ist zudem kein spezifisch deutsches Phänomen, so sehr dies auch der Begriff und die anhaltende, lange auch ausschließliche Beschäftigung mit den Folgen der Hitler-Diktatur suggerieren mögen. Inzwischen wird diese Beschränkung mehr und mehr überwunden, interessiert sich zumindest die Wissenschaft für eine ländervergleichende Erforschung von Vergangenheitsbewältigung im Übergang von Diktaturen zu demokratischen politischen Systemen. Der folgende Überblick trägt dem Rechnung, lenkt den Blick aber doch immer wieder auf die Thematik dieser Einführung.

1. Dort, wo der politische Wandel von führenden Repräsentanten des alten Systems ausgeht, wird die *Vergangenheit im allgemeinen weitgehend ignoriert*. So geschah es, als in Spanien die Franco-Diktatur durch eine liberaldemokratische Monarchie abgelöst wurde und der Caudillo seinen königlichen Nachfolger Juan Carlos zuvor selbst bestimmt hatte. Einige hohe Offiziere wurden in den Ruhestand geschickt, aber eine Auseinandersetzung mit dem francistischen System und dem spanischen Bürgerkrieg, der den Diktator in den dreißiger Jahren an die Macht gebracht hatte, fand nicht statt. Vergleichbares geschah auch 1991 in Russland. Nach dem gescheiterten Putsch-Versuch verhielt sich der Gorbatschow-Nachfolger Jelzin maßvoll gegenüber den Putschisten, die wie er und seine Regierung zur alten Nomenklatura gehörten. Sie wurden lediglich angeklagt und verurteilt, weil sie die neue politische Ordnung herausgefordert hatten. Eine von der Staatsführung ausgehende, politisch-justitielle Auseinandersetzung mit dem Terror des KGB und des Archipel GULAG gab es bis heute nicht. Dass die Wahl des Jelzin-Nachfolgers auf einen ehemaligen KGB-Funktionär fiel, spricht in dieser Hinsicht nicht für einen Wandel.

2. Dem Umgang mit einer illegitimen Vergangenheit, der auf personelle Kontinuität im Wandel setzt, der nach der Schuld von Angehörigen der Führungsgruppen gar nicht erst fragt und Ver-

gangenheit insoweit ignoriert, steht die *gewaltsame Aktion der politischen Säuberung* gegenüber. Sie sucht für erlittenes Unrecht, insbesondere auch für Kollaboration mit einer feindlichen Besatzungsmacht Vergeltung und Rache durch neuen Terror. So kam es in Frankreich im Herbst 1944 im Süden des Landes und dort, wo kommunistische Widerstandsgruppen vorübergehend die Macht übernahmen, zu blutigen politischen Säuberungen, durch die nach Schätzungen etwa 10–20000 Personen ihr Leben verloren.[24] Wilde Exekutionen gab es auch in Norditalien und auf dem Balkan. Die Vergeltungsverbrechen der kommunistischen Partisanen Titos an Kroaten und Volksdeutschen haben in kurzer Zeit etwa einhunderttausend Menschenleben gefordert. Man hat von einem „Vergeltungsfuror"[25] gesprochen, in dem sich der blutige Bürgerkrieg zwischen Faschisten und Kommunisten zu einem Klassenkrieg gegen den Großgrundbesitz und das Besitzbürgertum auswuchs. Die Bluttat war, wie der serbisch-kroatische Bürgerkrieg gezeigt hat, im Gedächtnis der Nachkommen noch gegenwärtig.

3. Einen grundsätzlich anderen Weg eröffnet der Versuch einer *justitiellen Bewältigung von Diktaturfolgen.* Sie setzt nicht auf eine Art von Kollektivopfer und die symbolisch reinigende Kraft einer blutigen Säuberung. Sie vertraut vielmehr auf die Legitimität und Rationalität mehr oder weniger rechtlich geordneter Verfahren. Ihre Bandbreite erscheint indes so groß, dass sie unter einem strengen rechtsstaatlichen Maßstab kaum auf einen Begriff zu bringen sind. Grundsätzlich stehen im Schuldstrafrecht, das nach der objektiven Verfehlung des Beschuldigten ebenso fragt wie nach der subjektiven Schuld bzw. Schuldfähigkeit, zwei alternative Wege zur Verfügung. Der eine folgt dem Grundsatz *nullum crimen nulla poena sine lege* (kein Verbrechen, keine Strafe ohne Gesetz). Der andere geht den rechtsstaatlich bedenklichen, aber unter außergewöhnlichen Umständen unabweisbaren Weg der Sondergesetze und Sondergerichte. Er wird durch das Argument gestützt, dass die Zivilisations- oder Menschlichkeitsverbrechen seit langem durch das „Menschheitsgewissen geächtet" sind und insoweit die Völkermordkonvention des Jahres 1948 kein neues Völkerrecht geschaffen, sondern nur ältere Regelungen und Normen präzisiert hat.[26]

Die Alliierten haben diesen Weg beschritten und im Londoner Statut für das Internationale Militärtribunal in Nürnberg den völkerstrafrechtlichen Tatbestand der Verbrechen gegen die Menschlichkeit definiert. Er wurde später in das Kontrollratsgesetz Nr. 10 übernommen. Die Bundesrepublik mochte dem nicht folgen. Im Wiederaufbau des Rechtsstaates war ihr die Rechtssicherheit auch im Umgang mit den NS-Unrechtstätern wichtiger. Sie hat daher das Rückwirkungsverbot ausdrücklich in die Verfassung aufgenommen (Art. 103, 2 GG) und damit in Kauf genommen, dass viele Täter nur wegen Beihilfe verurteilt und manche Vergehen gar nicht geahndet werden konnten. Gleichsam in Anlehnung an Ernst Fraenkels Doppelstaatsthese – der zufolge ein politisch-ideologischer Maßnahme- und ein ziviler Normenstaat nebeneinander bestanden – ist die Bundesrepublik von der Fiktion ausgegangen, dass die einschlägigen Straftatbestände des StGB, also Mord, Beihilfe zum Mord, Totschlag usw. in der Zeit des ‚Dritten Reiches‘ gültige Rechtsnormen waren.[27]

In vielen von Hitler-Deutschland besetzten Ländern ist man anders verfahren, wollte man diese Rücksichten nicht nehmen. Dort wurden Sonderstrafgesetze erlassen, verhängten Sondergerichte gegen ‚Nazi-Kollaborateure‘ Todesstrafen für Landes- und Hochverrat, sowie Kriminalstrafen wegen Totschlag, Mord und Folter, oder sie ordneten als Sühnemaßnahmen Zwangsarbeit, Freiheitsentzug und Aberkennung der Staatsbürgerrechte an. Hinzu kommen die zahlreichen, von den Alliierten in ihren Besatzungszonen initiierten Prozesse gegen KZ-Wachmannschaften. Zahlreich waren auch die Strafverfahren vor polnischen Gerichten gegen das Personal der deutschen Vernichtungslager.

4. *Bürokratische Maßnahmen politischer Säuberung* ließen schließlich die Verhältnisse in Italien und Deutschland erforderlich erscheinen.[28] Nirgendwo sonst waren so viele Personen durch aktives Engagement für bzw. Anpassung an die totalitären Herrschaftssysteme in Straftaten verwickelt, politisch korrumpiert und hatten sich für einen Neuanfang disqualifiziert. Aber das Verfahren, die wirklich Kompromittierten von den Mitläufern zu trennen, erwies sich als ebenso aufwendig wie letztlich undurchführbar und kontraproduktiv. Denn der Schematismus und die quantitative Eskalation der Entnazifizierung schadeten nicht nur ihrem Ansehen und beeinträchtigten die Wiederherstellung der öffentlichen Ordnung und des Wirtschaftslebens. Nachteilig wirkten sie sich auch auf die anfangs unbestrittene Legitimation einer

politischen Säuberung aus. Tendenziell wurde jeder Deutsche zu einem Belasteten und konnte sich als ein potentielles Opfer der Besatzungsmächte sehen. Das provozierte die Abwehr eines Kollektivschuld-Vorwurfs, den die Alliierten pauschal nie erhoben haben. Am Ende hat das Entnazifizierungsverfahren mit einem gewaltigen bürokratischen Aufwand das Personal der NS-Diktatur weitgehend in Mitläufer verwandelt.

5. Mängel und Ungerechtigkeiten der bürokratischen und justitiellen Vergangenheitsbewältigung machten es früher oder später notwendig, die Folgen der missglückten Vergangenheitsbewältigung zu bewältigen, zumal sich die politischen Rahmenbedingungen in der zweiten Hälfte der vierziger Jahre schnell änderten. Das war die Stunde der *Amnestien und Gnadenentscheidungen*.[29] Letztere haben insbesondere in der mit hohem emotionalem Engagement geführten Auseinandersetzung um die in alliierten Gefängnissen einsitzenden sog. ‚Kriegsverbrecher‘ eine Rolle gespielt. Dem Nutzen dieser Entscheidungen stehen allerdings wiederum nicht geringe politische Kosten gegenüber. Gewiss, die Begnadigungen waren integrationspolitisch förderlich, und sie schwächten rechtsstaatliche Vorbehalte gegenüber den Alliierten, allerdings um den Preis, dass von den Amerikanern bereits zum Tode verurteilte Massenmörder Ende der fünfziger Jahre wieder auf freiem Fuß waren. Als wie bedeutsam die Bewältigung der Vergangenheitsbewältigung von fast allen Parteien angesehen wurde, unterstreichen auch die zahlreichen Amnestiegesetze, das sog. 131er Gesetz und die Beendigung der Entnazifizierung. Sie haben die gesellschaftliche Akzeptanz der neuen politischen Verhältnisse nicht unwesentlich erleichtert und die Integrationskraft der beiden großen Volksparteien erhöht.

6. Eine Art *Kompromiß zwischen gerichtsähnlichem Verfahren und politisch-justitiellem Sanktionsverzicht* hat die südafrikanische ‚Wahrheitskommission‘ unter Erzbischof Desmond Tutu gefunden, als es darum ging, die Menschenrechtsverletzungen durch das Apartheid-Regime zu ermitteln und innenpolitisch zu bewältigen, d. h. die unterschiedlichen Interessen, Verletzungen und Ängste von Opfern und Tätern zu integrieren. Ein Machtwechsel und die Überwindung der Apartheid in der ethnisch tief gespaltenen Gesellschaft zugunsten einer allmählichen inneren Aussöhnung wären durch ein Beschweigen der Opfer rassistischer Politik so

wenig möglich gewesen wie durch eine Bestrafung der Weissen für begangene Verbrechen. Straflosigkeit war auf der einen Seite Voraussetzung für Geständnisse. Die Ermittlung der Wahrheit gravierender Menschenrechtsverstöße bedeutete andererseits die Anerkennung der diskriminierten und verfolgten Schwarzen als Opfer. Dass sie wie die weiße Minderheit, die freiwillig ihre Machtposition aufgab, materielle Kompensationen erhielten, hat manchen Kritiker dazu verleitet, das viel gerühmte, sogenannte südafrikanische Wunder als „gekaufte Revolution"[30] abzuwerten. In realistischer Sicht erscheinen solche Zahlungen als ein wesentlicher Begleitschutz für den alles in allem friedlichen politischen Systemwandel. Andererseits hat der Verzicht auf einen gewaltsamen Konflikt den Gegensatz zwischen Schwarz und Weiß nicht beseitigt und die Frage der moralischen Überlegenheit auf die symbolische Handlungsebene abgedrängt.

7. Zur politisch-rechtlich definierten Vergangenheitsbewältigung gehört schließlich und nicht zuletzt auch die materielle *Entschädigung der Verfolgten*, also in dem hier behandelten Zusammenhang die Rückerstattung geraubten Vermögens und die Zahlung von Reparationen insbesondere an die jüdischen Opfer. Dieses umgangssprachlich seit langem als ‚Wiedergutmachung' bezeichnete, neben Strafverfolgung und Entnazifizierung dritte Kernstück der Vergangenheitsbewältigung war in der frühen Bundesrepublik eines der kontroversen innen- und außenpolitischen Themen.[31] Es hat die westdeutsche Gesellschaft lange beschäftigt und ist mit der strittigen Auseinandersetzung um die Entschädigung der Zwangsarbeiter in der jüngsten Gegenwart noch einmal aktuell geworden.

Den zuvor skizzierten rechtlich-politischen Formen der Bewältigung von Diktaturfolgen liegt im Kern ein Schuldvorwurf zugrunde, der von einem rechtswidrigen Verhalten ausgeht, das individuell vorwerfbar ist. Gemäß dem rechtsstaatlichen Grundsatz *nulla poena sine lege* ist rechtswidriges Verhalten als individuelle Verletzung von Rechtsnormen definiert, die zur Tatzeit Geltung hatten. Mit diesem juristisch definierten Begriff von Schuld ist die Annahme einer Kollektivschuld unvereinbar.[32] Tatsächlich aber spielt dieser Vorwurf in der politischen Auseinandersetzung mit dem NS-Erbe bis in die Gegenwart eine überragende Rolle.[33] Sei es, dass er in dem alliierten Versuch, die gesamte deutsche Aktivbürgerschaft politisch zu säubern, impliziert war. Sei es, dass er den Siegern nur unterstellt wurde, damit ihn die Besiegten umso nachdrücklicher zurückweisen konnten.[34] Sei es schließlich, dass die nationalsozialistischen Gewaltverbrechen unter den mitlebenden Zeitgenossen, aber auch in der Generationenfolge immer wieder Schuld- oder Schamgefühle hervorgerufen, Verantwortungsbewusstsein und Sühnegedanken wachgehalten und die Gesellschaft für überkommene Verpflichtungen sensibilisiert haben. In diesen Empfindungen und Bewusstseinsregungen ist die Schuldfrage im wesentlichen keine des Strafrechts, sondern der Mitmenschlichkeit, der Moral, des Taktgefühls und des kommunikativen Verhaltens.

Das erinnert an ältere, vormoderne gesellschaftliche und Rechtsverhältnisse, wie sie in der germanischen Rechtstradition bestanden. Darin war die Sippe nicht nur Rechts-, Wirtschafts- und Schutzverband, sondern eben auch Haftungsverband. Solange es keine anerkannte öffentliche Gewalt gab, wurden Art und Umfang von Haftung und Sühne zwischen Täter- und Opfersippe geregelt. Römisches Recht, christliche Sündenlehre, Aufklärung und der Übergang vom Feudalismus zur modernen Gesellschaft haben mehr und mehr den einzelnen Menschen zur Rechtsperson gemacht, die er zuvor nur qua Zugehörigkeit zu seinem Schutzverband war. Aber das rechtshistorische Erbe, der Gedanke einer kollektiven materiellen Haftung und moralischen Verantwortung wirkt in unserem alltäglichen Verständnis von individueller Schuld nach. Neben dem strafrechtlich relevanten Verhalten Einzelner kommt von Fall zu Fall auch die ‚Tätersippe‘ insgesamt ins Blickfeld, zumal dann, wenn es sich um ein so außerordentliches Vergehen wie das eines staatlich initiierten Völkermords handelt, in dessen Vollzug gewiss nicht alle Mitglieder der ‚Tätersippe‘ zu Tätern und Beihelfern wurden, aber eben doch erschreckend viele.

Für eine präzise und anschauliche Charakterisierung dieses erweiterten Schuldbegriffs hat Schlink die Unterscheidung zwischen einer „horizontalen“ und einer „vertikalen“ Dimension eingeführt.[35] Der Vorwurf einer kollektiven Schuld trifft zunächst die Mitlebenden. Im Sinne eines moralischen Fehlverhaltens sind auch jene schuldig geworden, die zugesehen und geschwiegen haben, als die Verfolgung und Vernichtung der ‚Fremdvölkischen‘

und ‚Gemeinschaftsfremden' ihren Lauf nahm. Der Vorwurf, nicht widersprochen und nicht Widerstand geleistet zu haben, kann sich schlechterdings nicht gegen alle Deutschen aus der Zeit des Nationalsozialismus richten. Aber er macht auf die Folgen von unterlassenem Handeln aufmerksam.

Noch weniger kann man hinsichtlich der vertikalen Dimension im eigentlichen Wortsinn von Kollektivschuld sprechen. Den Spätgeborenen ist nicht mehr der Vorwurf des unrechtmäßigen Verhaltens oder der Unterlassung zu machen. Ihre Schuld entsteht dadurch, dass und insoweit sie die Täter und Mittäter nicht verurteilt und aus der Solidargemeinschaft ausgeschlossen haben. Die Debatten um die Amnestiegesetze, die Begnadigungen, aber auch um die Verfolgungsverjährung von Mord und Völkermord gehören in diesen Zusammenhang. Wie sehr dabei das Prinzip der kollektiven Haftung noch mitgedacht wird, zeigt die Kontroverse um das Diktum der „zweiten Schuld" (R. Giordano).

Im Hinblick auf die weiter nachfolgenden Generationen stellt sich die kollektive Schuldfrage vor allem als kommunikatives Fehlverhalten im Verhältnis der Nachkommen der Verfolgten und ihrer Peiniger. Gefühle der Befangenheit und Peinlichkeit werden mobilisiert, wenn beispielsweise die mangelnde Sensibilität deutscher Politiker gegenüber den Holocaust-Überlebenden aus dem bloßen Zufall eine „Gnade der späten Geburt" macht und dies so forciert tut, dass aus der Formel eine Art von Rechtsanspruch auf Aussöhnung und Normalität herausgelesen werden kann.

Die sich horizontal und vertikal ausbreitenden „Netze der Schuld"[36] haben ihre eigene Funktionsweise und Unentrinnbarkeit. Von den Deutschen, die vor 1945 in einem strafrechtlichen Sinne schuldhaft gehandelt haben können, leben im Jahre 2000 nur noch wenige. Das deutsch-jüdische Schuldverhältnis ist zwar noch entschädigungsrechtlich, aber im wesentlichen nicht mehr strafrechtlich definiert. Schuldverhältnis, Schulderfahrungen und Schuldgefühle haben sich im Laufe der Jahrzehnte verändert. Aber soweit wir unsere kollektive Identität als eine geschichtlich gewachsene verstehen, werden wir auch zukünftig der Auseinandersetzung mit der Schuldfrage nicht entrinnen.

2. Entnazifizierung.
Versuch einer politischen Säuberung

Als Churchill, Roosevelt und Stalin, die ‚Großen Drei', Anfang Februar 1942 zur Konferenz von Jalta zusammenkamen, bestanden zwischen ihnen erhebliche Differenzen hinsichtlich einer gemeinsamen Deutschlandpolitik für die Zeit nach dem noch nicht absehbaren Kriegsende. In einem wesentlichen Punkt waren sie sich allerdings – zumindest im Grundsätzlichen – einig, in ihrem unbeugsamen Willen, „den deutschen Militarismus und Nazismus zu vernichten und die Garantie dafür zu schaffen, dass Deutschland nie wieder in der Lage sein wird, den Weltfrieden zu brechen". Dieses Ziel wollten sie auf zwei Wegen erreichen. Zum einen durch die Anklage und Verurteilung der ‚Kriegsverbrecher' vor einem Internationalen Militärtribunal und durch ein Verbot von Organisationen, Gesetzen und Symbolen des Nationalsozialismus. Zum anderen sollten „alle nazistischen und militärischen Einflüsse aus öffentlichen Einrichtungen, dem Kultur- und Wirtschaftsleben des deutschen Volkes" entfernt werden.[37]

Das war leichter gesagt und beschlossen als in der Praxis umgesetzt. Einige hundert Personen, die NS-Führung und die Funktionseliten des ‚Dritten Reiches', konnte man vor Gericht stellen, NS-Organisationen auflösen, NS-Gesetze aufheben, NS-Bauten und Symbole zerstören – aber wie sollten die Siegermächte die Gesellschaft als Ganzes vom Nationalsozialismus säubern, de- oder entnazifizieren, wie das im amtlichen Zeitjargon hieß?[38] Die ersten maßgeblichen Richtlinien und Kriterien wurden in der US-Direktive JCS 1067 fixiert. Sie sah u. a. die Auflösung der NSDAP und aller ihr angeschlossenen Einrichtungen vor, ebenso wie die Verhaftung der höheren NS-Funktionäre, die Entfernung aller mehr als nur nominellen Parteimitglieder aus dem öffentlichen Dienst und die Säuberung des Erziehungswesens vom Nationalsozialismus.

Am Anfang stand der ‚Automatische Arrest'. Durch ihn wurden etwa 200000 als gefährlich geltende und mutmaßlich in die

Verbrechen verstrickte NS-Aktivisten aus dem gesellschaftlichen Leben entfernt und in Internierungslager gebracht.[39] Bis zum Jahreswechsel 1946/47 hatte sich diese Zahl – anders als in der Sowjetischen Besatzungszone – bereits halbiert. Interniert blieben zunächst die Angehörigen der SS, der Gestapo und des Korps der Politischen Leiter der NSDAP, also jener Einrichtungen, die durch das Nürnberger Militärtribunal als ,verbrecherische Organisationen' verurteilt worden waren. Hinzu kamen im ersten Jahr nach Kriegsende etwa 150 000 Angehörige des öffentlichen Dienstes und etwa 70 000 Personen aus Wirtschaft und Handel, die von ihren Positionen entfernt wurden. Insbesondere die amerikanische Besatzungsmacht ging dabei ebenso schematisch wie rigoros vor.

Der Schematismus und noch mehr die Ausweitung der Entlassungs- und Bestrafungsrichtlinien war eine Folge des politischen Streits innerhalb der amerikanischen Regierung über die Ziele der Besatzungs- und Entnazifizierungspolitik. Zwar konnten sich mit Unterstützung von Roosevelt bereits im Frühjahr 1945 die Verfechter der „outlaw theory" im amerikanischen Außen- und Justizministerium durchsetzen, die von einer Kriminalität der NS-Führungsgruppen ausgingen und deshalb die Bestrafungsaktionen im wesentlichen auf diese beschränken – und die Gesamtbevölkerung schonen wollten.

Wiederholt sah sich jedoch die US-Militärregierung zu Zugeständnissen an die öffentliche Meinung der USA veranlasst. Diese argwöhnte, die Befehlshaber der eigenen, schwer geprüften Soldaten könnten mit den besiegten und beschuldigten Deutschen zu nachsichtig umgehen. Hinzu kam der anfangs nicht geringe Einfluss jener rigorosen deutschlandpolitischen Auffassungen, wie sie der amerikanische Finanzminister Morgenthau und die sogenannten „Vansittartisten" verfochten.[40] Sie deuteten den Nationalsozialismus als Folge einer pathologisch verformten politischen Kultur und Kollektivmentalität der Deutschen und verlangten entsprechend harte Bestrafungen und gesamtgesellschaftlich nachhaltige Sanktionen.

Die nächste Stufe der Ausweitung der Entnazifizierung begann Ende September 1945 mit dem Militärgesetz Nr. 8, das nun auch massiv in die Wirtschaft eingriff. Mit Hilfe des berühmt-berüchtigten Fragebogens und dessen 131 Fragen sollten die Personen in Schlüsselfunktionen vor ihrer Wiedereinstellung überprüft werden. Für die Entlassungspflichtigen gab es ab Januar 1946 mit der Kontrollratsdirektive Nr. 24 eine neue Grundlage, die auf Vereinheitlichung zielte. In einer Liste waren nicht weniger als 99 Kategorien von Nationalsozialisten und Personen festgelegt, von denen die Alliierten annahmen, dass sie ihnen feindlich gegenüberstehen würden und die deshalb ohne Ansehen der Person und Prüfung des Einzelfalls entlassen wurden. Schon bald zeigte sich allerdings, dass der Schematismus und die Überdehnung der Entnazifizierungsdirektiven mehr Verwirrung und Unmut stifteten als Nutzen brachten. Die Maßnahmen beeinträchtigten den Wiederaufbau des öffentlichen Dienstes und der Wirtschaft. Den Amerikanern blieb schließlich kein anderer Ausweg, als die Deutschen am Verfahren zu beteiligen.

Das geschah am 5. März 1946 mit dem Gesetz zur Befreiung von Nationalsozialismus und Militarismus und der Einführung des sogenannten Spruchkammerverfahrens. Das Befreiungsgesetz, nach schwierigen Verhandlungen zwischen der US-Militärregierung (OMGUS) und dem Länderrat zustande gekommen, suchte den Interessen der amerikanischen wie der deutschen Seite gerecht zu werden. Es stellte insoweit einen Kompromiß dar zwischen den formal definierten Pflichtentlassungskategorien auf der einen und der Einzelfallprüfung und gerichtlichen Ermessensentscheidung auf der anderen Seite. Unbestritten ist, dass die Individualisierung des Verfahrens, die Einführung gerichtsähnlicher Spruchkammern, samt Richter und Revisionsmöglichkeit die rechtsstaatliche Qualität der Entnazifizierung verbessert haben. Die politischen Kosten dieses Verfahrens waren allerdings erheblich. Der immense bürokratisch-gerichtliche Aufwand einer massenhaften politischen Säuberung und ihr Ergebnis gerieten immer mehr in ein Missverhältnis zueinander. Was als Entnazifizierung gedacht und geplant war, also als Entfernung und Bestrafung der nazistischen Elemente aus der deutschen Gesellschaft, endete als umfassende Rehabilitierungsmaßnahme.

Das Befreiungsgesetz wollte viel erreichen. Alle Personen, welche „die nationalsozialistische Gewaltherrschaft aktiv unterstützt oder sich durch Verstöße gegen die Grundsätze der Gerechtigkeit und der Menschlichkeit oder durch eigensüchtige Ausnutzung der dadurch geschaffenen Zustände verantwortlich gemacht haben", sollten überprüft, ggf. aus dem öffentlichen Leben ausgeschlossen und zur Wiedergutmachung verpflichtet werden. Das wesentliche Kriterium – und zugleich der entscheidende Unterschied zum bisherigen Verfahren – lag in der „Abwägung der individuellen Verantwortlichkeit und der tatsächlichen Gesamthaltung".[41] Jeder Deutsche, der über 18 Jahre alt war, musste den Fragebogen ausfüllen, den der öffentliche Kläger der Spruchkammern in einer Grobsortierung nach fünf formalen Belastungskategorien einstufte. Diese Kategorien waren: I. Hauptschuldige (in der Regel die Angehörigen der vom Internationalen Militärtribunal als verbrecherisch verurteilten Organisationen: SS, Gestapo, Korps der Politischen Leiter der NSDAP); II. Belastete (NS-Aktivisten, Militaristen, Nutznießer); III. Minderbelastete; IV. Mitläufer; V. Entlastete.

Allein in der US-Zone (d.h. in Bayern, Bremen, Hessen und Württemberg-Baden) wurden etwas mehr als 13 Millionen Fragebögen ausgefüllt.[42] Nur etwa ein Viertel, nämlich 3,4 Millionen Personen waren durch das Befreiungsgesetz betroffen, aber nur in weniger als einem Drittel dieser Fälle kam es überhaupt zu einer mündlichen Verhandlung. Übrig blieben ca. 1 600 Personen als ‚Hauptschuldige' und etwa 22 000 Personen, die als ‚Belastete' galten, aber nach Berufungsverfahren in großer Zahl bald in untere Kategorien eingestuft wurden. Sie blieben schließlich ebenso ohne Sanktionen wie die etwa 2,4 Millionen Fälle, in denen eine Amnestie oder die Einstellung des Verfahrens erfolgt war. Was unter dem hohen Anspruch einer differenzierten Säuberung begonnen hatte, endete in einer individuelle Schuld und Verantwortung nivellierenden ‚Mitläuferfabrik', die Lutz Niethammer so eindringlich und beispielhaft für die US-Zone dargestellt hat.

So standen die schöffengerichtlich organisierten Spruchkammern mit mehr als 20 000 juristischen Laien, die von den wieder zugelassenen Parteien rekrutiert wurden, vor der undankbaren und kaum lösbaren Aufgabe, Millionen von Fragebögen zu prüfen und einige Hunderttausend Einzelfälle zu verhandeln. Wahrheitsermittlung von Amts wegen, Zeugenvernehmung, Widerlegung der Annahme eines strafbaren Handelns durch die Verteidigung, Einstufung und Verhängung der Sühnemaßnahme und am Ende schließlich das Berufungsverfahren prägten eine Spruchkammerpraxis, die deshalb so umstritten war, weil sie dem traditionellen Strafrecht widersprach. Denn sie kehrte die Beweislast um. Nicht die Gerichte mussten die Schuld der Beschuldigten, nein, diese mussten der Spruchkammer ihre Unschuld nachweisen. Hier lag eine wesentliche Voraussetzung für die später oft kritisierte und karikierte, sogenannte Persilschein-Praxis, durch die sich die Angehörigen der vormaligen ‚Volksgemeinschaft' gegenseitig Unbedenklichkeitsbescheinigungen über ihre Vergangenheit ausstellten.

Als ungerecht wurde auch empfunden, dass jene, die als ‚Belastete' eingestuft waren, bis zum Abschluss ihres Verfahrens nicht in ihren bisherigen Positionen beschäftigt wurden, sondern nur einer „gewöhnlichen Arbeit" nachgehen durften. Denn die Spruchkammern bemühten sich vorrangig um die Aufhebung amerikanischer Entlassungsverfügungen und zogen die Vielzahl der Bagatellfälle vor. Davon profitierten später die aufgeschobenen schweren Fälle, als die Entnazifizierung 1948 beendet wurde. Der Volksmund protestierte auf seine Weise: „Die Kleinen hängt man, und die Großen lässt man laufen". Dabei zeigen Umfragen, dass etwa die Hälfte der Befragten unmittelbar nach Kriegsende durchaus einverstanden war mit einer rigiden Säuberungspolitik der Alliierten. Die Zustimmung nahm in den ersten Monaten sogar noch zu. In dem Maße aber, in dem nach Inkrafttreten des Befreiungsgesetzes aus der Entnazifizierung ein „Monsterverfahren"[43] wurde, verringerte sich diese zustimmende Einstellung in der Bevölkerung und fiel bis Anfang 1949 auf deutlich unter 20 Prozent.[44]

Dass sich die Spruchkammern zunächst vor allem mit den „kleinen Fischen" beschäftigten, ist nicht ihnen und auch nicht dem Befreiungsgesetz vorzuwerfen, sondern eine Konsequenz der bestehenden Verhältnisse.[45] Einerseits wurden die Kammern mit einer Flut von Bittgesuchen jener Beamten, Angestellten und Freiberufler konfrontiert, die sich durch die anfänglich rigorose und schematische Entlassungspolitik zu Unrecht bestraft fühlten und auf schnelle Überprüfung ihres Falles drängten. Andererseits standen die Kammern unter dem Druck fühlbarer Sachzwänge: überall fehlten kompetente Fachleute, in der öffentlichen Verwaltung und in der materiellen Versorgung der Bevölkerung, bei der Polizei, in der Justiz, im Bildungs- und Gesundheitswesen.

Aber nicht nur organisatorisch und ökonomisch, auch sozialstrukturell und mental waren einer umfassenden politischen Säuberung enge Grenzen gezogen. So sehr es als Fortschritt begrüßt wurde, dass nicht mehr die Sieger über die Besiegten urteilten, die Säuberung vielmehr von diesen selbst organisiert wurde – unter durchaus misstrauischen Blicken der Alliierten: In den Spruchkammern und Entnazifizierungsausschüssen mussten nicht selten „Nachbarn über Nachbarn zu Gericht sitzen, Kollegen Kollegen belasten". Nazis und Regimegegner, schwer und weniger Belastete waren durch ein und dasselbe soziale Netz miteinander verbunden, in dem sie auch zukünftig leben mussten und wollten. Dieser Umstand erwies sich als ein subtiler, „aber wirksamer Schutz vor einer tiefgehenden politischen Personalsäuberung".[46]

Diese Tendenzen, aus einer politischen Säuberung eine Reinwaschung oder vielleicht zutreffender: Graufärbung zu machen, blieben den Alliierten nicht verborgen. Insbesondere die Amerikaner hielten mit ihrer Kritik nicht zurück. Bisweilen klangen ihre Vorbehalte wie eine Drohung. In seiner Rede vor dem Länderrat Anfang November 1946 gratulierte der stellvertretende US-Befehlshaber General Clay dieser für die Wiedergewinnung deutscher Selbstverwaltung so wichtigen Institution zunächst höflich zu ihrem ersten Geburtstag, brachte aber zugleich seine schwere Enttäuschung über den bisherigen Verlauf der deutschen Entnazifizierung zum Ausdruck, um mit der Drohung zu schließen, dass die Militärregierung nicht gewillt sei, „dem deutschen Volk die Selbstregierung einzuräumen", solange es sein öffentliches Leben nicht entnazifiziert habe.[47]

Was der US-Militärregierung nicht entschieden und konsequent genug erschien, ging den Skeptikern und Gegnern der Entnazifizierung von Anfang an viel zu weit. Schon im Frühjahr 1946 hatte der Ratsvorsitzende der EKD, Landesbischof Theophil Wurm, in einem Brief an die US-Militärregierung gegen das Befreiungsgesetz protestiert, weil es „elementare Rechtsgrundsätze" verletze und neues Unrecht mit sich bringe.[48] Selbst von ehemaligen NS-Verfolgten und prinzipiellen Befürwortern einer politischen Säuberung wurden Befreiungsgesetz und Spruchkammerpraxis abgelehnt.[49] Der Buchenwald-Häftling, Linkskatholik und Mitherausgeber der *Frankfurter Hefte*, Eugen Kogon, plädierte nachdrücklich für das Recht auf politischen Irrtum, und der Präses der Hessischen Landeskirche, Martin Niemöller, KZ-Häftling auch er, rief zu Beginn der Passionszeit 1948 in einer Kanzelabkündigung seine Pfarrer zum Boykott der Entnazifizierung auf; sie sollten

„dieses Ärgernis" nicht länger mitverantworten. Spätestens im Jahr 1949 galt die Entnazifizierung als gescheitert, war nur noch von einer „Justiztragödie" *(Rheinischer Merkur)* oder von einer „Denazifizierungs-Komödie" *(Christ und Welt)* die Rede. Die Gewerkschaftszeitung *Der Bund* nannte „das Ergebnis eine Vergiftung". Langfristig gesehen war es womöglich doch mehr.

Nach Lage der Dinge ist 1945 der Versuch einer – in ihrer massenhaften Dimension beispiellosen – politischen Säuberung ebenso unausweichlich gewesen wie ihr Scheitern unter den gegebenen Umständen unvermeidlich erscheint. Jahrzehntelang ist vor allem die Ergebnislosigkeit der Entnazifierung betont und auf ihre kontraproduktiven Wirkungen hingewiesen worden. So gilt die Entnazifizierung insbesondere deshalb als verfehlt, weil sich das Verfahren auf zu viele Personen erstreckte und zu schematisch angewandt wurde. Auch das Befreiungsgesetz brachte keine Verbesserung. Es vermied einen einschneidenden Eingriff zur Entfernung der am stärksten belasteten Funktionseliten und entschied sich stattdessen für eine bürokratisch ebenso aufwendige wie politisch unbefriedigende Einzelfallprüfung. So wurde am Ende aus der beabsichtigten differenzierten Bestrafung und Entlassung eine Massenentlastung. Als verfehlt gilt die Entnazifizierung schließlich auch, weil die schnelle Rückkehr und Rehabilitierung der von den Alliierten 1945 ‚Verdrängten' im Wiederaufbau angeblich zu einer ‚Renazifizierung' der Gesellschaft bzw. des öffentlichen Dienstes geführt hat.

Inzwischen haben sich Wahrnehmung und Bewertung verändert, werden dem Scheitern kurzfristiger politischer Säuberungsziele durchaus positive Langzeitwirkungen gegenübergestellt. In dieser Perspektive erscheint die Gesamtbilanz in einem günstigeren Licht.[50] Gewiss, aus einer Wunschperspektive bleibt die Bundesrepublik für alle Zeit mit dem Makel behaftet, dass sie nicht von Anfang an die Republik der Regimegegner, NS-Verfolgten und Emigranten war und dies auch in den ersten zwanzig Jahren nach ihrer Gründung nicht wurde. Das aber hätte ihre Selbstbefreiung zur Voraussetzung gehabt, wofür die Kräfte des Widerstands zu schwach, die Anpassungsbereitschaft und der ‚volksgemeinschaftliche' Durchhaltewille bis zuletzt zu groß waren. Und einer politischen Selbstreinigung der Deutschen stand immerhin entgegen, dass die Herrschaft des ‚Dritten Reiches' eben nicht nur auf Terror und politischer Unfreiheit beruhte, sondern auch und in hohem Maße auf ‚volksgemeinschaftlicher' Massenloyalität und Massenfaszination, von der im Laufe der dreißiger Jahre auch große Teile der Arbeiterschaft erfasst wurden, was einzugestehen SPD und Gewerkschaften nach 1945 verständlicherweise schwer fiel.

Aus Millionen angepasster, mehr oder weniger mitverantwortlicher Mitläufer konnten nicht über Nacht überzeugte Demokraten werden, und aus NS-Aktivisten schon gar nicht. Ihre vorübergehende Disqualifizierung dürfte aber ihre Anpassungsbereitschaft an die neuen politischen Verhältnisse erhöht und diese damit zugleich stabilisiert haben. Und eben dies wollten ja die Alliierten langfristig erreichen. So fragwürdig den Nachlebenden Vertuschung und Verharmlosung der Schuldverstrickung auch immer erscheinen mögen, der Übergang von der Diktatur zur Demokratie war angesichts einer so weitgehend kompromittierten Gesellschaft ohne eine gewisse, distanzschaffende Verdrängung und zeitliche Streckung der zu bearbeitenden Diktaturfolgen kaum zu bewerkstelligen.[51]

Darin mag, wer vor allem die Fehler und Versäumnisse der westdeutschen Vergangenheitsbewältigung moralisch denunzieren will, eine „zweite Schuld" (R. Giordano) erkennen. Aus einer realistisch-nüchternen Sicht wird man auch von einer zweiten Chance sprechen können, die zumindest teilweise genutzt wurde. In zahlreichen politischen Skandalen hat die westdeutsche Wiederaufbaugesellschaft schon seit den frühen fünfziger Jahren sich selbst immer wieder mit den Folgen ihrer zuvor halbherzigen oder verfehlten Vergangenheitsbewältigung auseinandersetzen müssen. Das öffentliche Bewusstsein ist dadurch für die komplexe Verursachung der Gewaltverbrechen und die je individuelle Schuldverstrickung sensibilisiert worden. Eingebunden in den konfliktreichen Generationenwechsel der sechziger Jahre und die Anfrage der Jüngeren an die Täter- und Mitläufergesellschaft der Eltern fand zumindest an exemplarischen Lebensgeschichten eine Ermittlung der „Gesellschaft gegen sich selbst" statt.[52]

Die Entnazifizierung in der sowjetischen Besatzungszone wird im allgemeinen besser beurteilt als die in den westlichen Besatzungszonen, weil sie kürzer war, ihre Ziele konsequenter verfolgte und deutsche Verwaltungsstellen von Anfang an beteiligt wurden

– allerdings im Rahmen des intendierten Systemwechsels und unter dem kommunistischen Führungsanspruch, den die Moskauer Remigranten der Gruppe Ulbricht durchsetzten.[53] Den Anfang prägten ungeplante, spontane Säuberungen, bei denen die örtlichen Antifaschistischen Ausschüsse, die durch die sowjetische Militärregierung einbezogen worden waren, eine wesentliche Rolle spielten. Nach Abzug der US-Armee aus den vorübergehend von ihr besetzten östlichen Gebieten und mit dem Erlass erster Entnazifizierungsrichtlinien durch die neu gebildeten Landes- und Provinzialverwaltungen begann im Sommer 1945 eine neue Phase der Entnazifizierung.

Sie führte zwischen den einzelnen Ländern zu erheblichen Unterschieden im Umgang mit dem als belastet geltenden Personenkreis. Während in Mecklenburg und Brandenburg auch alle nur nominellen NSDAP-Mitglieder von ihren Ämtern und Positionen entfernt wurden, richtete sich in Thüringen die politische Säuberung vor allem gegen die vormals aktiven Nazis. Der im Juli aus allen vier zugelassenen Parteien (KPD, SPD, LDPD, CDU) gebildete „Block der antifaschistisch-demokratischen Parteien" erarbeitete eine erste, auf Vereinheitlichung der politischen Säuberung zielende Richtlinie. Sie unterschied Kriegsverbrecher, die gerichtlich bestraft, und Naziaktivisten, die Sühneleistungen erbringen sollten, von den nur nominellen Parteimitgliedern, die dann der Bestrafung und sozialen Deklassierung entgehen sollten, wenn sie sich von ihrer Vergangenheit lossagen und am Neuaufbau ihres Landes beteiligen würden. Dieser Beschluss erlangte allerdings keine Gesetzeskraft, weshalb das Entnazifizierungsgefälle zunächst bestehen blieb. Dabei muss mitbedacht werden, dass die Neubesetzung von Ämtern und Positionen in Wirtschaft, öffentlicher Verwaltung, Justiz und Bildung nur ein Instrument der Umgestaltung zur sozialistischen Gesellschaft war. Das Fundament der Entnazifizierung wurde nach kommunistischem Verständnis durch tiefergreifende Veränderungen gelegt – umfassende Enteignungen wie Bodenreform und Verstaatlichung von Großunternehmen und mittelständischen Betrieben.

Zu einer Verschärfung der Säuberung führte die Entscheidung der SMAD vom Dezember 1946, die Entnazifizierung neu zu organisieren und zu vereinheitlichen nach der bereits seit Januar 1946 bestehenden Kontrollratsdirektive Nr. 24. Rund eine Million ehemaliger NSDAP-Mitglieder wurden noch einmal überprüft, nur ein Bruchteil mit Zwangsmaßnahmen belegt, aber die Entlassung von einigen zehntausend qualifizierten Personen traf den Neuaufbau in Wirtschaft und Verwaltung empfindlich. Die Führungen der Blockparteien intervenierten bei der sowjetischen Militärregierung mit der Bitte um maßvollen Umgang mit den Mitläufern. Wilhelm Pieck, der Vorsitzende der SED, verlieh dem öffentlichen Nachdruck und plädierte dafür, die nominellen Parteigenossen für den Neuaufbau zu gewinnen.

Mit Befehl Nr. 201 trat die SMAD dieser Entwicklung seit August 1947 entgegen. Die bloß nominellen NSDAP-Mitglieder erhielten ihre bürgerlichen Rechte zurück. Zugleich wurde deutschen Gerichten die Strafverfolgung von NS- und Kriegsverbrechern nach den Kontrollratsdirektiven Nr. 10 und Nr. 38 übertragen. Etwa 12 000 Personen sind von Sonderstrafkammern wegen „faschistischer Kriegsverbrechen und Verbrechen gegen die Menschlichkeit" verurteilt worden.[54]

Allein im Jahr 1950 hat es mehr als 4 000 Verfahren gegeben, die zweithöchste Zahl von Verurteilungen in der Nachkriegszeit. Dazu kam es, weil in jenem Jahr die SMAD die letzten (Bautzen, Buchenwald und Sachsenhausen) ihrer zehn sogenannten ‚Speziallager' auflöste.[55] In diesen Internierungslagern waren – nach sowjetischen Angaben – etwa 120 000 Personen unter elenden Bedingungen inhaftiert. Westliche Schätzungen sprechen von mindestens 160 000 und bis zu 260 000 Menschen. Ungefähr ein Drittel der Häftlinge überlebte das Lager nicht, starb an Kälte, Unterernährung, Seuchen und Krankheit. Unter ihnen befanden sich keineswegs nur mutmaßliche NS-Verbrecher und NS-Funktionäre, sondern auch Personen, die sich im NS-Staat antifaschistisch betätigt und auch gegenüber der SMAD oppositionell verhalten hatten, enteignete Großgrundbesitzer und Industrielle ebenso wie SPD-Mitglieder, die sich der Zwangsvereinigung mit der KPD widersetzt hatten. Ein Drittel dieser Häftlinge kam später ohne jede Verhandlung wieder frei – und war einer strengen Schweigepflicht unterworfen – 7 000 Personen wurden in Kriegsgefangenenlager überführt, 13 000 in die Sowjetunion gebracht und 14 000 Häftlinge zur Aburteilung durch Gerichte der DDR an das Ministerium des Innern übergeben.

Zu ihnen gehörten auch die rd. 3 400 Häftlinge des Zuchthauses

Waldheim (Sachsen).[56] Ohne Verteidiger und Entlastungszeugen, gefesselt, obwohl ihnen keine kriminelle Tat zur Last gelegt werden konnte, wurden die Angeklagten im Sommer 1950 von linientreuen Volksrichtern und Schöffen in Schnellverfahren rechtsstaatswidrig durch „Strafkammern des Landgerichts Chemnitz" ohne Ausnahme zu hohen Freiheitsstrafen verurteilt, in vielen Fällen zu lebenslanger Haft, 24 der 32 Todesurteile wurden vollstreckt.

Die Bundesregierung protestierte zuvor gegen die „Terrorakte" der „Waldheim-Prozesse" und die Missachtung rechtsstaatlicher Verfahrensgrundsätze. Westliche Gerichte nannten die Urteile „absolut nichtig", und in einem Gnadenappell an den stellvertretenden Ministerpräsidenten der DDR, Walter Ulbricht, mahnte Thomas Mann:

„Hat es irgendeinen Sinn, diese armen Kreaturen, schwache, anpassungsbedürftige Durchschnittsdeutsche, die es nicht anders wussten, als dass man den Mantel nach dem Wind hängen muß und zweifellos heute wieder bereit wären, ihn nach dem neuen Wind zu hängen –, hat es einen Sinn, sie ganz im wildesten Stil des Nazismus und seiner ‚Volksgerichte' (...) aburteilen zu lassen und damit der nichtkommunistischen Welt ein Blutschauspiel zu geben, das ein Ansporn ist allem Haß, aller Furcht, aller Propaganda für die ‚Unvermeidlichkeit' des Krieges (...) Ein Gnadenakt, großzügig und summarisch, wie die Massenaburteilungen von Waldheim es in nur zu hohem Grade waren, das wäre eine (...) der Versöhnung dienende Geste, eine Friedenstat."

Aber nicht nur im Westen, auch in der DDR wurde Protest artikuliert. Der Staatssekretär im Justizministerium, Dr. Helmut Brandt, und der stellvertretende Ministerpräsident und Vorsitzende der DDR-CDU probten den Aufstand im Regierungsblock und forderten die Wiederholung der Waldheim-Prozesse. Die Sache eskalierte, als Grotewohl auf einer Regierungssitzung Ende August 1950 über die Ungültigkeitserklärung abstimmen ließ. Die SED-Minister stimmten dagegen, die LDPD enthielt sich der Stimme. Damit war zwar der CDU-Aufstand abgewehrt, aber der Konflikt noch nicht beendet. Der Staatssekretär und Initiator der Intervention kam in Untersuchungshaft, wurde später wegen „schweren Verrats an den nationalen Interessen des deutschen Volkes" zu zehn Jahren Zuchthaus verurteilt und obendrein vom CDU-Vorstand aus der Partei ausgeschlossen.

Selbst bei der Sowjetischen Kontrollkommission in Berlin-Karlshorst stießen die Urteile auf Unverständnis und Ablehnung.

Und der Protest von Angehörigen, Anwälten, Verurteilten und Personen aus dem Ausland hielt weiter an. Die SED-Führung sah sich zu einer Überprüfung der Prozessakten gezwungen und schließlich auch – in mehreren Schritten – bis Ende der fünfziger Jahre zur Entlassung des größten Teils der Waldheim-Verurteilten.

So sehr auch die Strafexzesse der Waldheim-Prozesse aller Rechtsstaatlichkeit Hohn sprechen, sie dürfen doch nicht mit der Verfolgung von NS-Straftaten pauschal gleichgesetzt werden. Der weltweit beachtete Anfang in der Strafverfolgung von NS- und Kriegsverbrechen fand indes in Nürnberg statt vor dem Internationalen Militärtribunal.

3. Die Nürnberger Prozesse und
die deutsche Schuld

Die Alliierten hatten schon während des Krieges erklärt, dass sie die ‚Hauptkriegsverbrecher‘ vor Gericht stellen würden, wobei die Vorstellungen über die konkrete Vorgehensweise zunächst sehr unterschiedlich waren.[57] Zeitweilig dachte man daran, die Hauptverantwortlichen, deren Schuld über jedes Gerichtsverfahren hinausging, standgerichtlich erschießen zu lassen. Die führenden Nazis sollten keine Gelegenheit erhalten, sich vor der Weltöffentlichkeit zu erklären. Dem Vorwurf der Siegerjustiz wollte man sich aber auch nicht aussetzen. Mit dem Internationalen Militärtribunal, für das die Alliierten nicht ohne Bedacht die Stadt der ‚Rassengesetze‘ und der ‚Reichsparteitage‘ gewählt hatten, verfolgten sie, voran die Amerikaner, vor allem zwei Ziele. Zum einen sollten die deutsche Bevölkerung und die Weltöffentlichkeit durch die Ermittlung der kriminellen Tatbestände und Sicherstellung umfassender Beweismaterialien aufgeklärt werden. Dieser Zweck war ein Element ihres umfassend angelegten Programms, mit Hilfe von Demilitarisierung, Denazifizierung und Demokratisierung einen politischen Wandel in Deutschland einzuleiten. Zunächst aber sollten die Hauptverantwortlichen für den Krieg und die Kriegsverbrechen vor einem internationalen Gericht angeklagt und verurteilt werden. Denn das Interesse der Vereinigten Staaten zielte vorrangig darauf, den Angriffskrieg nachhaltig zu ächten und Fehler, die sie nach dem Ersten Weltkrieg bei der Pariser Friedenskonferenz gemacht hatten, nicht zu wiederholen.

Schon 1919/1920 stand die Frage der Auslieferung und Bestrafung der Verantwortlichen für die zahlreichen Kriegs- und Zivilisationsverbrechen im Mittelpunkt.[58] Zwei Verbrechenskomplexe hatten damals die öffentliche Meinung in besonderem Maße beschäftigt: Die Deportation und Ermordung der Armenier durch die Türken, der zwischen 1915 und 1918 etwa eine Million Menschen zum Opfer fielen, und die militärischen Operationen der deutschen Kriegführung an der Westfront, die die belgische und französische Zivilbevölkerung in hohem Maße in Mitleidenschaft gezogen haben.

Jahrelang hatten die kriegführenden Staaten in ihrer Propaganda die öffentliche Meinung im eigenen Land und in den Feindstaaten mit den Bildern und Geschichten abstoßender Greuel- und heroischer Heldentaten mobilisiert. Am Ende des Krieges wurde insbesondere in Großbritannien und den USA nachdrücklich die Forderung laut, den jungtürkischen Führern und dem deutschen Kaiser vor einem internationalen Gericht den Prozess zu machen. Zur Begründung eines in der internationalen Politik immerhin ungewöhnlichen Sonderstrafverfahrens gegen Wilhelm II. berief sich der Versailler Vertrag ausdrücklich auf das „internationale Sittengesetz" und die „Heiligkeit der Verträge". Wenn es auch noch keinen Begriff gab für das, was wir heute Zivilisations- oder Menschlichkeitsverbrechen nennen, geschweige denn einen internationalen politischen Konsens über die Definition dieser Vergehen, so konnte man sich doch schon auf eine Reihe völkerrechtlicher Kodifizierungen von Kriegsverbrechen berufen: die Haager Konvention von 1899 und 1907, die Genfer oder auch Rotkreuz-Konvention von 1864 und 1906 und die Friedensregelung zwischen den Großmächten nach dem gescheiterten ‚Boxer-Aufstand'; das Protokoll von 1907 sah ausdrücklich die Bestrafung der Hauptverantwortlichen für die fremdenfeindlichen Ausschreitungen vor.

Für die gleichwohl umstrittene rechtliche Definition und Unterscheidung von Kriegs- und Zivilisationsverbrechen und die Art der Strafverfolgung setzte die Pariser Konferenz eine Kommission unter Vorsitz des US-amerikanischen Außenministers Robert Lansing ein. Dieser weigerte sich jedoch, Prozessen gegen die führenden politischen Repräsentanten der besiegten europäischen Zentralmächte zuzustimmen, nicht zuletzt aus Sorge vor deren innen- und machtpolitischer Schwächung und der Gefahr einer sich dadurch nach Westen ausbreitenden bolschewistischen Revolution. Zwar verabschiedete die Kommission eine Resolution zur Verurteilung von Verstößen gegen die „Gesetze der Menschlichkeit", zwar wurde Deutschland im Versailler Vertrag die alleinige Kriegsschuld zugeschrieben, aber die völkerstrafrechtliche Antwort der Entente-Mächte auf die Kriegs- und Zivilisationsverbrechen des Ersten Weltkrieges erschöpfte sich, was Deutschland angeht, in den Kriegsverbrecherprozessen vor dem Leipziger Reichsgericht. Lediglich zwei Marine-Offiziere, deren Torpedierung eines britischen Lazarettschiffes mehr als tausend Menschenleben gefordert hatte, wurden verurteilt. Die Ermordung der Armenier ist nicht geahndet worden.

Ende der zwanziger Jahre wurde ein weiterer Schritt getan, den Angriffskrieg als Mittel nationaler Politik zu ächten. Am 27. Januar 1929 unterzeichneten die Vertreter von fünfzehn Staaten in Paris den Briand-Kellogg-Pakt, in dem Krieg als Mittel für die Lösung internationaler Streitfälle verurteilt und ein weltweites Kriegsverbot ausgesprochen wurde. Die großen Hoffnungen der vertragschließenden Parteien erfüllten sich indes nicht. Ihr feierlicher Verzicht auf den Krieg als Mittel des Selbstbestimmungsrechtes souveräner Staaten hat weder den Abessinien-Krieg (1935) noch den japanisch-chinesischen Krieg (1937) verhindern können, und den Zweiten Weltkrieg eben auch nicht.

Erst vor diesem, damals noch sehr gegenwärtigen Erfahrungshintergrund wird verständlich, dass für die USA und insbesondere ihren Chefankläger, den Bundesrichter und ehemaligen Justizminister Robert H. Jackson, nicht Auschwitz, sondern das Verbrechen gegen den Frieden im Vordergrund stand. Die Ankläger bezweifelten nicht, dass sich bereits vor dem Krieg Verbrechen gegen die Menschlichkeit ereignet hatten. Damit sie aber als solche gewertet werden konnten, mussten sie nach dem Gerichtsstatut in Verbindung mit der aggressiven Kriegführung begangen worden sein. Nur für Straftaten im Zusammenhang von Kriegshandlungen hielt sich der Gerichtshof zuständig, aber nicht für Verbrechen, die Deutsche an Deutschen verübt hatten, ob aus politischen, rassistischen oder religiösen Gründen. Diese Selbstbeschränkung schloss die Judenverfolgung bis zum Beginn des Krieges aus der Strafverfolgung von Verbrechen gegen die Menschlichkeit ebenso aus wie die Gewaltverbrechen gegen Sozialdemokraten, Kommunisten, Sinti und Roma, Geistigbehinderte u.a. So erschien insbesondere der Judenmord als Folge von Kriegshandlungen und Teil der Kriegsverbrechen, aber nicht als ein Verbrechenskomplex der nationalsozialistischen ‚Rassenpolitik‘. Man sprach von „War Crimes“, und wenn von „Crimes against humanity“ die Rede war, dann wurden sie doch den „War Criminals“ zur Last gelegt.

Für das Bild von Auschwitz war das langfristig fatal. Zwischen Kriegsverbrechen und Menschlichkeitsverbrechen wurde kaum mehr unterschieden. Die Ausdehnung des Begriffs Kriegsverbrechen auf alle Arten nationalsozialistischer Straftaten machte die alliierten Strafverfahren in der deutschen Öffentlichkeit zu bloß politischen Prozessen. Die Angeklagten galten als ‚Kriegsverurteilte‘. Damit wurden alle in der NS-Zeit begangenen Verbrechen zugleich entkriminalisiert, zumal das Alltagsverständnis das Verbrechen auf den Einzelmord bezieht, Straftaten aber, die darüber hinausgehen, der Politik, dem Krieg und der Geschichte überhaupt zugeordnet werden.

Der Prozess gegen die Hauptkriegsverbrecher

So unausweichlich der Nürnberger Hauptprozess auch angesichts der Erfahrungen nach dem Ersten Weltkrieg erschien, so wenig die Berechtigung eines Sühneverlangens und einer Bestrafung bezweifelt wurden, Vorbehalte gegen das Verfahren gab es von Anfang an.[59] Groß waren die Bedenken hinsichtlich der Legalität des Prozesses. Der Haupteinwand zielte auf das Rückwirkungsverbot. Der Gerichtshof konnte sich allerdings – wie zuvor dargestellt – auf das Völkerrecht vor dem Zweiten Weltkrieg berufen, und die Verbrechen gegen die Menschlichkeit wurden nach dem Recht aller Rechtsstaaten als Straftaten angesehen. Vorbehalte richteten sich auch gegen die Zusammensetzung des Gerichts, dem nur Deutschlands Kriegsgegner, aber keine neutralen Staaten angehörten. Nicht nur die Angeklagten, auch deutsche Juristen sprachen vom ‚Besatzungsgericht‘. Der Vorwurf wurde dadurch bestärkt, dass die Kriegsverbrechen der Alliierten nicht Gegenstand des Verfahrens waren. Nachdem der Prozess zunächst ganz im Zeichen der Anklage gestanden hatte, wurde er im März 1946, als „Deutsche – Angeklagte, Verteidiger, Entlastungszeugen – weithin unter sich“[60] waren, offenbar nicht mehr nur oder überwiegend als ‚Siegerjustiz‘, sondern nun auch als ein deutsches Gericht wahrgenommen.

Später hat man das Tribunal insgesamt, in seiner nationalen wie internationalen Bedeutung, auch von Seiten deutscher Juristen und Historiker positiv beurteilt. Angesichts der ungeheuerlichen

Verbrechen, die das Nürnberger Tribunal aufgedeckt hat, verblassten die juristischen Einwände gegenüber der Einsicht, „dass hier Recht geschehen ist".[61] Die DDR benutzte den Prozess noch in den achtziger Jahren, sich selbst als Vorbild in der Verwirklichung der Nürnberger Prinzipien darzustellen und die Bundesrepublik sowie den Westen als Hort von Kriegsverbrechern und NS-Tätern zu denunzieren.[62] Wohl nur wenige fanden ein so positives, treffendes Urteil wie Robert W. Kempner. Göring hatte den damaligen Justitiar der Polizei im Preußischen Innenministerium 1933 aus dem Amt gejagt. Nun war er als stellvertretender amerikanischer Chefankläger nach Deutschland zurückgekehrt. Das Nürnberger Tribunal nannte er „die größte politologische und historische Forschungsstätte". Denn noch nie zuvor sei ein Staat „so systematisch durchforscht" worden.[63] Tatsächlich gilt der Prozess längst nicht nur als juristische Großtat, sondern auch als eine historiographische Aufklärung von bleibendem Wert. Alfred Döblin, der den Prozess als französischer Kulturoffizier beobachtete, sprach vom „Nürnberger Lehrprozess".[64]

Die Protokolle allein der 218 Sitzungen des Hauptverfahrens füllen mehr als 16 000 Seiten. Anklage und Verteidigung legten zusammen 5 000 Beweisdokumente vor, 240 Zeugen wurden gehört.[65] Zeitungen und Wochenschauen berichteten kontinuierlich und ausführlich. Von erheblicher Bedeutung waren auch die Berichte und Kommentare der Rundfunksender, die sich teilweise mehrmals am Tage aus dem Studio Nürnberg meldeten. Sie haben sich bereits im Vorfeld des Prozesses bemüht, bestimmte Hörerfragen zu beantworten, und so zur Information über die Kriegsverbrecher, die Kriegsschuldfrage und einzelne Konzentrationslager beigetragen.[66]

Zumindest in den ersten Monaten war das öffentliche Interesse in Deutschland groß. Erstmals in einem Strafverfahren wurde auch filmisches Material benutzt, insbesondere der von der US-Armee gedrehte Dokumentarfilm *Nazi Concentration Camps*.[67] Die Amerikaner hielten den aufklärerischen Wert und die visuell-dramatische Attraktion des Prozesses für so hoch, dass sie auch einen Dokumentarfilm über das Hauptverfahren drehten. Aber *Nürnberg und seine Lehre* kam zu spät, erst Ende 1948 in die Kinos und hat keine große Beachtung mehr gefunden.[68] Die grauenhaften Bilder wollte man zu dem Zeitpunkt nicht mehr sehen, und die vormaligen Kriegsgegner schickten sich bereits an, Bündnis-partner zu werden.

Aufmerksame Zeitgenossen beobachteten von Anfang an gewisse Diskrepanzen und Ungereimtheiten zwischen öffentlicher und veröffentlichter Meinung.[69] Gewiss, die OMGUS-Demoskopen konnten zufrieden sein, wenn ihnen durchgängig drei Viertel der Befragten erklärten, was man von ihnen auch erwartete, dass sie sich regelmäßig in den Medien über den Prozess informieren würden und mit Verfahren und Ergebnis durchaus einverstanden seien. In- und ausländische Zeitungskorrespondenten, Schriftsteller, die das Land bereisten und ihre Beobachtungen aufschrieben, bestätigten das schöne demoskopische Meinungsbild nicht. Sie schrieben über die verbreitete Gleichgültigkeit und Ablehnung des Militärtribunals. Kaum einer hat die mutmaßlich vorherrschende Stimmungslage der Zeit wohl besser getroffen als Karl Jaspers, der sich im Winter 1945/46 in einer Vorlesung mit der geistigen Situation in Deutschland beschäftigte:

„Wir leben in Not, ein großer Teil unserer Bevölkerung in so großer, so unmittelbarer Not, dass er unempfindlich geworden zu sein scheint für solche Erörterungen. Ihn interessiert, was der Not steuert, was Arbeit und Brot, Wohnung und Wärme bringt. Der Horizont ist eng geworden. Man mag nicht hören von Schuld, von Vergangenheit, man ist nicht betroffen von der Weltgeschichte. Man will einfach aufhören, zu leiden, will heraus aus dem Elend, will leben, aber nicht nachdenken. Es ist eher eine Stimmung, als ob man nach so furchtbarem Leid gleichsam belohnt, jedenfalls getröstet werden müßte, aber nicht noch mit Schuld beladen werden dürfte."[70]

Der Hauptprozess begann am 20. November 1945 gegen 21 der 24 Angeklagten und endete am 1. Oktober 1946 mit zwölf Todesurteilen (Hermann Göring/Freitod vor Vollstreckung; Joachim v. Ribbentrop; Alfred Rosenberg; Wilhelm Frick; Wilhelm Keitel; Alfred Jodl; Ernst Kaltenbrunner; Hans Frank; Julius Streicher; Fritz Sauckel; Arthur Seyß-Inquart; Martin Bormann/in Abwesenheit). Drei Angeklagte (Rudolf Heß; Walter Funk; Erich Raeder) wurden zu lebenslanger Haft verurteilt, die anderen erhielten Zeitstrafen (Karl Dönitz/10 Jahre; Baldur v. Schirach/20 Jahre; Albert Speer/20 Jahre; Konstantin Frhr. v. Neurath/15 Jahre). Robert Ley war vor Prozessbeginn durch Freitod aus dem Leben geschieden und Gustav Krupp von Bohlen und Halbach wegen Erkrankung nicht vor Gericht erschienen. Hans Fritzsche, Franz von Papen und Hjalmar Schacht wurden freigesprochen.

Die Alliierten hatten in Art. 6 des Statuts für den Internationalen Militärgerichtshof zunächst drei verschiedene Verbrechenskomplexe festgelegt: (a) „Verbrechen gegen den Frieden" (definiert als: Planen, Einleitung und Durchführung eines Angriffskrieges oder eines Krieges unter Verletzung internationaler Verträge); (b) „Kriegsverbrechen" (definiert als: Verletzungen der Kriegsgesetze und Verstöße gegen die Haager Landkriegsordnung und die Genfer Kriegsgefangenenkonvention); (c) „Verbrechen gegen die Menschlichkeit" (definiert als: Mord, Ausrottung, Versklavung, Deportation und Verfolgung aus politischen, rassischen oder religiösen Gründen oder andere unmenschliche Handlungen, begangen an irgendeiner Zivilbevölkerung vor oder während des Krieges, in Verbindung mit einem Verbrechen, für das der Gerichtshof zuständig ist, und zwar unabhängig davon, ob die Handlung gegen das Recht des Landes verstieß, in dem sie begangen wurde oder nicht.)

In der am 17. Oktober beim Internationalen Militärgerichtshof in Berlin eingereichten und mit den Unterschriften der alliierten Chefankläger Robert H. Jackson (USA), François de Menthon (Frankreich), Hartley Shawcross (Großbritannien) und Roman Rudenko (UdSSR) versehenen Anklageschrift war als neuer und nun erster Anklagepunkt hinzugekommen: „Der gemeinsame Plan oder die Verschwörung" zur Vorbereitung eines Angriffskrieges. Der juristisch schwer fassbare, weit in die außenpolitische Vorgeschichte des Zweiten Weltkrieges zurückweisende Straftatbestand der „Verschwörung" sollte dem Anklagepunkt „Angriffskrieg" noch größeres Gewicht verleihen. Hinter ihm stand vor allem der amerikanische Chefankläger Robert H. Jackson. Für die Anklage entstand daraus allerdings ein erhebliches Problem, denn sie musste auch dieses Vergehen jedem Angeklagten individuell nachweisen. Das gelang nur in acht Fällen. Die anderen vierzehn Angeklagten sprach sie in diesem Punkt frei, elf von ihnen wurden aufgrund anderer Verbrechen verurteilt. Den Todesurteilen lagen in allen Fällen mindestens Kriegs- und Menschlichkeitsverbrechen zugrunde. Niemand ist allein wegen Verbrechen/Verschwörung gegen den Frieden zum Tode verurteilt worden. Drei Angeklagte – nämlich Fritzsche, v. Papen und Schacht – wurden, weil man sie nicht einer „Verschwörung" gegen den Frieden überführen konnte, freigesprochen.

Dass es überhaupt Freisprüche und unterschiedliche Strafmasse gab, hat politische Gründe. Zum einen waren die Angeklagten nicht nur unter dem Aspekt ihrer Vergehen ausgewählt worden, sondern auch hinsichtlich ihrer sozialen Stellung. Die Welt sollte eine anschauliche und soziologisch differenzierte Vorstellung von führenden Vertretern des NS-Staates bekommen. Zum anderen mussten die Alliierten die erheblichen Vorbehalte gegenüber dem Internationalen Militärtribunal ernst nehmen und auf ein unbedingt rechtsstaatliches Verfahren Wert legen. In seiner großen, von Friedenswillen und Gerechtigkeitspathos getragenen Eröffnungsrede am 21. November, die für manchen Teilnehmer den Höhepunkt des gesamten Prozesses darstellte, brachte Jackson dies auch zum Ausdruck: *Chefankläger*

„Die Untaten, die wir zu verurteilen und zu bestrafen suchen, waren so ausgeklügelt, so böse und von so verwüstender Wirkung, dass die menschliche Zivilisation es nicht dulden kann, sie unbeachtet zu lassen (...) Dass vier große Nationen, erfüllt von ihrem Siege und schmerzlich gepeinigt von dem geschehenen Unrecht, nicht Rache üben, sondern ihre gefangenen Feinde freiwillig dem Richterspruch des Gesetzes übergeben, ist eines der bedeutsamsten Zugeständnisse, das die Macht jemals der Vernunft eingeräumt hat."[71]

Aber angesichts der Art und des Ausmaßes der zu verhandelnden Verbrechen war der Freispruch auch nur eines Angeklagten für ihn kaum denkbar. Die historische Gerechtigkeit forderte die Verurteilung aller Angeklagten. Ihr stand allerdings ein institutionelles Gerechtigkeitsgebot spannungsreich gegenüber, der rechtsstaatliche Grundsatz: *in dubio pro reo*. Das Gericht hat ihn ernst genommen und sich immer wieder bemüht, im prozessualen Verfahren die Legitimität des umstrittenen Tribunals zu verbessern. Auch jene, die glaubten, dass dies, wenn schon kein Schau-Prozess, dann aber doch ein Stellvertreter-Prozess sei, in dem die deutsche Gesellschaft mit auf der Anklagebank saß, belehrte Jackson eines Besseren. Ja, er trennte die „breite Masse des deutschen Volkes" ausdrücklich von den Angeklagten, leistete aber damit jener schuldenlastenden Sicht Vorschub, durch die sich die Deutschen später selbst zu Opfern der Nazis machten:

„Wir möchten ausdrücklich klarstellen, dass wir nicht beabsichtigen, das ganze deutsche Volk zu beschuldigen. Wir wissen, dass die Nazi-Partei bei der Wahl nicht mit Stimmenmehrheit an die Macht gelangt ist. Wir wissen, dass ein unseliges Bündnis sie an die Macht gebracht hat (...) wenn wir auch von ihrer politischen Reife nicht überzeugt sind, so haben wir doch Achtung vor ihrer Geschicklichkeit in den Künsten des Friedens, vor ihren technischen Fähigkeiten und vor dem nüchternen Fleiß und der Selbstzucht der Massen des deutschen Volkes (…) Der Alpdruck der Nazi-Zeit hat dem deutschen Namen in der ganzen Welt einen neuen und düsteren Sinn gegeben, der Deutschland um ein Jahrhundert zurückwerfen wird. Wahrlich, die Deutschen – nicht weniger als die Welt draußen – haben mit den Angeklagten eine Rechnung zu begleichen."[72]

Nachdem Jackson die Beweismittel vorgestellt hatte, die so bedrückend waren, dass manche der im Gerichtssaal Anwesenden ihnen auch jetzt noch misstrauten, beendete er seine Rede wie er sie begonnen hatte, mit Worten von bewegendem Pathos, die das Gericht beeindrucken und vielleicht noch das Ohr der Nachwelt erreichen wollten:

„Die wahre Klägerin vor den Schranken dieses Gerichts ist die Zivilisation. Sie ist noch unvollkommen und ringt in allen unseren Ländern. Sie behauptet nicht, dass die Vereinigten Staaten oder irgendein anderes Land an den Zuständen schuldlos seien, die das deutsche Volk so leicht dem Schmeicheln und der Einschüchterung der Nazi-Verschwörer haben zum Opfer fallen lassen.
    Aber sie deutet auf die furchtbare Folge von Angriffen und Verbrechen (…) Sie deutet auf die Wunden, die geschlagen, die Kräfte, die erschöpft sind, auf alles, was schön war oder nützlich in der Welt und nun zerstört ist, und darauf (…), dass es im Sittlichen das schlimmste Verbrechen ist, einen Angriffskrieg zu beginnen oder zu führen (…)
    Die Zivilisation fragt, ob das Recht so zaudernd und träge sei, dass es gegenüber so schweren Verbrechen, begangen von Verbrechern von so hohem Rang, völlig hilflos ist. Die Zivilisation erwartet nicht, dass Sie den Krieg unmöglich machen können. Wohl aber erwartet sie, dass Ihr Spruch die Kraft des Völkerrechts mit seinen Vorschriften und seinen Verboten und vor allem mit seiner Sühne dem Frieden zum Beistand geben werde."[73]

Die Angeklagten zeigten sich davon allerdings wenig beeindruckt. Vielleicht nur mit der Ausnahme von Albert Speer lehnten sie das Gericht als Siegerjustiz ab. Alle erklärten sich als ‚nicht schuldig‘ im Sinne der ihnen zur Last gelegten völkerstrafrechtlichen Vergehen. Göring sprach wohl nicht nur für sich, als er verächtlich bemerkte: „Die Sieger sind immer die Richter". Von ihnen, zumal von der verhassten Sowjetunion, mochten sich Hitlers prominente Helfer jedenfalls nicht verurteilen lassen, weder als Kriegsverbrecher noch als Drahtzieher einer Verschwörung gegen den Frieden oder als Mitverantwortliche für die Verbrechen gegen die Menschlichkeit. Mancher, wie der freigesprochene Reichsbankpräsident

Hjalmar Schacht, den Chefankläger Jackson gern verurteilt hätte, stellte sich ganz einfach dumm: „Ich habe doch nicht gewusst", erklärte „Hitlers Finanzgenie", „dass Herr Hitler die Armee brauchen wird, um irgendwelche Bedrohungen von fremden Nationen auszuführen."[74] Das war eine dreiste Aussage, aber einfach zu widerlegen war sie nicht.

Einige der Angeklagten ließen immerhin ansatzweise Unrechts- und politisches Verantwortungsbewusstsein erkennen. Deshalb ist aufschlussreich – auch im Hinblick auf die damals in der deutschen Gesellschaft diskutierte Schuldfrage und die gängigen Argumente der Schuldabwehr und Schuldverkleinerung –, wie sich die als ‚Hauptkriegsverbrecher' beschuldigten Männer aus dem Machtzentrum um Hitler am Ende des Verfahrens äußerten, in einer letzten, ‚uneidlichen' Erklärung.

Zehn Monate hatten sie auf der Anklagebank gesessen und anhören müssen, was Ankläger und Anwälte, Zeugen und Richter gegen sie und ihre Mitangeklagten vorbrachten, was über ihre Stellung in Partei und Staat, insbesondere aber über ihre Verstrickung in Kriegsverbrechen, in Verbrechen gegen den Frieden und gegen die Menschlichkeit vorgetragen worden war. Zehn Monate waren die beschuldigten ‚Hauptkriegsverbrecher' mit Anklageschriften und erdrückendem Beweismaterial konfrontiert worden, mussten sie sich in Kreuzverhören behaupten, hatten ihre Verteidiger sie zu entlasten versucht. Nun war das Verfahren abgeschlossen, sollten sie ein persönliches Schlusswort sprechen. Alle am Prozess Beteiligten wussten, dass es am Urteilsspruch der Richter nichts ändern würde. Aber man fragte sich im Gerichtssaal, ob der Prozessverlauf auf die Angeklagten Eindruck gemacht und ihr Bewusstsein erreicht hatte.

Das Interesse der Öffentlichkeit war groß, der Gerichtssaal am Samstagmorgen des 31. August 1946 bis auf den letzten Platz gefüllt, als die Reihe mit Göring begann. Ihm hatte das Gericht verschiedentlich bescheinigt, „nächst Hitler der einflussreichste Mann des Nazi-Regimes" gewesen zu sein. Aber er wies die Anklage zurück, beteuerte einmal mehr seine stets friedfertigen Absichten, verurteilte die „furchtbaren Massenmorde auf das schärfste" und verstieg sich zu dem schwülstigen Schlusssatz, dass ihn nur „heiße Liebe" zu seinem Volk geleitet habe.[75] Selbst Mitangeklagte zeigten sich in der Verhandlungspause empört über dieses dreiste Auftreten. Aber der Satz wurde des öfteren in Abwandlungen bemüht. Immer wieder beteuerten einzelne Angeklagte, nur ihre Pflicht für ‚Volk und Vaterland' getan, wie dieses bedingungslos an Hitler geglaubt und von ihm getäuscht worden zu sein. Spätestens im Nürnberger Gerichtssaal begann die nachhaltige Dämonisierung Hitlers. Er „war der Teufel", erklärte Hans Frank dem Gerichtspsychologen, er „verführte uns alle".[76]

Wenn auch manche von ihnen eine „neurotische Konstitution" (J. Fest) erkennen ließen, auf der Nürnberger Anklagebank saßen keine Monster in menschlicher Gestalt. Angesichts der monströsen Verbrechen präsentierten sich die Angeklagten vielmehr als Personen von erschreckender Normalität. Sie alle waren durch die politischen Großereignisse ihrer Generation tief geprägt: den Zusammenbruch der Monarchie, die Weltkriegsteilnahme, die Kriegsniederlage und die ‚Schmach von Versailles'. In ihrem nationalen Wir-Gefühl nachhaltig getroffen und gedemütigt, besaßen sie kein stabiles Wertbewusstsein, waren politisch bindungslos, vielfach sozial entwurzelt, autoritäts- und führergläubig, auch gewaltbereit und insofern mehr oder weniger auffällige Repräsentanten einer Gesellschaft, die sich in ihnen wiedererkennen konnte. In ihrem Profil zeigte sich deshalb nicht nur „das Gesicht des Dritten Reiches", sondern durchaus „das Gesicht eines ganzen Volkes".[77]

So erklärte der ehemalige Außenminister von Ribbentrop, sein ganzes außenpolitisches Handeln habe allein auf die „Beseitigung der Folgen von Versailles" gezielt. Und nur in dieser Hinsicht wollte er sich schuldig bekennen, dass sein „außenpolitisches Wollen ohne Erfolg geblieben" sei.[78] Mit einem bemerkenswert mutigen Geständnis schloss hingegen Generalfeldmarschall Keitel seine persönliche Erklärung. Zwar suchte er zunächst gewisse „Irrtümer" der Anklagevertreter zu korrigieren, betonte aber zugleich, damit seine Verantwortung nicht „verkleinern" zu wollen. Schließlich bekannte er:

„Ich habe geglaubt, ich habe geirrt und war nicht imstande, zu verhindern, was hätte verhindert werden müssen. Das ist meine Schuld. Es ist tragisch, einsehen zu müssen, dass das Beste, was ich als Soldat zu geben hatte, Gehorsam und Treue, für nicht erkennbare Absichten ausgenutzt wurde und dass ich nicht sah, dass auch der soldatischen Pflichterfüllung eine Grenze gesetzt ist."[79]

Ganz anders verhielten sich Ernst Kaltenbrunner und Alfred Rosenberg. Während Hitlers Reichsminister für die besetzten Ostgebiete umstandslos und entschieden alle Schuld am Völkermord zurückwies, sah sich der einstige Chef des Reichssicherheitshauptamtes als Stellvertreter-Opfer für den durch Selbstmord aus dem Leben geschiedenen Reichsführer-SS Heinrich Himmler.

Der frühere Generalgouverneur im besetzten Polen, Hans Frank, der während des Prozesses zum Katholizismus konvertiert war, wartete mit einem höchst widersprüchlichen Schuldbekenntnis auf. Einerseits sprach er – in einer damals verbreiteten Sichtweise – davon, dass sich das deutsche Volk „zwangsläufig immer tiefer in Schuld verstrickt" habe, weil es Hitler und der NS-Führung auf ihrem „Weg ohne Gott" in „Treue und Opfersinn" in das Verderben gefolgt sei. Andererseits benutzte er das nicht minder populäre Aufrechnungsargument und sah „jede nur mögliche Schuld unseres Volkes schon heute restlos getilgt" angesichts der „riesigen Massenverbrechen", die Russen, Polen und Tschechen an den Deutschen verübt hätten.[80] Wilhelm Frick, langjähriges Parteimitglied und Hitlers Innenminister, äußerte sich nur knapp, durch und durch „pflichttreuer deutscher Beamter". Er habe ebenso wenig Strafe verdient wie Zehntausende anderer Angehöriger des öffentlichen Dienstes, die zumindest teilweise so denken mochten wie er. Denn „jede andere Handlungsweise" wäre Bruch ihres „Treueides, Hoch- und Landesverrat gewesen".[81] Ein gutes Gewissen hatte auch der einstige *Stürmer*-Herausgeber und fränkische Gauleiter Julius Streicher, der sich und alle Deutschen von jeder Mitschuld an den „Massentötungen" freisprach, weil sie „auf Befehl des Staatsführers Adolf Hitler erfolgt" und „unter völliger Geheimhaltung durch den Reichsführer Heinrich Himmler vollzogen worden" seien.[82]

Auch Walter Funk sah sich in seiner Gutgläubigkeit durch Hitler getäuscht und fühlte sich frei von „jeder strafrechtlichen Schuld".[83] Den vormaligen Wirtschaftsminister und Chef der Deutschen Reichsbank beschäftigte nur, dass sich in den SS-Depots der Reichsbank Gold und Devisen der jüdischen Opfer befunden hatten. Er behauptete auch dann noch, nicht gewusst zu haben, „dass Millionen von Juden in Konzentrationslagern oder durch Einsatzkommandos im Osten ermordet worden sind", als ihm nachgewiesen werden konnte, dass er im Sommer 1942 eine geheime Vereinbarung mit Himmler über die Vermögenswerte der Ermordeten getroffen hatte.

Die beiden angeklagten Admiräle verwiesen auf ihre soldatische Funktion und Pflicht, ließen aber zumindest ein rudimentäres politisches Bewusstsein erkennen. Dönitz sprach von der Not der Deutschen im Jahre 1932 und ihrem „Idealismus"; er räumte ein, dass das Führerprinzip versagt habe, zeigte sich „erschüttert über das unsagbare Elend", sah sich aber schuldlos darin, dass er es nicht verhindern konnte. Wie die meisten Angeklagten sprach er nicht vom Unglück der Verfolgten, sondern nur von dem der Deutschen. Auch Raeder räumte ein, nur als Soldat und nicht auch politisch gehandelt zu haben und gestand insoweit eine „moralische Schuld gegenüber dem deutschen Volk" zu.[84]

Das Schlusswort von Fritz Sauckel war das längste, vielleicht war es auch das subjektiv ehrlichste, eines der aufschlussreichsten war es allemal. Der einstige Gauleiter und Generalbevollmächtigte für den Arbeitseinsatz von Millionen Zwangsarbeitern suchte sich zunächst von den Mitangeklagten in sozialer Hinsicht zu distanzieren. Wiederholt betonte er, nach Herkunft, Wesen und Gesinnung Arbeiter zu sein, ein Sozialist, der nur aus dem Überschwang seiner Gefühle, aus einer übergroßen Hitlerverehrung heraus und weil er „Klassenkampf, Enteignung und Bürgerkrieg verurteilte", Nationalsozialist geworden sei. Als Arbeiter habe er „nie daran gedacht, fremde Menschen zu Sklaven zu machen", aber im Krieg hätte er die ihm von Hitler übertragene Aufgabe erfüllen müssen. Zu seiner Entlastung führte er an, dass die besetzten Länder Deutschland durch Arbeiter unterstützt hätten, „um Europa gegen ein drohendes kommunistisches System zu schützen".[85]

Auch der rhetorisch versierte und freigesprochene Hans Fritzsche benutzte das beliebte Stereotyp des getäuschten Idealisten. Der einstige Rundfunkkommentator und Abteilungsleiter in Goebbels' Ministerium, der vor allem deshalb auf der Anklagebank saß, weil man ihn nach Goebbels für den zweitwichtigsten NS-Propagandisten hielt, gab sich unwissend und schuldlos. Er distanzierte sich von den Urhebern, Mittätern und Mitwissern der Greueltaten und wies eine „kollektive Verantwortung" für sich und die vielen „Gutgläubig-Missbrauchten" entschieden zurück, ja, er zögerte nicht, sich am Ende selbst als Opfer darzustellen:

„Zwischen diesen Verbrechern und mir gibt es nur eine einzige Verbindung", erklärte er: „Sie haben mich nur in anderer Weise missbraucht als diejenigen, die ihnen körperlich zum Opfer fielen."[86] Arthur Seyß-Inquart schließlich trat als überzeugter Großdeutscher und Gefolgsmann Hitlers auf, formulierte kein Schuldbekenntnis, versuchte aber auch nicht, sich als Opfer zu präsentieren. Indirekt gestand er seine politische Schuld ein: „Ich vermag nicht heute ‚Kreuziget ihn!' zu rufen, da ich gestern ‚Hosianna' gerufen habe."[87]

Ein Exkurs: Albert Speer – der Lieblingstäter

Besonders gespannt war man auf das Schlusswort von Albert Speer, Hitlers Lieblingsarchitekten und Lieblingsminister. Aber er begnügte sich mit knappen Ausführungen über die Gefahr der modernen Technik für die zukünftige Menschheit und gab seiner Hoffnung Ausdruck, dass der Prozess dazu beitragen möge, „in der Zukunft entartete (!) Kriege zu vermeiden". Über sich selbst und seine Schuld sprach er nicht mehr. Das hatte er bereits zuvor getan.

Die Beweise gegen ihn waren erdrückend. Einerseits wegen seiner Ämter, seiner Nähe zu Hitler und seiner herausgehobenen politischen Stellung, zuletzt als Rüstungsminister: Im Mittelpunkt der Anklage gegen ihn stand der Einsatz von Zwangsarbeitern. Andererseits konnte er zu seiner Entlastung anführen, Hitlers Politik der ‚Verbrannten Erde' sabotiert, dessen Befehle in der Endphase des Krieges missachtet und dieses auch in Denkschriften zum Ausdruck gebracht zu haben. Auch ein Attentat hatte er angeblich geplant. Die Mitangeklagten zeigten sich schockiert, das Gericht war weniger beeindruckt. Mehr ließ es sich dadurch für den Angeklagten einnehmen, dass und wie er sich habituell von den meisten Mitangeklagten unterschied und in gleichsam staatsmännischer Haltung eine „Gesamtverantwortung" übernahm – eine konkret zurechenbare Schuld an den Kriegs- und Menschlichkeitsverbrechen bestritt Speer allerdings:

„Dieser Krieg hat eine unvorstellbare Katastrophe über das deutsche Volk gebracht und eine Weltkatastrophe ausgelöst. Es ist meine selbstverständliche Pflicht, für dieses Unglück nun auch vor dem deutschen Volk mit einzustehen.

Ich habe diese Pflicht umso mehr, als sich der Regierungschef der Verantwortung vor dem deutschen Volk und der Welt entzogen hat (...) Soweit Hitler mir Befehle gab und ich diese durchführte, trage ich hierfür die Verantwortung, allerdings habe ich nicht alle Befehle durchgeführt."[88]

Speer ahnte wohl, dass sein Schicksal an einem dünnen Faden hing. Unter den Richtern bestand anfangs eine Pattsituation. Francis Biddle (USA) und Iola Nikitschenko (UdSSR) forderten die Todesstrafe, Sir Geoffrey Lawrence (Großbritannien) und Henri de Vabres (Frankreich) plädierten für eine Haftstrafe. Der Amerikaner ließ sich nach längerer Diskussion mit seinen britischen und französischen Kollegen schließlich umstimmen.[89]

Der Fall Speer verdient an dieser Stelle einen kurzen biographischen Exkurs. Kein anderer aus der Führung des NS-Staates – Hitler und Goebbels ausgenommen – hat in der Öffentlichkeit und in der Forschung ein so großes, bis in die Gegenwart anhaltendes Interesse gefunden. Dafür gibt es aufschlussreiche Gründe. Albert Speer war – wie Eberhard Jäckel schon vor dreißig Jahren schrieb – erst Hitlers „Lieblingsarchitekt" und dann dessen „Lieblingsminister".[90] Er avancierte nicht zuletzt wegen seines kooperativen und einsichtsvollen Verhaltens vor Gericht mühelos zum „Lieblingsangeklagten" der Alliierten, und dank der späten Freilassung wurde er auch der „Lieblingsspätheimkehrer" der Deutschen, Bestsellerautor und Medienstar. Er selbst hat sich nach Kräften bemüht, das „Rätsel Speer" zu Lebzeiten zu lösen. Er, der den Fassadenglanz des ‚Dritten Reiches' mitgestaltete, vom ‚Führer' bis zuletzt so fasziniert war wie die meisten Anhänger Hitlers und die verbrecherische Seite des Regimes ebenso lange ignorierte, hat sich in immer neuen Selbstbefragungen mit der Wahrheit auseinandergesetzt. Alexander Mitscherlich nannte ihn nach der Lektüre der *Spandauer Tagebücher* (1975) einen „feinsinnig Schuldig-Unschuldigen".[91] Für einen ehemaligen ‚Hauptkriegsverbrecher' klang das fast wie eine Auszeichnung.

Personen aus seiner damaligen Umgebung und seine späteren Biographen Gitta Sereny und Joachim C. Fest halten es für möglich, dass sich Speer spätestens ab Sommer 1945 mit einer „Strategie seines Überlebens" beschäftigt hat.[92] Er war zu dieser Zeit zusammen mit anderen prominenten Technikern, Unternehmern und Spitzenbeamten des ‚Dritten Reiches' in Schloß Kransberg inhaftiert, einem alliierten Internierungslager bei Bad Nauheim. In

Gesprächen und Denkschriften entwarf er bereitwillig ein sach-
lich-distanziertes, allerdings noch stark der bürokratisch-ver-
harmlosenden ‚Sprache des Dritten Reiches' (V. Klemperer) ver-
haftetes Panorama über führende Nationalsozialisten, über Adolf
Hitler und dessen Außen- und Kriegspolitik. Nur beiläufig ist
von der „Durchführung des Antisemitismus" die Rede, der Judenmord war zu diesem Zeitpunkt für ihn kein Thema.[93] Ein Bewusstsein von Schuld wird nicht erkennbar. Auch in seinen späteren Selbstdarstellungen bleibt diese zentrale Frage merkwürdig
peripher oder ganz ausgespart.

In der ersten, während der Haftzeit entstandenen Fassung sei-
ner *Erinnerungen* kam die ‚Reichskristallnacht' nicht vor. Sein
Verleger riet ihm, den Text zu ergänzen. Lückenhaft war die Erin-
nerung auch bei der ‚Judenevakuierung'. Zur Vorbereitung der
Neugestaltung Berlins zur ‚Welthauptstadt Germania', die unter
Speers Leitung stand, gehörte der Abriss ganzer Wohnviertel. In
Speers Arbeitsstab sorgte eine Abteilung ‚Umsiedlung' für die
‚Entmietung' jüdischen Wohnraums, durch die etwa 75 000 Juden
aus ihren Wohnungen vertrieben wurden. Speer erwähnt das Ereignis nicht. Aber ein enger Mitarbeiter, der Architekt Rudolf
Wolters, hatte es zunächst in der dienstlichen Chronik festgehal-
ten, später allerdings, mit Billigung Speers, wieder gelöscht. Als
der junge Historiker Matthias Schmidt diesen Zusammenhang in
den siebziger Jahren aufdecken wollte, widersetzte sich Speer vehement.[94]

Zu einer ähnlichen Auseinandersetzung kam es, als der amerikanische Historiker Erich Goldhagen Anfang der siebziger Jahre
glaubte nachweisen zu können, dass Speer am 6. Oktober 1943 in
Posen anwesend war, als Himmler vor den versammelten Gaulei-
tern und der SS-Führung über den Stand und die Ziele der ‚Endlösung der Judenfrage' berichtete. Speer suchte wochenlang im
Bundesarchiv nach entlastenden Dokumenten. Er war an dem Tag
auch in Posen, bei Himmlers Rede aber wohl nicht mehr anwesend.

Jahrelang hat Speer erklärt, erst in Nürnberg von der Judenvernichtung erfahren zu haben. Am Ende einer monatelangen, intensiven Befragung durch Gitta Sereny musste er seine Lebenslüge
eingestehen, dort nicht die volle Wahrheit gesagt zu haben. Sie
hätte wohl seinen Kopf gekostet. Seine Hauptschuld sah er in der

„Billigung durch Wegsehen, nicht durch Kenntnis eines Befehls oder der Durchführung", und er fügte hinzu: „das erstere ist so schwerwiegend wie das zweite".[95] Speers fortgesetzte öffentliche Selbstprüfung hat keineswegs nur Beifall gefunden. In einem offenen Brief schrieb Jean Améry anlässlich des Erscheinens der *Tagebücher:* „Es scheint mir, als habe keiner der einstigen Mittäter das moralische Recht, mit ergreifenden Expektorationen an die Öffentlichkeit zu treten. Sühne und Umkehr werden würdig nur in Einsamkeit vollzogen."[96] Erich Fried widersprach und trat für das Zeugnisrecht des „reumütigen Mitschuldigen" ein.[97]

Gerade deshalb ist Speer nach 1945 für nicht wenige Deutsche eine Art Lieblingstäter geworden. Ihm flogen die Sympathien zu – gerade jetzt. Er war vielleicht der einzige aus der NS-Führung, mit dem man sich identifizieren konnte, mit dem noch – oder wieder – Staat zu machen war. Speer gehörte der zwischen 1900 und 1910 geborenen Kriegsgeneration an. Er war einer von jenen idealistisch gesinnten Offizieren, Ingenieuren, Ärzten, Juristen und Wissenschaftlern aus gutbürgerlichem, zumeist nationalliberalem Hause, denen die Weimarer Republik fremd blieb und die sich ganz der nationalen Sache und der modernen Sachlichkeit verschrieben. Instrumentelles Denken, Tatendrang, hohe fachliche Motivation, funktionale Moral und nationalistische Gläubigkeit führten sie früh in die Nähe der Hitler-Partei. Aus dieser technisch-wissenschaftlichen Intelligenz rekrutierte der NS-Staat nach 1933 das Personal für die Planung und Durchführung seiner weitreichenden kultur-, sozial-, arbeits-, rassen- und rüstungspolitischen Ziele. Speer ist einer der prominentesten und erfolgreichsten Repräsentanten dieser neuen Elite des NS-Staates, die nach Herkunft, Bildung und Selbstverständnis wenig mit den in der Partei aufgestiegenen ‚Braunhemden' und ‚Alten Kämpfern' aus der Frühzeit der Bewegung zu tun haben. Speers Karriere und seine Schuld sind daher ohne das politische Versagen einer ganzen Generation kaum zu verstehen. In den sogenannten Nürnberger Nachfolgeprozessen sollten diese intellektuellen Akteure aus staatlichen und SS-Führungspositionen noch zahlreich Gelegenheit bekommen, sich für ihre kriminelle Schuld und ihre politische Mitschuld zu verantworten.

Die Nürnberger Nachfolgeprozesse

Diese Prozesse hätten einer größeren Öffentlichkeit eine weitere Gelegenheit bieten sollen und bieten können, sich mit der nationalsozialistischen Herrschaft auseinanderzusetzen, vor allem mit der Verstrickung ihrer Funktionseliten in die Gewaltverbrechen. Doch das öffentliche Interesse an den gerichtlichen Verfahren und Verhandlungen ging im Laufe der späten vierziger Jahre spürbar zurück. Die Prozesse fanden nun in alleiniger Verantwortung der USA statt. Der Hauptankläger war Telford Taylor, die Richter wechselten. Drei Prozesse wurden gegen Unternehmer und Wirtschaftsmanager (Flick, IG-Farben, Krupp) geführt, drei gegen Wehrmachtsgeneräle (Milch, Südost-Generäle, Oberkommando der Wehrmacht), drei gegen höhere SS-Führer (der Einsatzgruppen, des Wirtschafts- und Verwaltungshauptamtes, des Rasse- und Siedlungshauptamtes), und in je einem Prozess mussten sich Ärzte, Justizbeamte und Diplomaten (Wilhelmstraßen-Prozess) verantworten. Diese Verfahren sind im allgemeinen Geschichtsbewusstsein sehr viel weniger präsent als der Prozess gegen die ‚Hauptkriegsverbrecher‘. Sie können hier allerdings nur kursorisch und in ausgewählten Beispielen knapp vorgestellt werden.[98]

Schon der erste Fall, der Ärzteprozess, lenkte die Aufmerksamkeit auf den Komplex der Menschlichkeitsverbrechen.[99] Und schon dieses Verfahren ließ erkennen, wie fragwürdig die Konstruktion des alliierten Militärtribunals war, Gewaltverbrechen als Folge von Kriegshandlungen zu bewerten und jene Verbrechen auszuklammern, die Deutsche an Deutschen begangen hatten. Der Prozess widmete sich ausgiebig den medizinischen Humanexperimenten in den Konzentrationslagern und auch der sogenannten Euthanasie-Aktion, jener ‚Geheimen Reichssache‘ zur Tötung ‚lebensunwerten Lebens‘, die nach dem Sitz der zentralen Verwaltungsstelle in der Berliner Tiergartenstrasse 4 auch ‚Aktion T4‘ genannt wurde.

Allein während der offiziellen Phase, also von 1939 bis 1941, sind dabei mehr als siebzigtausend geistig und körperlich behinderte Kinder, Frauen und Männer von Ärzten ermordet worden. Orte der Massentötungen waren die Heil- und Pflegeanstalt Bernburg/Saale (etwa 9000 Ermordete), das Zuchthaus Brandenburg (etwa 10 000), das Samariterstift Schloß Grafeneck bei Reutlingen (etwa 10 000), die hessische Landesheil- und Pflegeanstalt Hadamar (mindestens 15 000), das Schloß Hartheim bei Linz (über 18 000), die Festung Sonnenstein in Pirna bei Dresden (etwa 15 000). Der Prozess konnte den Nachweis erbringen, dass eine enge personelle und organisatorische Verbindung zwischen der ‚Euthanasie' und der ‚Endlösung' bestand. Über einhundert der medizinischen Tötungsspezialisten wurden von der ‚Aktion T4' übernommen; auch die ersten Lagerkommandanten der Vernichtungslager Belzec, Sobibor und Treblinka kamen von dort. Angeklagt waren 23 Personen, neunzehn Ärzte, eine Ärztin und drei Nichtmediziner. In sieben Fällen hieß das – nicht revisionsfähige – Urteil ‚Tod durch den Strang'. Zum Tode verurteilt wurden u. a. Prof. Dr. med. Karl Gebhardt, Präsident des Deutschen Roten Kreuzes und Leibarzt Himmlers, sowie zwei der Hauptverantwortlichen für den Euthanasie-Mord, der SS-Oberführer Viktor Brack und Prof. Dr. med. Karl Brandt, Reichskommissar für das Sanitäts- und Gesundheitswesen.

Im Auftrag der westdeutschen Ärztekammern hat der junge Alexander Mitscherlich den Prozess beobachtet und zusammen mit seinem Kollegen Fred Mielke einen Bericht verfasst, der zunächst unter dem Titel *Wissenschaft ohne Menschlichkeit* in einigen Tausend Exemplaren nur unter den Ärzten verteilt wurde und ohne jede Resonanz blieb.[100] Im Rückblick auf den Nürnberger Ärzteprozess schrieb der Münsteraner Medizinhistoriker Richard Toellner: „Der Spiegel, in dem man sich und seine Schuld hätte erkennen können, blieb blind."[101] Der Bericht erschien erst 1960 als Fischer-Taschenbuch unter dem Titel *Medizin ohne Menschlichkeit*. Was Mitscherlich am meisten erschreckte, war nicht nur die ungezügelte, „bürokratisch-sachlich organisierte Lieblosigkeit, Bosheit und Mordgier" seiner Ärzte-Kollegen. Es war auch nicht die Tatsache, dass von den etwa 90 000 damals in Deutschland tätigen Ärzten immerhin ungefähr 350 Medizinverbrechen begangen hatten, sondern dass „ein Apparat da (war), der sie in die Lage oder in die Chance brachte, sich zu verwandeln", sich an „diskriminiertem ‚Menschenmaterial'" zu versuchen.[102]

Die hohe Bedeutung von Interessen wirtschaftlicher Ausbeutung im Vollzug der ‚Endlösung' trat im I.G. Farben-Prozess in Erscheinung.[103] Das Verfahren ließ keinen Zweifel an der Mitverantwortung des Konzerns für den Krieg, für die Zwangsarbeit und die Ermordung von Kriegsgefangenen. Über die milden Strafen spottete der amerikanische Chefankläger, dass sie „einen Hühnerdieb" erfreut hätten. Alle Manager waren bald wieder in Freiheit, manche kehrten in die Spitze der drei Nachfolgeunternehmen (Bayer, BASF, Hoechst) zurück. Einer von ihnen schrieb in einer im Wiederaufbau der fünfziger Jahre gern gelesenen Unternehmensbiographie, dass sie unter den schwierigen Verhältnissen des Krieges nur ihre Pflicht getan hätten. Auschwitz war in dieser Lebensbilanz kaum mehr als eine Fehlinvestition.[104]

Die höchste Zahl von Todesstrafen wurde im Prozess gegen 24 angeklagte höhere SS-Führer der Einsatzgruppen verhängt. Ein Drittel von ihnen waren Juristen, einer war Zahnarzt, einer Universitätsprofessor. Über einen hohen Bildungs- und Ausbildungsstand verfügten sie alle. Dass mit diesen nicht auch Dr. Werner Best auf der Anklagebank saß, erklärt sich im wesentlichen daraus, dass der neben Himmler, Heydrich und Kaltenbrunner führende Organisator und Ideologe des SS- und Polizeistaates 1939/40 durch seinen Rivalen Heydrich teilweise entmachtet worden war und dass ihm zur gleichen Zeit in Kopenhagen, seinem letzten Wirkungsort, der Prozess gemacht und er dort zum Tode verurteilt wurde. Die Revisionsinstanz machte daraus eine geringe Zeitstrafe, und Best war bald wieder ein freier Mann.[105] So erging es nicht allen, aber doch manchen, die aus Bests „Assessoren-Kindergarten" bei der Sicherheitspolizei und im SD hervorgegangen waren und dann in die Führungskader der Einsatzgruppen aufrückten.

Die Einsatzgruppen waren jene mobilen Mordkommandos, die zu Beginn des Russlandkrieges hinter der vorrückenden Wehrmacht vor allem gegen die ‚jüdisch-bolschewistische Intelligenz' vorgingen und mehr als eine halbe Million Menschen umgebracht haben.[106] Immerhin wurden vierzehn der Angeklagten zum Tode verurteilt. Das Gericht verbarg seine Rat- und Sprachlosigkeit nicht und nannte die Schreckenstaten Verbrechen, die in ihrer „Vertiertheit der Beschreibung trotzen" und „in nichts Dantes imaginärem Inferno gleichen würden".[107] Der Prozess ist allerdings vor allem dadurch zu einem Markstein in der Geschichte gerichtlicher Vergangenheitsbewältigung in Deutschland geworden, dass die Intention der Richter im „Gnadenfieber" (Kempner) und in der Hitze ideologischer Gefechte des Kalten Krieges schon bald in ihr Gegenteil verkehrt wurde. Davon wird im 6. Kapitel noch eingehender zu sprechen sein.

Im Juristen-Prozess saßen nicht die höchsten Repräsentanten der ‚völkischen Rechtserneuerung' aus Justiz, Partei und Staat auf der Anklagebank.[108] Der vormalige Justizminister Franz Gürtner war bereits gestorben, sein Nachfolger Otto Thierack hatte Selbstmord begangen, ebenso Reichsgerichtspräsident Erwin Bumke. Der von so vielen gefürchtete und gehasste ‚Blutrichter' und Präsident des Volksgerichtshofes, Roland Freisler, war bei einem Luftangriff in Leipzig ums Leben gekommen. Und den ‚Reichsrechtsführer' Hans Frank hatten die Richter bereits im Hauptverfahren zum Tode verurteilt. An ihrer Stelle waren der ehemalige Staatssekretär im Justizministerium, Franz Schlegelberger, und fünfzehn weitere hochrangige Repräsentanten der NS-Justiz angeklagt. Ihnen wurde nicht etwa wegen einfachen Mordes oder einzelner Greueltaten der Prozess gemacht. Bloße Einzelfälle, so betonte das Gericht ausdrücklich, seien unbedeutend gegenüber dem Tatbestand, dass sie sich an Kriegs- und Menschlichkeitsverbrechen beteiligt und am Rechtsstaat selbst vergangen hätten.

Auch diese juristisch versierten Angeklagten erklärten sich selbstverständlich als „nicht schuldig". Ihre Verteidiger argumentierten strikt rechtspositivistisch und erklärten, dass die Beschuldigten sich legal verhalten, nur im Rahmen bestehender Gesetze gehandelt hätten und jetzt nicht Unrecht sein könne, was zuvor Recht gewesen sei. Die Richter hielten dem entgegen, dass der rechtsstaatliche Grundsatz *nulla poena sine lege* ein Schutzrecht des Bürgers gegenüber staatlicher Willkür sei. Würde man dieses Recht auch dem Personal eines Unrechtsstaates zubilligen, hätte das die widersinnige Konsequenz, die Willkür und das Verbrechen des Diktators und seiner Gehilfen zu schützen. Im nationalsozialistischen Unrechtsstaat selbst lag für sie das Übel. Kern ihrer Beschuldigung war der Vorwurf

„der bewussten Teilnahme an einem über das ganze Land verbreiteten und von der Regierung organisierten System der Grausamkeit und Ungerechtigkeit und der Verletzung der Kriegsgesetze und der Gesetze der Menschlichkeit, begangen im Namen des Rechts unter der Autorität des Justizministeriums mit Hilfe der Gerichte. Der Dolch des Mörders war unter der Robe des Juristen verborgen."[109]

Taylor hatte dieses treffende Bild vom Mörder in der Robe für den vorgeblich ‚unpolitischen Rechtswahrer‘ im ‚Dritten Reich‘ gefunden. Die Richter übernahmen es in ihr Urteil. Präziser und differenzierter konnte man kaum über die Schuld der juristischen Staatsdiener des Unrechtsstaates sprechen. Differenziert und erhellend war auch, was sie über den Hauptangeklagten schrieben:

„Schlegelberger ist eine tragische Gestalt“, befanden sie, „er liebte das Leben des Gelehrten. Er verabscheute das Böse, das er tat, aber er verkaufte sein Gelehrtentum an Hitler für ein politisches Linsengericht und die eitle Hoffnung persönlicher Sicherheit.“[110]

Er hatte zu seiner Verteidigung das von Angehörigen der Funktionseliten immer wieder benutzte Argument gebraucht, dass „gewisse Opfer“ unter der von der NS-Herrschaft erzwungenen Anpassung unvermeidlich gewesen wären und Schlimmeres dadurch vermieden worden sei. Zu den gewissen Opfern, die der Kampf gegen ‚Volksschädlinge‘, gegen ‚Schwätzer und Hetzer‘, gegen ‚Wehrkraftzersetzer‘ und ‚Verräter‘ an der „inneren Front“ gekostet hatte, zählten u.a. etwa 16 000 Todesurteile der zivilen Strafgerichte, von denen mehr als drei Viertel vollstreckt wurden, und 25 000 Todesurteile der Kriegsgerichte.

Das Gericht verurteilte neben Schlegelberger zwei weitere Angeklagte zu lebenslanger Haftstrafe, fünf erhielten kürzere Zeitstrafen, die anderen wurden freigesprochen. Auch dieser Prozess wurde dadurch entwertet, dass – bis auf einen – alle Angeklagten bereits Anfang der fünfziger Jahre wieder auf freiem Fuß waren. Schwerer wog aber, dass keiner der Richter eines Sondergerichts oder des Volksgerichtshofes wegen eines der zahlreichen Unrechtsurteile von einem bundesdeutschen Gericht rechtskräftig verurteilt worden ist. Zur Begleitung der weithin anerkannten Wander-Ausstellung „Justiz und Nationalsozialismus“ sprach Bundesjustizminister Engelhard von „*der* Fehlleistung der bundesdeutschen Justiz“.[111] Der Bundesgerichtshof hat dieses Urteil im Zusammenhang der Anklage und sehr viel unnachsichtigeren Bestrafung von DDR-Juristen im Jahre 1995 noch einmal bekräftigt und daran erinnert, dass niemand Richter in eigener Sache sein könne, also auch nicht die Justiz in Sachen Justizverbrechen.[112]

Der ‚Wilhelmstraßen-Prozess‘, so genannt, weil in ihm zahlreiche Führungspersonen aus Reichsministerien angeklagt waren, aber auch Repräsentanten der Industrie- und Finanzwirtschaft sowie der Vierjahresplanbehörde, hat in der frühen Bundesrepublik vielleicht die größte Aufmerksamkeit gefunden.[113] Das hat zum einen mit einem der wichtigsten Beweismittel für den Vollzug der ‚Endlösung' zu tun, das dort präsentiert wurde, dem Protokoll der Wannseekonferenz vom 20. Januar 1942, und zum anderen mit der Prominenz des Hauptangeklagten, des Staatssekretärs im Auswärtigen Amt, Ernst Freiherr von Weizsäcker, dessen bald auf fünf Jahre reduzierte Haftstrafe 1950 eine politisch-publizistische Kampagne für seine Freilassung auslöste. Gleichzeitig ging es um die umstrittene Rekrutierung des Personals für das neue Bonner Auswärtige Amt aus dem ehemaligen Ribbentrop-Ministerium. Für die einen war das ein „Treppenwitz der Weltgeschichte"[114], während Adenauer nach Prüfung der Fälle durch einen parlamentarischen Untersuchungsausschuss einigen von ihnen später bescheinigte, „Männer echten Widerstands" gewesen zu sein.

In gleich drei Verfahren mussten sich Wehrmachtsgeneräle verantworten.[115] Zum Prozess gegen Erhard Milch war es gekommen, weil der einstige Generalinspekteur der Luftwaffe als Entlastungszeuge in der Verteidigung von Göring, Speer und Sauckel ausgesagt hatte. Dabei zeigte sich, dass und wie weit er selbst in die jenen zur Last gelegten Verbrechen verstrickt war, insbesondere durch seine Mitverantwortung für den Einsatz von Zwangsarbeitern und für die sog. ‚Luftwaffenforschung', d.h. für die medizinischen Experimente an Zivilisten und Kriegsgefangenen im KZ Dachau. Dieses Verfahren verdeutlichte einmal mehr das Dilemma der Nürnberger Prozesse, die einerseits die Unterscheidung von Kriegs- und Menschlichkeitsverbrechen eingeführt hatten und sie doch immer wieder unkenntlich machten. Milch führte zu seiner Verteidigung Befehlsnotstand an und verwies auf seine bloß subalterne Funktion. Das Gericht ließ das nicht gelten und verurteilte ihn zu einer lebenslangen Haftstrafe, aus der er allerdings, nachdem die Strafzeit herabgesetzt worden war, bereits 1954 entlassen wurde. Bald darauf war der angesehene frühere Lufthansa-Direktor als Industrieberater tätig. Im Prozess gegen die „Südost-Generale" (Wilhelm List und andere) ging es um die Misshandlung von Kriegsgefangenen, insbesondere aber um Massaker an der serbischen Zivilbevölkerung, der Zehntausende Menschen zum Opfer fielen, Kommunisten, Juden und Sinti und Roma in großer Zahl. Nach den baltischen Ländern war Serbien das erste ,judenfreie' Gebiet in dem von der deutschen Wehrmacht besetzten Europa.

Dem letzten Verfahren gegen 14 Wehrmachtsgeneräle, irreführend „OKW-Prozess" genannt, kommt nicht zuletzt wegen des langlebigen, geschönten Bildes von der ,sauberen Wehrmacht' erhebliche Bedeutung zu.[116] Nach dem Willen des amerikanischen Anklägers Walter H. Rapp sollte der Prozess verhindern helfen, dass Legenden über Hitlers Wehrmacht entstehen. Tatsächlich aber hat er – unbeabsichtigt – zur Rehabilitierung der Wehrmacht als Institution beigetragen, obwohl immerhin 11 Angeklagte wegen ihrer Beteiligung an Kriegs- und Menschlichkeitsverbrechen verurteilt wurden. Wie konnte das geschehen?

Im Hauptkriegsverbrecherprozess waren zwar mehrere Oberbefehlshaber verurteilt worden (Dönitz, Göring, Jodl, Keitel, Raeder). Aber die zugleich angeklagte, aus rd. 130 Offizieren bestehende Gruppe ,Generalstab und OKW' wurde – anders als die SS, das Führerkorps der NSDAP, die Gestapo und der SD – vom Vorwurf einer ,verbrecherischen Organisation' freigesprochen. Allerdings nur deshalb, weil diese Gruppe den zuvor festgelegten Kriterien nicht entsprach. Auf Jackson Vorschlag hin war eine verbrecherische Organisation definiert worden als eine Vereinigung von Personen zu einem gemeinsamen, allgemeinen Zweck, deren Mitgliedschaft auf Freiwilligkeit beruhte und die von Anfang an in Kenntnis der verbrecherischen Ziele gehandelt haben.[117]

Aber nur dieser Freispruch, der die Armee als Institution schonte, nicht aber einzelne Generäle, und der deshalb kaum mehr als ein halber war, zählte später im Bewusstsein derer, die aus der von den Alliierten aufgelösten Wehrmacht eine neue aufbauten. Geflissentlich übersehen – und bald vergessen – wurde, was die Richter auch in den ,Freispruch' geschrieben hatten, dass die Generäle nämlich nach dem Urteil des Gerichts verantwortlich seien

„für die Leiden und Nöte, die über Millionen Männer, Frauen und Kinder gekommen sind. Sie sind ein Schandfleck für das ehrbare Waffenhandwerk geworden. Ohne ihre militärische Führung wären die Angriffslüste von Hitler und seiner Nazi-Kumpane akademisch und ohne Folgen geblieben. Wenn diese Offiziere auch nicht eine Gruppe nach dem Wortlaut des Statuts bilden, so waren sie doch sicher eine rücksichtslose militärische Kaste. (…)

Viele dieser Männer haben mit dem Soldateneid des Gehorsams gegenüber militärischen Befehlen ihren Spott getrieben. Wenn es ihrer Verteidigung zweckdienlich ist, so sagen sie, sie hätten zu gehorchen; hält man ihnen Hitlers brutale Verbrechen vor, deren allgemeine Kenntnis ihnen nachgewiesen wurde, so sagen sie, sie hätten den Gehorsam verweigert.

Die Wahrheit ist, dass sie an all diesen Verbrechen rege teilgenommen haben oder in schweigender Zustimmung verharrten, wenn vor ihren Augen größer angelegte und empörendere Verbrechen begangen wurden, als die Welt je zu sehen das Unglück hatte. (…) Wo es der Sachverhalt rechtfertigt, sollen diese Leute vor Gericht gestellt werden, damit jene unter ihnen, die dieser Verbrechen schuldig sind, ihrer Bestrafung nicht entgehen.“[118]

Die bald nach Abschluss des letzten Nürnberger Prozesses beginnende Begnadigungspraxis markierte die Bruchstelle zwischen dem anfänglichen amerikanischen Programm der Bestrafung der ‚Kriegsverbrecher‘ und der Demokratisierung der deutschen Gesellschaft auf der einen Seite und den neuen außenpolitischen Optionen für den vormaligen Kriegsgegner als Konsequenz des Kalten Krieges auf der anderen. Sie hießen Westintegration und Wiederbewaffnung. Ein Fazit fällt deshalb nicht leicht. Die Bedeutung der Nürnberger Prozesse muss man aus dem damaligen interessenpolitischen Spannungsverhältnis insgesamt würdigen. Sie boten für einen kurzen Augenblick die Möglichkeit, die sich nicht ein zweites Mal ergeben sollte, der internationalen und deutschen Öffentlichkeit Art und Ausmaß eines bis heute schwer verständlichen Verbrechenskomplexes vor Augen zu führen, die verbrecherischen Organisationen (SS, Gestapo, SD, NSDAP-Führerkorps) als solche zu benennen und zahlreiche der hauptverantwortlichen Täter zu verurteilen. Man übertreibt nicht, wenn man sagt, dass der „extraterritoriale Gerichtsstaat“[119] Nürnberg die deutsche Schuld dokumentiert und dem Menschheitsgedächtnis eingeschrieben hat, auch wenn die verstörte Weltöffentlichkeit den Schrecken noch nicht in jenem Ortsnamen fixieren konnte, der inzwischen geläufig geworden ist: Auschwitz.

Schuldakzeptanz und Opferbewusstsein

In welcher Weise und inwieweit Nürnberg für die frühe deutsche Nachkriegsgesellschaft ein „Lehrprozess“ gewesen ist, ist nicht leicht zu beurteilen. Einer nachhaltigen Wirkung standen verschiedene mentale und materielle Hindernisse entgegen. Zum einen die tendenzielle Gleichsetzung von nationalsozialistischen Gewalt- und Kriegsverbrechen, an der das Nürnberger Tribunal selbst nicht unbeteiligt war. Zwar hat sich der Bundesgerichtshof Anfang der fünfziger Jahre um Verdeutlichung bemüht und das „Für-Nichts-Achten" des Menschen als den Wesenskern der NS-Gewaltverbrechen herausgestellt.[120] Aber die Definition blieb zunächst weitgehend unbeachtet. Noch während der zweiten Verjährungsdebatte, also im März 1965, wies der SPD-Abgeordnete Adolf Arndt darauf hin, dass Kriegsverbrechen „Exzesse der Kampfhandlung" sind, „die Ermordung von Geisteskranken, jüdischen Männern, Frauen, Kindern und Säuglingen aber" eine „eiskalt unter Einsatz der ganzen Staatsmaschinerie geplante, überlegte Mordaktion" war.[121] Im Sommer 1967 sah sich Bundesjustizminister Gustav Heinemann (SPD) veranlasst, die obersten Bundesbehörden darauf hinzuweisen, zwischen „Kriegsverbrechen" und „nationalsozialistischen Verbrechen" zu unterscheiden.[122] Und in den siebziger Jahren erinnerte Sebastian Haffner in seinem weit verbreiteten Hitler-Buch noch einmal daran, dass es „ein Fehler der Siegermächte" war, „Hitlers Massenmorde" und die Kriegsverbrechen „in einen Topf" zu werfen; die Öffentlichkeit sei dadurch „abgestumpft".[123]

Hinderlich für eine nachhaltige Wirkung der Nürnberger Prozesse war zum anderen das unglückliche nationale Bewusstsein der Deutschen, das die zuvor nach außen gewendete, völkisch-aggressive Wir-Ihr-Unterscheidung nun schuldentlastend nach innen kehrte. Nun verlief die Trennungslinie zwischen einem dämonisch-übermächtigen Hitler mitsamt seiner kriminellen NS-Führung und den gutgläubigen, in ihrem Pflichtbewusstsein und ihrer ‚Gefolgschaftstreue' missbrauchten Deutschen. Angehörige der Funktionseliten aller gesellschaftlichen Bereiche suchten sich aus der Mitverantwortung zu ziehen, indem sie auf ihre fachlich-neutrale Tätigkeit verwiesen. Selbst die vielen zum Tode verurteilten Angeklagten im Einsatzgruppenprozess profitierten von der strafmindernden Wirkung der ‚Gehilfentheorie'.

Ein schuldentlastendes Opferbewusstsein resultierte in hohem Maße auch aus der Kriegsniederlage, der Entnazifizierung, den Zerstörungen und dem materiellen Elend. Unter dieser bedrückenden Erfahrung sahen sich Millionen Deutsche selbst als Verfolgte und Verlierer, als Gedemütigte und Getäuschte, mit einem Wort: als Opfer. So verstanden sich vor allem die Kriegsheimkehrer und Ausgebombten, die Flüchtlinge und NS-Belasteten. Millionen identifizierten sich nicht grundlos mit den beiden damals populärsten Figuren auf Bühne und Leinwand, Wolfgang Borcherts Beckmann und Wolfgang Staudtes Dr. Mertens, die wie sie orientierungslose, schuldlos-schuldige Kriegsheimkehrer waren.

Selbst NS-Verfolgte bekräftigten dieses Bild. Einige Beispiele namhafter politischer Repräsentanten der Zeit: Der ehemalige KZ-Häftling und Reichstagsabgeordnete Paul Löbe (SPD) sprach als Alterspräsident in der konstituierenden Sitzung des Bundestages „von der zweifachen Geißelung" des deutschen Volkes, das unter den „Fußtritten der eigenen Tyrannen" ebenso gelitten habe wie unter den alliierten Kriegshandlungen gegen Deutschland.[124] Landrat Theodor Steltzer (CDU), Mitglied des Kreisauer Kreises, dem Todesurteil des Volksgerichtshofs nur knapp entronnen, 1946/47 erster Ministerpräsident Schleswig-Holsteins, meinte auf einer Gedenkveranstaltung im November 1945 in Rendsburg, dass „im Grunde das ganze deutsche Volk" zu den NS-Opfern gerechnet werden müsse. Ähnlich äußerte sich der SPD-Politiker Carlo Schmid, der Anfang 1946 auf einer Tübinger Gedenkveranstaltung die soldatischen ebenso wie die zivilen Kriegstoten, die Kriegsgefangenen und die Vertriebenen, die Widerstandskämpfer und die Juden gleichermaßen als Opfer bezeichnete.[125] Und Hamburgs eben aus dem amerikanischen Exil zurückgekehrter Bürgermeister Max Brauer (SPD) machte bei der Einweihungsfeier des Hamburger Mahnmals für die Opfer des Naziterrors kurzerhand das „ganze Volk" zum Opfer Hitlers und „seiner dämonischen Zwecke".[126]

Auch in Ostdeutschland dominierte ein Opferselbstbild, ein heroisches allerdings. Zwar sprach man von Millionen Opfern des Hitler-Faschismus, aber der mit sozialer Anerkennung verbundene Status ‚Opfer des Faschismus' sollte den ‚antifaschistischen Kämpfern' gegen den Nationalsozialismus vorbehalten bleiben. Die Geschichtsdoktrin der DDR erklärte die Machteroberung der Hitler-Bewegung mit der Dimitroff-Formel, also aus den bündnispolitischen Machenschaften der ‚chauvinistischen, imperialistischen und aggressiven Teile des deutschen Finanzkapitals'. Diese hätten mit dem Hitler-Regime die drohende proletarische Revolution abgewehrt und den seit langem geplanten Eroberungskrieg gegen die Sowjetunion begonnen. In dieser Sicht erscheint die deutsche Arbeiterschaft als Opfer des NS-Staates, weil er ihre Organisation zerschlagen, ihre politischen Repräsentanten verfolgt und die Arbeiterschaft mit seinen ‚sozialimperialistischen' Instrumenten verführt und missbraucht hat.

Angesichts so vieler Opfergruppen und Opferselbstbilder überrascht es kaum, dass der Judenmord anfangs nur eine unter vielen Katastrophen war. Die ebenso abstrakte wie niederschmetternde Bilanz von über 55 Millionen Toten des Krieges und der Gewaltherrschaft ließ ein sensibilisiertes Bewusstsein, einen eigenen Begriff für den Völkermord zunächst nicht entstehen. Eine Kollektivschuld wurde von Anfang an abgelehnt.[127] Durchgängig unterschied etwa die Hälfte der Befragten zwischen dem terroristischen NS-System und der „guten nationalsozialistischen Idee". Damit waren die wirtschaftlichen und sozialen Verhältnisse der Vorkriegszeit gemeint. Sie wurden noch in den fünfziger Jahren als eine Zeit bewertet, in der es Deutschland „am besten gegangen" sei. Daraus lässt sich kaum ableiten, dass die Deutschen mehrheitlich nationalsozialistisch eingestellt waren. Der Befund verweist eher auf ihre geringe Fähigkeit zur politisch-analytischen und moralischen Bewertung der Vorgeschichte der NS-Verbrechen.[128] Auschwitz konnte so an den Rand des kollektiven Bewusstseins abgedrängt werden.

Nur die frühen Umfragen zeigen, dass der Nürnberger Prozess gegen die Hauptkriegsverbrecher von der deutlichen Mehrheit der befragten Bevölkerung als fair, lehrreich und notwendig angesehen wurde und die Strafen als angemessen bewertet wurden. Etwa die Hälfte der Befragten schien demnach bereit, „einige Verantwortung" für die Folgen der Hitler-Diktatur zu übernehmen, in etwa so viele hielten es für ausreichend, dass nur die „höheren Führer" bestraft werden. Vier Jahre später, nach Abschluss der Nürnberger Nachfolgeprozesse also, hatte sich die positive Grundeinstellung gegenüber den Prozessen entweder drastisch verändert – oder die von Anfang an distanzierte bis ablehnende Einstellung hatte sich aus Angst vor verschärfter Entnazifizierung bis dahin nur versteckt. Nun vertrat nur noch ein gutes Drittel der Befragten die Auffassung, dass die Nürnberger Prozesse gerecht gewesen seien. Ebenso viele hielten die Strafen jetzt für zu hoch.

Das geschah zu einer Zeit, als der Ruf nach Gnade und Versöhnung in der Gesellschaft immer lauter wurde. Die Kirchen, die in der Schulddebatte eine maßgebliche Rolle spielten, waren auch in der Lobby der Amnestiebewegung tonangebend. Die katholische Fuldaer Bischofskonferenz hatte bereits 1948 eine Resolution gegen die noch nicht abgeschlossenen Nürnberger Prozesse verabschiedet. Die Evangelische Kirche Deutschlands (EKD) machte ein Jahr später in einer Denkschrift ihre juristischen Bedenken geltend. Gleichwohl standen beide Kirchen bei den Alliierten von Anfang in hohem Ansehen.[129] Die EKD hatte sich mit dem berühmten Stuttgarter Schuldbekenntnis Respekt verschafft. Die Erklärung war allerdings innerkirchlich heftig umstritten, aber nicht weil, sondern obwohl ihr ein schuldbekennendes Wort zur Ermordung der europäischen Juden fehlte. Erst im Jahr 1950 hat die in Berlin Weißensee tagende Synode der EKD auf Drängen Martin Niemöllers ein „Wort zur Schuld an Israel" gefunden. Der Hirtenbrief der katholischen Bischöfe vom August 1945 rühmte die oppositionelle Haltung vieler Katholiken, sprach auch von einer Mitschuld, vom Judenmord sprach er nicht. Von den Verbrechen an den „Menschen jüdischen Stammes" war erstmals auf dem Katholikentag in Mainz 1948 die Rede.

Den Anfang der Debatte über die Schuldfrage hatte – wie gesagt – Karl Jaspers bereits im Wintersemester 1945/46 gemacht.[130] Der prominente politische Philosoph galt damals als die wichtigste geistig-moralische Autorität in Deutschland, hoch angesehen auch bei den Amerikanern. Mit einer Jüdin verheiratet, war er trotz Berufs- und Publikationsverbot in Deutschland geblieben, hatte aber mit dem NS-Regime nicht kollaboriert. Jaspers unterschied verschiedene Schuldbegriffe. So brachte er das diffuse, zwischen Akzeptanz und Abwehr schwankende Schuldbewusstsein seiner orientierungslosen Landsleute auf einen politisch pragmatischen Begriff. Aber die akademisch Form und die pädagogische Diktion („Jeder Deutsche prüft sich: Was ist meine Schuld?"), in der er das tat, waren einer größeren Verbreitung seiner Überlegungen wohl abträglich. Von Kollegen wurde er wegen seiner unbequemen Einlassungen als „Praeceptor Germaniae" attackiert.

Eine strafrechtliche Kollektivschuld für die Beteiligung an den NS-Verbrechen wollte Jaspers nur für eine „kleine Minderheit" gelten lassen. Damit war die Realität sanktioniert. In den Nürnberger Prozessen mussten sich rund 200 Personen verantworten. Insgesamt wurden von den Militärgerichten der westlichen Besatzungszonen etwa 5 000 Angeklagte wegen ‚Kriegsverbrechen' verurteilt.[131] In ca. 800 Fällen verhängten die Richter die Todesstrafe, aber nur in etwa 500 Fällen wurde sie auch vollzogen. Die Zahlen erhöhen sich, wenn man die Verfahren in der SBZ und späteren DDR (13 000 Verurteilungen wegen ‚faschistischer Kriegs- und Menschlichkeitsverbrechen') und den anderen europäischen Ländern hinzunimmt. In Polen beispielsweise wurden rd. 5 000 Deutsche wegen Nazi-Verbrechen verurteilt. Die genauen Zahlen für die Sowjetunion sind nicht bekannt. Aber die Gesamtzahl der Bestraften erscheint gering, wenn man ihr jene geschätzte halbe Million Menschen gegenüberstellt, die an der ‚Endlösung' beteiligt waren, in welcher Funktion auch immer. Eine „moralische Kollektivschuld" erschien Jaspers jedoch ganz unstrittig. Er entzog sie allerdings dem politischen Zugriff der Alliierten. Das zielte gegen die unpopuläre Entnazifizierung und begnügte sich mit einer Art individuellen Selbstprüfung. Nachdrücklich sprach er sich für die „politische Haftung" jedes Deutschen aus: „Der Verbrecherstaat fällt dem ganzen Volk zur Last", befand er. Entschieden trat er für die Bereitschaft zur Wiedergutmachung jedes Einzelnen ein und für eine – angemessen kritische – Akzeptanz des Siegerwillens.

Politisch klüger konnte man den gesellschaftlichen Umgang mit der gewaltigen Schuld- und Schuldenlast kaum denken. Jaspers beließ es indes nicht dabei. Er kam seinen Landsleuten einen weiteren Schritt entgegen und machte auch noch eine Reihe von schuldentlastenden Argumenten geltend, indem er zwischen Ursache und Schuld unterschied, auf die Ohnmacht der Deutschen verwies und auf die Mitschuld der anderen Staaten. Wie weit er ein Kind seiner Zeit war, zeigte sich schließlich in den mythischen Bildern, die auch er für die Lebenslüge der Nachkriegsdeutschen benutzte: Von Hitler sprach er, ohne ihn beim Namen zu nennen, als dem verantwortungslosen Führer, der Deutschland in den „Abgrund getanzt" habe. Und in einem anderen Vortrag aus dem ersten Nachkriegsjahr nannte er die zwölf Jahre zuvor eine Zeit, in der „die Teufel auf uns eingehauen und uns mitgerissen haben in eine Verwirrung, dass uns Sehen und Hören verging".[132] Woher die Teufel kamen, wer sie gewählt, wer mit ihnen 1933 einen Pakt geschlossen hatte, und ob sich die Mörder noch unter den Deutschen befanden, danach wollte man zunächst nicht mehr fragen.

4. Wiedergutmachung.
Entschädigung der Verfolgten

Neben der Ermittlung der nationalsozialistischen Gewaltverbrechen, ihrer völkerstrafrechtlichen Bewertung und der Verurteilung der ‚Hauptkriegsverbrecher‘ genannten NS-Täter war die Rückerstattung von geraubtem („arisiertem") Grundbesitz und Vermögen sowie die Entschädigung der NS-Verfolgten das zweite große Thema in der öffentlichen Auseinandersetzung mit der deutschen Schuld in der frühen Nachkriegszeit.[133] Als Sammelbegriff hat sich dafür umgangssprachlich der ebenso aufschlussreiche wie für die Gesamtproblematik unangemessene Begriff ‚Wiedergutmachung‘ durchgesetzt. Er kann einerseits seine Herkunft aus deutscher Erziehungstradition nicht verleugnen, denn in dem Wort klingt ein eigentümlicher, „naiv-trotziger Anspruch"[134] nach. So, als könne man durch freimütiges Schuldbekenntnis und vorbehaltloses Schuldenbegleichen etwas „wieder gut machen" und jenen Zustand kindlicher Schuldlosigkeit zurückgewinnen, in dem alles „vergessen und vergeben" ist. Andererseits wird „gutmachen" – folgt man dem Grimmschen Wörterbuch – schon in der Zeit des Barock emotionslos und sachlich auf das Verhältnis von Gläubiger und Schuldner bezogen und bedeutet so viel wie „bezahlen" und „ersetzen".[135]

Diese zweifache Bedeutung ist auch für das deutsch-israelische bzw. deutsch-jüdische Verhältnis kennzeichnend. Denn bei der Rückerstattung von geraubten Vermögenswerten und bei der Entschädigung für zugefügtes Leid an Leib und Leben ging es nicht nur um Restitution und Reparationen, sondern auch um einen „sühnenden Akt der Deutschen" (W. Schwarz), wie schwer diese sich auch immer taten, dem Sühnegedanken Raum und Geltung zu verschaffen. Widerstreitende Interessen und Neigungen, Selbstschutz, Selbstgerechtigkeit oder Schuldabwehr standen dem entgegen. Die Abwehr jüdischer Entschädigungsforderungen durch Drohung mit einem neuen Antisemitismus, die herabsetzende Gleichstellung der NS-Verfolgten mit den eigenen Opfern des

Krieges und der Vertreibung, die vielfältigen und tausendfachen Zumutungen gegenüber den Verfolgten durch medizinisch-gutachterliche und gerichtliche Einzelfallprüfung (nicht selten durch vorbelastete Juristen und Ärzte) und ein populistisches, bisweilen aggressives Schlussstrichverlangen rivalisierten mit der Einsicht in die Notwendigkeit zur Wiedergutmachung, unter der im allgemeinen nur das Luxemburger Abkommen mit seinen Globalentschädigungen für Israel und die Claims Conference verstanden wird.

Dass es noch vor Gründung der Bundesrepublik überhaupt zu ersten Wiedergutmachungsgesetzen kam, und dass Anfang der fünfziger Jahre mit Israel und internationalen jüdischen Organisationen Entschädigungsabkommen abgeschlossen werden konnten, gegen den Willen großer Teile der westdeutschen Gesellschaft und auch gegen den Willen der parlamentarischen Regierungsmehrheit, bleibt ein erstaunliches Faktum. Es bedurfte schon der vereinten Anstrengungen der USA als der führenden Besatzungsmacht und ihres in Deutschland damals maßgeblichen Sprechers, des Hohen Kommissars John McCloy, der israelischen Regierung unter David Ben Gurion, der Claims Conference[136] unter ihrem Präsidenten Nahum Goldmann und auf deutscher Seite des nach anfänglichem Zögern entschieden handelnden Bundeskanzlers Konrad Adenauer, der allerdings ohne die deutsche Sozialdemokratie parlamentarisch gescheitert wäre. Adolf Arndt, der heute fast vergessene Jakob Altmaier[137], Carlo Schmid, Kurt Schumacher sind hier vor allem zu nennen. Aber auch in anderen Städten haben sich Sozialdemokraten für die Wiedergutmachung engagiert: in Berlin der früh verstorbene Innensenator Joachim Lipschitz; in Hamburg Rudolf Küstermeier und Erich Lüth mit ihrer Aktion „Friede mit Israel".[138]

Ohne ihr tatkräftiges Engagement wären die frühen Ansätze gescheitert, hätte die Wiedergutmachung womöglich einen ganz anderen Verlauf genommen. Niemand konnte aber damals absehen, dass sich dieser Prozess von den ersten Gesetzen der Alliierten gleich nach dem Kriege bis zur Verabschiedung des Zwangsarbeiter-Entschädigungsgesetzes im Sommer 2000 über einen Zeitraum von mehr als fünfzig Jahren hinziehen würde, dass sich die Gesamtsumme aller Wiedergutmachungsleistungen am Ende auf voraussichtlich etwa 160 Milliarden Mark belaufen und doch nur ein Bruchteil der geschätzten mehr als 20 Millionen NS-Verfolgten eine Entschädigung erhalten haben wird.[139]

Rückerstattung und Reparationen

Schon zu Beginn des Krieges und des Völkermords erhoben deutsche Exil- und Widerstandsgruppen ihre Stimme und forderten Entschädigung im Namen der Verfolgten. Für die jüdischen Opfer tat dies erstmals der Jüdische Weltkongreß auf seiner internationalen Konferenz im November 1941 in Baltimore, zu einem Zeitpunkt also, als die Mordkommandos der mobilen Einsatzgruppen in Ostmitteleuropa hausten und die stationären Vernichtungslager eingerichtet wurden. In seiner Eröffnungsrede machte Nahum Goldmann, der damals einer der führenden Sprecher des World Jewish Congress und der Jewish Agency war, vorsorglich den Anspruch auf umfassende „internationale Hilfe für das europäische Judentum nach dem Krieg" geltend: „Wenn Reparationen gezahlt werden sollen, sind wir die ersten, die das Recht darauf haben."[140]

Gegen Ende des Krieges erschienen mehrere Veröffentlichungen, in denen die erlittenen Verluste geschätzt und ein kollektiver Entschädigungsanspruch des jüdischen Volkes erhoben und begründet wurde. Eine Reihe von internationalen Initiativen wollte den Entschädigungsforderungen Geltung und Nachdruck verleihen. Ihren Höhepunkt erlebten all diese Aktivitäten in der War Emergency Conference des World Jewish Congress, zu der Ende November 1944 in Atlantic City Delegierte jüdischer Organisationen und Gemeinden aus 40 Staaten zusammenkamen. In ihrer Resolution bekräftigten sie die Forderung nach Rückerstattung und Reparationen „für die erlittenen materiellen und moralischen Verluste des jüdischen Volkes, seiner Einrichtungen oder einzelner Juden, die oder deren Erben nicht in der Lage sind, ihre individuellen Forderungen geltend zu machen".[141] Darüber hinaus wurde Wiedergutmachung auch für Schäden an Gesundheit und Leben, Ausbildung und beruflichem Fortkommen verlangt. Die finanziellen Mittel sollten vor allem für den Aufbau Palästinas als jüdischer Heimstätte dienen.

Die zweite Vorgeschichte beginnt in der US-amerikanischen

Administration. Zwei Konzeptionen standen sich in dieser Frage gegenüber. Sie spiegeln unterschiedliche Strategien der Vermeidung einer erneuten Bedrohung des Weltfriedens durch Deutschland wider. Während das State Departement, das sich letztlich durchsetzte, Reparationen und Rückerstattung mit einer wiederaufbauorientierten Wirtschafts- und Industriepolitik verbinden wollte, zielte US-Finanzminister Henry Morgenthau auf eine wirtschaftliche Schwächung Deutschlands und forderte, die Wiedergutmachung aus dem Transfer vorhandener Ressourcen zu finanzieren.

Wie kaum ein anderer Gegenstand der politisch-justitiellen Vergangenheitsbewältigung ist die Wiedergutmachung durch eine komplexe politische Struktur charakterisiert. Sie besteht aus einer Vielzahl von nationalen und internationalen Akteuren, Handlungsfeldern und Programmen. Einzelpersonen, Organisationen und staatliche Institutionen haben aus jeweils sehr unterschiedlichen Erfahrungen, Wahrnehmungen und Eigeninteressen bis in die Gegenwart um Globalzahlungen und Individualentschädigung gestritten, um Entschädigungsansprüche und Entschädigungsarten, wobei drei Ebenen zu unterscheiden sind: die Rückerstattung von Privatperson an Privatperson, Rückerstattung an und Entschädigung von Privatpersonen durch den Staat und schließlich die Vereinbarung von Globalentschädigungen zwischen Staaten bzw. internationalen Organisationen. Internationale Verträge und innerstaatliche Gesetze mussten die rechtlichen Vorgaben für die Überwindung des nationalsozialistischen Unrechts schaffen, die zunächst weitgehend experimentellen Charakter hatte. Denn so wenig wie das Strafgesetzbuch die Bestrafung von staatlichen Massenmördern einkalkuliert hatte, so wenig war im Bürgerlichen Gesetzbuch die Rückerstattung für Massenraub vorgesehen oder die Entschädigung für Berufs- und Gesundheitsschäden, die von den aus rassischen, religiösen oder politischen Gründen Verfolgten nun eingefordert wurde.

Die erste internationale Vereinbarung stellt das Ende 1945 von 18 alliierten Staaten unterzeichnete Pariser Reparationsabkommen dar. Es regelte die Aufteilung der Reparationen und unterschied drei Gruppen von Entschädigungsberechtigten: die Verfolgten aus Ländern, die Deutschland während des Krieges besetzt hatte, nicht rückkehrwillige Flüchtlinge aus Deutschland und nichtrepatriierbare Personen überhaupt. Die jüdischen Verfolgten wurden mit einem finanziellen Anteil von 90 Prozent als besondere Gruppe anerkannt.

Im Vordergrund standen allerdings zunächst Fürsorgemaßnahmen für die befreiten KZ-Häftlinge. Ihre zeitweilige Besserstellung stieß angesichts der allgemeinen Notlage in der deutschen Bevölkerung des öfteren auf Ablehnung und mobilisierte Vorbehalte gegen die Wiedergutmachung, nicht zuletzt deshalb, weil die Verfolgten wegen eines in den letzten Kriegsjahren erhöhten Kriminellenanteils in den Konzentrationslagern vielfach auch als Verbrecher angesehen wurden.

Von Anfang an bemühte sich insbesondere die US-Militärregierung (OMGUS) um eine Regelung der Rückerstattung der durch ,Arisierung' geraubten Vermögenswerte, die schließlich im November 1947 zum US-Rückerstattungsgesetz (US-REG) führte.[142] OMGUS wollte zunächst eine gemeinsame Vereinbarung mit den verantwortlichen Stellen finden, was trotz aller Bemühungen insbesondere durch den stellvertretenden US-Militärgouverneur Lucius D. Clay nicht gelang. Umstritten ist allerdings, ob das Scheitern eines deutschen Rückerstattungsgesetzes vermeidbar war und eher den Deutschen oder mehr den Amerikanern bzw. den jüdischen Organisationen anzulasten ist.[143] Ab Frühjahr 1946 war der Stuttgarter Länderrat, die Vertretung der deutschen Ministerpräsidenten der vier US-Zonen-Länder, beteiligt worden, nachdem bereits die auch in anderen besatzungsrechtlichen Fragen grundlegende Direktive JCS 1067 die US-Streitkräfte ermächtigt hatte, geraubte und entzogene Vermögenswerte sicherzustellen und zurückzugeben. Ein gemeinsames Gesetz kam trotz intensiver Bemühungen eines dafür ins Leben gerufenen ,Sonderausschusses' vor allem deshalb nicht zustande, weil OMGUS, nicht zuletzt mit Rücksicht auf jüdische Interessen und Empfindlichkeiten, mit einigen deutschen Kernforderungen nicht einverstanden sein konnte.

Umstritten war schon die Reichweite des Gesetzes: Sollten nur solche Vermögenswerte betroffen sein, die – was die deutsche Seite forderte – durch das Deutsche Reich, also durch den Staat entzogen worden waren? Musste man nicht auch Privatpersonen rückerstattungspflichtig machen, die sich an jüdischem Eigentum bereichert hatten? Umstritten blieb ferner eine Härteklausel für

‚loyale Erwerber‘, also für solche jüdischen Vermögenswerte, die ‚in gutem Glauben‘ aus zweiter oder dritter Hand übernommen worden waren. Unter den im NS-Staat gegebenen Verhältnissen der rassenpolitischen Verfolgung, die den bürgerlichen Rechtsstaat weitgehend außer Kraft gesetzt hatten, konnte die ‚positivistische‘ Berufung auf das Bürgerliche Gesetzbuch kaum anders denn als zynisches Argument verstanden werden.

Umstritten blieb auch die Stichtagsregelung. Während die deutsche Seite den 9. November 1938 vorgeschlagen hatte, sah das Gesetz den 15. September 1935 vor, den Tag der Verkündung der sogenannten ‚Nürnberger Gesetze‘. Alle nach diesem Datum mit jüdischen Deutschen abgeschlossene Kaufverträge waren damit anfechtbar. Das Rückerstattungs-Gesetz der Britischen Zone ging von einer allgemeinen Zwangsvermutung aus, also für alle Eigentumswechsel zwischen dem 30. Januar 1933 und dem 8. Mai 1945. Jede andere Stichtagsregelung war politisch fragwürdig und für die Betroffenen schwer erträglich, weil mit ihr unvermeidlich die voraufgegangene gegenüber der nachfolgenden Verfolgungssituation relativiert wurde.

Umstritten war nicht zuletzt der Verbleib sogenannten erbenlosen jüdischen Vermögens, eine Konsequenz der Ermordung ganzer jüdischer Familien. Auch hier bot das BGB keine rechtsstaatlich tragfähige Basis, denn man konnte kaum – wie in diesem Erbfall im allgemeinen üblich – den Staat, der die Ermordung zu verantworten hatte, zum Begünstigten machen. Strittig war aber auch die Frage der Rechtsaufsicht über die zumeist amerikanisch-jüdischen Nachfolgeorganisationen. Den Holocaust-Überlebenden, die sich – von der kaum mehr als 30 000 Personen umfassenden jüdischen Restgemeinde in der Bundesrepublik einmal abgesehen – weit überwiegend im Ausland aufhielten, war eine deutsche Staatsaufsicht schlechterdings nicht zuzumuten.

Dass es trotz aller Bemühungen nicht mehr gelang, die deutschen Vorbehalte gegenüber der Rückerstattung auszuräumen, und das Gesetz vom 10. November 1947 (Militärregierungsgesetz Nr. 59) eben besatzungsrechtlichen Status bekam, schwächte dessen Legitimation, erschwerte die Durchführung und mobilisierte verbal-aggressive Abwehr der auf deutscher Seite Betroffenen. Diese organisierten sich Anfang 1950 in der Bundesvereinigung für loyale Restitution und verfügten in der Zeitschrift *Restitution* über ein tendenziell antijüdisches Sprachrohr.[144] Aber selbst ein schon damals angesehenes und so seriöses Blatt wie *Die Zeit* gab dem verbreiteten Unmut und Unverständnis beredten Ausdruck und verhöhnte die Verfasser des amerikanischen Gesetzes, denen, wie es hieß, offenbar „nicht der Geist der Gerechtigkeit, sondern das Streben nach Vergeltung die Feder geführt" habe.[145]

Das Ressentiment gegen die Besatzungsmächte und die jüdischen Organisationen kam auch in politischen Skandalen zum Ausdruck, wie beispielsweise in der Affäre um den Bayerischen Staatskommissar für die Opfer des Faschismus und kommissarischen Leiter des Landesentschädigungsamtes Philipp Auerbach, gebürtiger Hamburger, Sohn eines jüdischen Exportkaufmannes und selbst NS-Verfolgter. Auerbach hatte sich finanzielle Unregelmäßigkeiten in seiner Amtsführung zu Schulden kommen lassen. Sie waren geringer als in der Anklage angenommen. Unterschlagung, Nötigung, versuchte Erpressung, unberechtigte Führung des Doktortitels reichten dem Gericht aber aus, Auerbach für zweieinhalb Jahre ins Gefängnis zu bringen. Das Ganze war von einer regelrechten Hetzkampagne gegen ihn begleitet, an der sich selbst ehemals Verfolgte beteiligten. Der gesundheitlich angegriffene Auerbach hat am Ende unter dem Druck der berechtigten und unberechtigten Anschuldigungen gegen ihn keinen Ausweg mehr gesehen und den Freitod gewählt.[146] Der unpopulären Rückerstattung und Wiedergutmachung ist durch diesen politischen Skandal in der Öffentlichkeit Schaden zugefügt worden.

Die gesellschaftliche Opposition gegen die Rückerstattung äußerte sich in den ersten Jahren der Bundesrepublik darüber hinaus auch in einer Flut von parlamentarischen Initiativen und Anträgen. Sie konnten das Gesetz zwar nicht mehr zu Fall bringen, drängten aber umso mehr auf Korrekturen im Rahmen der bevorstehenden Revision des Besatzungsstatuts, also im sogenannten ‚Überleitungsvertrag'. Besonders beliebt und fatal war das verantwortungslose „Spiel mit den Zahlen".[147] Immer wieder hieß es in der publizistischen Stimmungsmache, dass „300 000 Rückerstattungspflichtige" – nach seriösen Schätzungen waren es wenig mehr als 100 000 – dadurch „straffällig" geworden seien, weil sie „bösgläubig, erpresserisch und rechtswidrig" „Judengut" erworben hätten und dafür nun „am laufenden Band" verurteilt würden. Mit Ausnahme der Obersten Rückerstattungsgerichte in der

Britischen Zone wird die Entscheidungspraxis der Gerichte, zumal diese nach und nach hälftig mit alliierten und deutschen Richtern besetzt wurden, im allgemeinen günstig beurteilt.

Auch mit phantastischen Spekulationen hinsichtlich des Wertvolumens wurde nach Kräften antisemitische Agitation betrieben. Selbst Regierungsvertreter scheuten davor nicht zurück. So schrieb der Hessische Finanzminister Dr. Werner Hilpert, der die Gesamtsumme aller rückerstattungspflichtigen Vermögenswerte ohne Quellenangabe auf etwa 37 Milliarden DM taxierte – ungefähr ein Drittel des damals auf ca. 90 Milliarden DM geschätzten Volksvermögens –: „Wenn wir diese Summe aufzubringen hätten, müssten wir alle den Gashahn aufdrehen."[148] Immer wieder ist diese bei weitem überzogene Summe in der Presse und in Parlamenten kolportiert worden. Tatsächlich beläuft sich die im wesentlichen Ende der sechziger Jahre abgeschlossene individuelle Rückerstattung auf ein Volumen von 3 bis 3,5 Milliarden DM. Hinzu kommen nach dem Bericht der Bundesregierung über Wiedergutmachung und Entschädigung vom Oktober 1986 bis Mitte der achtziger Jahre rd. 4 Milliarden DM für Zahlungen aus Ansprüchen gegen das Deutsche Reich nach dem Bundesrückerstattungsgesetz vom 19. Juli 1957.[149]

Der vielleicht schwerwiegendste, weil am ehesten vermeidbare Mangel des US-REG war, dass man die absehbare Entwertung der Reichsmark durch die Währungsreform ignorierte. Tatsächlich stellte sie die RM-Verbindlichkeiten im Verhältnis von 10:1 um. Dadurch wurden jene benachteiligt und nun ein zweites Mal geschädigt, die abweichend von der Rückerstattungsregel, der Naturalrestitution, für eine Nachzahlung der Differenz zwischen angemessenem und dem unter dem Zwang von ‚Arisierung' erzielten Kaufpreis optierten, zumal dieser dem unfreiwillig handelnden Veräußerer vielfach gar nicht zur freien Verfügung gestanden hatte. Die Amerikaner hatten angenommen, dass die überwiegend im Ausland lebenden jüdischen Entschädigungsberechtigten an einer Rückübereignung ihres Besitzes in Deutschland kein Interesse haben und einen Differenzausgleich vorziehen würden. Sie hofften, dass diese Regelung die Bereitschaft zur Verständigung und zum Vergleichen begünstigen würde. Tatsächlich erwies sie sich für beide Seiten als „eine Falle": für „die Berechtigten, weil sie „ungleich weniger erhielten" als bei einer Naturalrückerstattung, und „für die Pflichtigen, weil sie endlosen Prozessen der enttäuschten Berechtigten ausgeliefert wurden".[150]

Der lange Weg zur Zwangsarbeiterentschädigung

Zur gleichen Zeit gingen auch die Bemühungen um eine gesetzliche Wiedergutmachung weiter.[151] Ausdrücklich wurde die – subsidiäre – Verantwortung des Staates anerkannt. Vorrangig sollten allerdings die nach dem ‚Befreiungsgesetz' verurteilten Personen mit ihrem Vermögen zur Finanzierung der Entschädigungsleistungen herangezogen werden. Unumstritten war, dass das Entschädigungsgesetz all das aufnehmen sollte, was im Rückerstattungsgesetz nicht geregelt war, also insbesondere Schäden an Gesundheit, Leben, Eigentum und beruflichem Fortkommen. Strittig war hingegen vor allem der Kreis der Entschädigungsberechtigten. Personen, die aus rassischen, religiösen oder politischen Gründen verfolgt worden waren, also insbesondere Juden, Kommunisten[152] und Sozialdemokraten wurde dieser Status zuerkannt, während die ‚Euthanasie'-Opfer, Zwangssterilisierte, ‚Asoziale' und Deserteure, also die später so genannten ‚vergessenen Opfer' nicht dazu gerechnet wurden. Ausgeschlossen waren auch alle ausländischen NS-Verfolgten. Das Entschädigungsrecht ist innerdeutsches Recht und orientiert sich am Territorialprinzip. Entschädigungsberechtigt ist danach nur, wer Deutscher ist bzw. eine ‚räumliche Beziehung' zur Bundesrepublik bzw. zum Deutschen Reich nachweisen kann. Zahlreiche Verfolgtengruppen waren so auf Jahrzehnte von Entschädigungsleistungen ausgeschlossen. Das mag der ohnehin begrenzten Akzeptanz des Luxemburger Abkommens und der innerstaatlichen Folgegesetze zu Gute gekommen sein. Zugleich ist aber auf Jahre im öffentlichen Bewusstsein die Totalität der Gewaltverbrechen und die Komplexität des nationalsozialistischen Unrechts gar nicht erkannt worden.

In der Frage der Finanzierung standen sich zwei Konzepte gegenüber, das der indirekten Verantwortung, das die Allgemeinheit mit Steuern und damit vor allem die öffentlichen Haushalte belastete, und das der direkten Verantwortung. Die Verfolgtenverbände favorisierten verständlicherweise das Modell, die Entschädigung mit der Entnazifizierung zu koppeln und den Sonderfonds vor allem aus den Bußgeldern und NSDAP-Vermögen zu finanzieren. Spätestens mit der Währungsreform am 20. Juni 1948 wurde dieses Konzept hinfällig. Aber auch die öffentlichen Kassen, die zuvor noch über Reichsmark-Reserven verfügt hatten, waren nun leer.

Verstärkt konkurrierten die Ansprüche der NS-Verfolgten jetzt mit denen der Vertriebenen, Flüchtlinge, Ausgebombten und sonstigen Kriegsgeschädigten. Die Länderregierungen der US-Besatzungszone erklärten, dass die Entschädigungen keineswegs vor dem Lastenausgleich und nur in dessen Rahmen geregelt werden könnten. Das führte zu erheblicher Beschneidung der zunächst vorgesehenen Leistungen. So sollten die sogenannten Displaced Persons[153] keine Zahlungen mehr erhalten, und die verfügbaren Mittel für die verbleibenden Entschädigungsberechtigten wurden durch Priorisierung der Schäden auf mehrere Jahre verteilt.

Diese Einschränkungen stießen bei den Alliierten auf erheblichen Widerstand. Der designierte amerikanische Hohe Kommissar John McCloy machte sich die Sache zu eigen, nachdem er ihre politische Bedeutung erkannt hatte. Gegenüber der US-Regierung argumentierte er, dass die Aussichten auf ein allgemeines Entschädigungsgesetz durch die demnächst zu wählende, erste Bundesregierung gering seien, ein vorher erlassenes Gesetz aber für die erwünschte bundeseinheitliche Gesetzgebung später von großem Nutzen sein würde. Ende April 1949 trat in den Ländern der amerikanischen Besatzungszone, also in Bayern, Württemberg-Baden, Hessen und Bremen das US-Entschädigungsgesetz in Kraft, das allerdings maßgeblich vom Länderrat vorbereitet worden war, während in der britischen und französischen Besatzungszone teils identische, teils abweichende Regelungen bestanden.[154]

Mit Gründung der Bundesrepublik und des Staates Israel gingen die politische Initiative und Verantwortung mehr und mehr auf diese beiden Staaten über. Die materielle Entschädigung – Antragsverfahren, gerichtliche Klärungen, Zahlungen – blieb Sache der Länder, die sich von einer bundeseinheitlichen Regelung keine Verbesserung versprachen, sondern eher eine zusätzliche Belastung befürchteten. Aufgrund der konkurrierenden Gesetzgebung traten nun allerdings auch die Organe des Bundes als Akteure in Erscheinung. Die Bundesregierung und die deutsche Nachkriegsgesellschaft zeigten allerdings keine Eile, das Entschädigungsrecht nach den Vorgaben des US-REG zu vereinheitlichen und die Lage für die Entschädigungsberechtigten zu verbessern. Zu zahlreich waren die drängenden innen- und außenpolitischen Fragen. Zu groß war die Not im eigenen Haus. Auch Adenauers Blick richtete sich zunächst ganz auf das aus deutscher Sicht Nächstliegende. So protestierte er in seiner Regierungserklärung am 21. September 1949 energisch gegen die Demontage lebenswichtiger industrieller Anlagen, nannte die Denazifizierung „ein Unglück", forderte die Rehabilitierung der „verdrängten" Beamten und Berufssoldaten, verlangte eine nationale Versorgungsgesetzgebung für die Kriegsbeschädigten und Kriegshinterbliebenen und beklagte das bittere Los der Kriegsgefangenen, Verschleppten und Vertriebenen. Auf den Judenmord ging er nur am Rande ein, im Zusammenhang aktueller „antisemitischer Bestrebungen".[155]

Es blieb dem sozialdemokratischen Oppositionsführer Kurt Schumacher vorbehalten, in der Erwiderung auf die Regierungserklärung einen Tag später diese Unterlassung zur Sprache zu bringen. „Zu schwach" sei gewesen, was Adenauer „über die furchtbare Tragödie der Juden" gesagt habe. Und in beschwörendem Ton rief er den Abgeordneten zu:

„Es ist nicht nur die Pflicht der internationalen Sozialisten, (...) es ist die Pflicht jedes deutschen Patrioten, das Geschick der deutschen und europäischen Juden in den Vordergrund zu stellen und die Hilfe zu bieten, die notwendig ist. Die Hitlerbarbarei hat das deutsche Volk durch Ausrottung von sechs Millionen jüdischer Menschen entehrt. An den Folgen dieser Entehrung werden wir unabsehbare Zeiten zu tragen haben."[156]

Schumacher konnte nicht ahnen, wie sehr und in welcher Weise er mit dieser Prognose Recht behalten sollte. Dass es Anfang der fünfziger Jahre gegen die erheblichen Widerstände in Regierung, Parlament und Gesellschaft überhaupt zu einem ersten internationalen Abkommen und einem innerstaatlichen Entschädigungsgesetz gekommen ist, erklärt sich vor allem aus dem Engagement der Sozialdemokratischen Partei sowie dem Druck der USA und der nationalen wie internationalen jüdischen Organisationen. John McCloy nannte die Wiedergutmachung wiederholt einen Prüfstein der neuen deutschen Demokratie. Und zum Tag der Opfer des Nationalsozialismus, am 10. September 1950, veröffentliche der gerade gegründete Zentralrat der Juden in Deutschland einen Aufruf, in dem es hieß:

„Fünf Jahre nach der Befreiung stehen wir an den übriggebliebenen Gräbern und in Gedanken vor den unübersehbaren Feldern menschlicher Asche, die vom Winde verweht den Boden von Auschwitz, Treblinka gedüngt hat. Heute, nach fünf Jahren, sind wir weiter entfernt denn je, eine Anerkennung für dieses Opfer in dem Land zu erhalten, das als erstes verpflichtet gewesen wäre, in innerer Einkehr und Demut die Sühne für das Opfer unserer Gemeinschaft auf sich zu nehmen."[157]

Während McCloy und die SPD-Bundestagsfraktion drängten, der im Sommer 1950 in Frankfurt/M. tagende Jüdische Weltkongress von einer bundeseinheitlichen Entschädigungsgesetzgebung die „Rückkehr Deutschlands in die Völkerfamilie" abhängig machte, verhielt sich die Bundesregierung abwartend. In einer offiziellen Note an die Alliierten, die aber faktisch an Deutschland als das Schuldnerland gerichtet war, forderte Israel im März 1951 für die physische und psychische Rehabilitierung der Überlebenden und ihre Integration in die im Aufbau befindliche israelische Gesellschaft erstmals eine Globalentschädigung in Höhe von 1,5 Milliarden Dollar, von der die Bundesrepublik 1 Milliarde Dollar übernehmen, während die DDR den Rest tragen sollte.[158]

Ende 1951 bot der Bundeskanzler Israel dann doch offiziell Wiedergutmachungsverhandlungen an, nachdem er sich bereits zwei Jahre zuvor unter dem Eindruck der Kritik an seiner Regierungserklärung in einem Interview zur Wiedergutmachung gegenüber den jüdischen Opfern bekannt hatte. In seiner „Regierungserklärung zur Judenfrage" betonte er seine Bereitschaft, mit Israel und den jüdischen Organisationen zu einer Lösung des Problems zu kommen. Zwar sprach er im Bundestag am 27. September 1951 von den „unsagbaren Verbrechen" der nationalsozialistischen Zeit, von Völkermord sprach er nicht. Die meisten Deutschen konnten sich schuldlos fühlen, denn Adenauer bescheinigte ihnen, dass die überwiegende Mehrheit „die an den Juden begangenen Verbrechen verabscheut" und „sich an ihnen nicht beteiligt" habe. Das war bis in die 1980er Jahre die gleichsam staatsoffizielle, stark geschönte und integrationspolitisch motivierte Sicht, die ein doppeltes Ziel verfolgte, innenpolitische Aussöhnung und Stabilität als Voraussetzung der Rückgewinnung außenpolitischer Handlungsfähigkeit und internationaler Reputation. Aber damit mochte Adenauer sich noch nicht begnügen. In seiner schuldentlastenden Deutung der Geschichte lenkte er die Aufmerksamkeit nicht auf die Heerscharen der Mittäter und Helfershelfer des Holocaust, der diesen Namen damals noch nicht trug, sondern auf jene wenigen, die unter Gefährdung ihres eigenen Lebens und „aus Scham über die Schändung des deutschen Namens ihren jüdischen Mitbürgern Hilfsbereitschaft gezeigt haben".[159] Das mochte manchen Abgeordneten und der von ihnen repräsentierten Gesellschaft ein gutes Gewissen machen, der historischen Wirklichkeit entsprach es nicht. Adenauer kannte nicht nur die Widerstände gegen die Wiedergutmachung in den eigenen Reihen, insbesondere in der CSU, der DP und der FDP, seinen Koalitionspartnern. Er wusste auch um die erheblichen Vorbehalte in der Bevölkerung.

Einer ersten Umfrage des Allensbacher Meinungsforschungsinstituts aus dem Jahre 1949 zufolge sprach sich etwas mehr als die Hälfte der Befragten für eine nicht weiter konkretisierte Wiedergutmachung aus und immerhin ein knappes Drittel dagegen. Dort, wo die materiellen Interessen der Bevölkerung unmittelbar angesprochen waren, bei der Rückerstattung ‚arisierten‘ Vermögens, wurde die Ablehnung deutlicher. Selbst bei eindeutig unrechtmäßig durch Nichtjuden erworbenen jüdischen Geschäften mochten nur 40 Prozent der Befragten in den Rückgabeforderungen berechtigte Ansprüche erkennen, während mehr als die Hälfte dies verneinte oder unentschieden war. Stärker problemorientiert und auf den politisch-kulturellen Kontext bezogen waren die demoskopischen Erhebungen der US-amerikanischen Hohen Kommission. Als nach der Entschädigungsberechtigung verschiedener Opfergruppen im Vergleich gefragt wurde, wollten über 90 Prozent den Kriegsopfern, Hinterbliebenen und Vertriebenen Hilfe gewähren, aber nur knapp 70 Prozent den Juden. Das vielleicht überraschendste und politisch brisanteste Ergebnis war jedoch, dass sich Antisemitismus und Wiedergutmachungsbereitschaft nicht ausschlossen. Ein Fünftel der Befragten hielt die Juden für mitschuldig an ihrer Verfolgung, sprach sich aber mehrheitlich für eine Wiedergutmachung aus.[160]

Die westlichen Reaktionen auf die Regierungserklärung Adenauers waren positiv, namentlich die von Leo Baeck, dem früheren Vorsitzenden der ‚Reichsvertretung der deutschen Juden‘

und Nahum Goldmann, dem Sprecher der Claims Conference. Mit ihm traf sich Adenauer Anfang Dezember 1951 in London zu einem vertraulichen Gespräch, in dem der deutsche Bundeskanzler Warenlieferungen in Aussicht stellte und in schriftlicher Form die israelische Forderung von 1 Milliarde Dollar (damals 4,2 Milliarden DM) vor Verhandlungsbeginn als Grundlage akzeptierte.[161]

Das war die Voraussetzung dafür, dass der israelische Ministerpräsident Ben Gurion die in Israel höchst umstrittenen Direktverhandlungen mit der Bundesregierung durchsetzen konnte. Die dramatische Debatte und Abstimmung in der Knesset Anfang Januar 1952 über die Aufnahme von Verhandlungen mit der Bundesrepublik wurde von gewaltsamen Demonstrationen vor dem Parlamentsgebäude begleitet. Die extremistischen Parteien, voran Menahem Begins Cherut-Partei (später Likud), forderten: „Keine Gespräche mit einer Mörder-Nation." Es flogen Steine und Glas in den Plenarsaal, es gab Hunderte Verletzte. Am zweiten Tag war das Gebäude durch die Polizei hermetisch abgeriegelt. Ben Gurion, der den Abgeordneten eindringlich versichert hatte, die Verhandlungen bedeuteten weder Versöhnung mit Deutschland noch ein Vergessen der Verbrechen, setzte sich schließlich mit knapper Mehrheit durch.

Nachdem auch die Claims Conference ihre Zustimmung gegeben hatte, konnte die Konferenz am 21. März in der Nähe von Den Haag beginnen.[162] Die Beratungen fanden im Hotel Burg Alt-Wassenaar statt, dort also, wo wenige Jahre zuvor der nationalsozialistische Reichskommissar Seyß-Inquart residiert und die Judenverfolgungen in Holland organisiert hatte. Die israelische Delegation wurde von den aus Deutschland stammenden Felix E. Shinnar[163] und Giora Josephthal geleitet, die deutsche von Franz Böhm[164] und dem schon genannten Otto Küster. Für die israelisch-jüdische Seite standen zwei Ziele im Vordergrund: die Verbesserung des bestehenden Entschädigungsrechts einschließlich einer Erweiterung der Entschädigungsberechtigten über die deutsch-jüdischen NS-Opfer hinaus[165] und eine Globalentschädigung zur Eingliederung von einer halben Million jüdischer Überlebender der ,Endlösung'. Dafür hatte die deutsche Delegation einen Gesamtbetrag von etwa 4,5 Mrd. DM errechnet, von dem die Bundesrepublik zwei Drittel übernehmen sollte, die DDR ein Drittel.

Das kam den israelischen Wünschen entgegen, stieß aber insbesondere bei dem Leiter der deutschen Delegation der gleichzeitig in London tagenden internationalen Schuldenkonferenz, dem Adenauer-Vertrauten und Bankier Hermann Josef Abs auf entschiedene Ablehnung. Bundesfinanzminister Fritz Schäffer hatte sich schon vorher entschieden dagegen ausgesprochen, vor einer Entscheidung über einen deutschen Verteidigungsbeitrag und die Regulierung der deutschen Auslandsschulden eine verbindliche Zusage über Entschädigungsleistungen der Bundesrepublik zu machen. Es kam zum Eklat, als Abs, der den Zeit- und Erfolgsdruck nutzen wollte und dem die wirtschaftliche Notlage Israels keineswegs unbekannt war, den Israelis das inoffizielle Angebot einer jährlichen Warenlieferung in Höhe von 100 Millionen DM unterbreitete. Diese lehnten brüskiert ab. Die deutsche Verhandlungsführung trat unter Protest zurück. Für die Bundesregierung war die Lage ebenso unerfreulich wie verfahren. Adenauer wollte und brauchte einen Erfolg in London wie auch in Wassenaar, und er entschied, dass das ursprüngliche deutsche Angebot aufrecht erhalten werde, Israel 3 Milliarden DM Entschädigungsleistung anzubieten, die in acht bis zehn Jahren in Warenlieferungen erbracht werden sollte.

Trotz erheblicher Proteste der arabischen Staaten gegen die wirtschaftliche Unterstützung Israels durch die Bundesrepublik, Proteste, die wiederum Wasser auf die Mühlen der innerdeutschen Opposition um den Bundesfinanzminister und den jungen Bundestagsabgeordneten Franz-Josef Strauß lenkten, konnten Adenauer, der israelische Außenminister Moshe Sharett und Goldmann für die Claims Conference in Luxemburg, wohin man aus Sorge vor Terroranschlägen ausgewichen war, am 10. September 1952 drei Verträge unterschreiben: den Vertrag mit Israel über eine Globalentschädigung in Höhe von drei Milliarden DM und zwei Protokolle mit der Claims Conference. Das erste der sogenannten Haager Protokolle betraf Verbesserungen der bestehenden Wiedergutmachungsgesetze, das zweite regelte die Globalentschädigung in Höhe von 450 Millionen DM für die in der Diaspora lebenden jüdischen Verfolgten des Nationalsozialismus.

Zu einem Erfolg für die Bundesregierung, insbesondere für den Verhandlungsführer Abs, gerieten auch die Verhandlungen des Londoner Schuldenabkommens vom 27. Februar 1953. In ihm

verpflichtete sich die Bundesrepublik zwar, die deutschen Vor-
kriegsschulden und die Verbindlichkeiten insbesondere aus der
amerikanischen Wiederaufbauhilfe nach 1945 in Höhe von damals
– bei einem Staatshaushalt von etwa 20 Milliarden – beachtlichen
7,3 Milliarden Mark zu übernehmen und in zwölf Jahresraten zu-
rückzuzahlen, sie konnte allerdings die ursprünglichen Forderungen der Alliierten erheblich senken.[166]

Zur abschließenden parlamentarischen Beratung und Abstimmung über das auch international stark beachtete Luxemburger
Abkommen am 18. März 1953 war der Bundestag nicht vollzählig
versammelt. Vierzig der 402 Abgeordneten protestierten durch
Abwesenheit, 86 enthielten sich der Stimme. Die Ratifizierung
wäre ohne die Zustimmung der oppositionellen SPD gescheitert.
Ihr Sprecher, Carlo Schmid, brachte die Hoffnung seiner Fraktion
zum Ausdruck, dass die Welt darin „ein Zeichen des ernsten Willens des deutschen Volkes" erkennen möge, „etwas von dem ent-
setzlichen Unheil wieder gutzumachen, das die nationalsozialistische Gewaltherrschaft über das deutsche Volk und die anderen
von ihr heimgesuchten Völker gebracht hat". Ausdrücklich fügte
er hinzu, der Vertrag dürfe nicht dahin missverstanden werden,
dass „das deutsche Volk glaube, damit diese Verbrechen vergessen
gemacht zu haben".[167]

Die Bundesregierung ist den im Luxemburger Abkommen ein-
gegangenen Verpflichtungen in mehreren Rückerstattungs- und
Entschädigungsgesetzen bzw. Gesetzesnovellierungen nachge-
kommen – und natürlich in erheblichen finanziellen Leistungen.
Der voraussichtliche Gesamtaufwand der Wiedergutmachung
wurde damals von deutschen Politikern auf 5 bis 10 Milliarden
DM geschätzt. Tatsächlich hat die Bundesrepublik bis Ende der
90er Jahre über 100 Milliarden DM an Zahlungen aus Verpflichtungen nach den Wiedergutmachungsgesetzen und Globalentschädigungen geleistet. Etwa 80 Prozent davon entfallen auf individuelle Ansprüche und Rentenzahlungen aus dem Bundesentschädigungsgesetz, und ebenfalls etwa 80 Prozent der Gesamtsumme sind an jüdische Holocaust-Überlebende gezahlt worden,
etwa die Hälfte von ihnen in Israel lebend.[168]

Für den Prestigegewinn, den die Bundesrepublik insbesondere
in der amerikanischen Politik und veröffentlichten Meinung ver-
buchen konnte, war weniger das finanzielle Volumen ausschlag-

gebend, als vielmehr die Tatsache, dass sie diese Abkommen überhaupt ausgehandelt und ratifiziert hat, trotz der innenpolitischen Vorbehalte und trotz der Angriffe aus der arabischen Welt und aus den kommunistischen Ländern. Der Prestigegewinn wurde indirekt dadurch noch erhöht, dass die DDR, an die sich Israel mehrfach, aber vergeblich über die vier Mächte mit Reparationsansprüchen gewandt hatte, alle jüdischen bzw. israelischen Wiedergutmachungsforderungen abwies.[169]

Formal argumentierte die DDR, dass der erst 1948 gegründete Staat Israel nicht zu den „gegen Deutschland reparationsberechtigten Staaten" gerechnet werden könne. Das SED-Zentralorgan lieferte das politische Argument nach. In der gewohnten Polemik und den bekannten ideologischen Stereotypen attackierte *Neues Deutschland* die „israelischen Großkapitalisten" und die hinter ihnen stehenden „USA-Imperialisten" und unterstellte, dass sie westdeutsche Reparationen für den Aufbau „kriegswichtiger Industriebetriebe" nutzen würden. Zugleich suchte die DDR aus dem Konflikt zwischen der Bundesrepublik und den arabischen Staaten für sich Kapital zu schlagen und Terrain im Kampf gegen den Alleinvertretungsanspruch des westdeutschen Bruders zu gewinnen. Verständlich wird die Politik der DDR jedoch erst, wenn man sie im Zusammenhang der Entwicklung von Antifaschismus und Antisemitismus seit Kriegsende betrachtet.

Den im Sommer 1945 zahlreich in der Sowjetischen Besatzungszone gegründeten Ausschüssen der ‚Opfer des Faschismus' gehörten wie selbstverständlich auch die ‚Opfer der Nürnberger Gesetze' an. Allerdings war es – auf Veranlassung der Sowjetischen Militäradministration (SMAD) – bei der Verteilung von Lebensmitteln auch üblich, vor allem jene zu unterstützen, die aktiv gegen das Hitlerregime gekämpft hatten. Dagegen sollten „Juden, Mischlinge, Bibelforscher, die meisten Fälle der Wehrkraftzersetzung, Meckerer usw.", wie es in einem zentralen Beschluss hieß, „nicht in den eng gezogenen Rahmen der ‚Opfer des Faschismus' einbezogen werden". Diese rigide, mit dem verbreiteten Opferbild nicht zu vereinbarende Ausgrenzung blieb nicht unwidersprochen, aber die diskriminierende Unterscheidung zwischen ‚Opfern' und ‚Kämpfern' wurde später nicht mehr aufgegeben. Für die 1946 von der Deutschen Zentralverwaltung für Arbeit und Sozialfürsorge ermittelten etwa 15 500 ‚Kämpfer gegen den

Faschismus' und die ca. 42 000 ‚Opfer des Faschismus' galten zweierlei Regelungen, was in unterschiedlichen materiellen und symbolischen Gratifikationen zum Ausdruck kam und sich bald auch politisch auswirken sollte.

Die jüdischen Verfolgten hatten in Paul Merker, der aus dem mexikanischen Exil zurückkehrte und bei der Gründung der SED der einzige Westemigrant war, einen ihrer stärksten Fürsprecher.[170] Merker war es auch, der sich nachdrücklich für ein Wiedergutmachungsgesetz einsetzte, das allerdings bezeichnenderweise solche Vermögenswerte von der Rückerstattung ausschloss, die bereits in ‚Volkseigentum' übergegangen waren oder für ‚öffentliche Zwecke' enteignet werden sollten. Der Versuch, das Unrecht der ‚Arisierung' in der DDR rückgängig zu machen, blieb vergeblich. Lediglich der jüdische Gemeindebesitz wurde von der SMAD zurückgegeben, sofern es jüdische Gemeinden noch oder wieder gab, die später auch zentrale finanzielle Zuwendungen erhielten. Über bescheidene Anfänge einer Entschädigung in Thüringen und Sachsen-Anhalt ist die Wiedergutmachung unter dem SED-Regime nicht hinausgekommen.

Nachdem die DDR die ihr im Luxemburger Abkommen zugewiesene Zahlungsverpflichtung ignoriert hatte, versuchte Israel noch mehrfach durch informelle Kontakte und offiziell über die vier Mächte, das SED-Regime zur Wiedergutmachung zu veranlassen. Die Antwort, die dem israelischen Botschafter Ende 1955 in Moskau als Aide-mémoire übergeben wurde, schrieb bis in die siebziger Jahre die ideologisch verhärtete, heuchlerische und selbstgerechte Position der DDR fest:

„Die Regierung der Deutschen Demokratischen Republik hat bisher alles in ihren Kräften Stehende getan, um den deutschen Faschismus mit seinen Wurzeln zu vernichten und Bedingungen zu schaffen, die ausschließen, dass von Deutschland nochmals eine Bedrohung der Sicherheit und Existenz anderer Völker – auch des jüdischen Volkes – ausgeht. Den auf dem Territorium der Deutschen Demokratischen Republik wohnhaften Opfern des Faschismus wurde in großzügiger Weise Unterstützung und Hilfe gewährt. Die Regierung der Deutschen Demokratischen Republik hat die von den vier Alliierten festgelegten Reparationsleistungen zur Wiedergutmachung erfüllt."[171]

Nur zweimal ist die DDR von dieser Linie abgewichen, gegenüber Jugoslawien, das sich die diplomatische Anerkennung der DDR mit 100 Millionen Mark honorieren ließ, und gegenüber den USA. In der Vereinbarung, die zur Aufnahme diplomatischer Beziehungen mit den Vereinigten Staaten führte, verpflichtete sich die DDR, zukünftig über ungelöste Eigentums- und Entschädigungsfragen zu reden. Um ihren guten Willen zum Ausdruck zu bringen, überwies sie, ohne vorherige Konsultation, durch das Antifaschistische Widerstandskämpferkomitee 1 Million Dollar auf das Konto der Claims Conference „als einmalige Spende für bedürftige Nazi-Opfer in den Vereinigten Staaten", also ohne Anerkennung von Entschädigungsansprüchen. Goldmann hat den Betrag umgehend rücküberweisen lassen.[172]

Im Vergleich zur DDR hatte die Bundesrepublik mit ihrer schon in den fünfziger Jahren beachtlichen Wiedergutmachungsleistung also leichtes Spiel. Hinzu kam, dass die Sowjetunion und Polen gegenüber der DDR 1953 auf weitere Reparationsforderungen verzichteten, woraus die Bundesrepublik einen allgemeinen Reparationsverzicht des Ostblocks gegenüber Deutschland insgesamt ableitete. So konnte der Eindruck entstehen, dass nach dem Londoner Schuldenabkommen mit den Gläubigerstaaten des Deutschen Reiches, nach dem Luxemburger Abkommen mit Israel und der Claims Conference, nach dem Bundesrückerstattungsgesetz von 1957 und schließlich nach dem ausdrücklich als ‚Schlußgesetz' bezeichneten Bundesentschädigungsgesetz (BEG) von 1965 sowie diversen Sonderfonds und Härteausgleichsregelungen in der Auseinandersetzung mit der Entschädigungsfrage als Erblast der NS-Diktatur ein gewisser Abschluss erreicht war.

Das war umso mehr der Fall, als das Londoner Schuldenabkommen die drohenden Entschädigungsforderungen der ausländischen Verfolgten, aber auch die Lohnnachforderungen der ehemaligen Zwangsarbeiter abgewehrt bzw. ausgeklammert hatte.[173] Die Begründung folgte den entsprechenden Regelungen des Überleitungsvertrages vom 26. Mai 1952 und des Pariser Schuldenabkommens. Danach waren Entschädigungsforderungen „von Staaten, die sich mit Deutschland im Kriegszustand befanden" oder die von Deutschland besetzt waren, sowie „von Staatsangehörigen dieser Staaten" als Reparationsforderungen anzusehen und die „endgültige Regelung der Reparationsfrage" bis zu einem Friedensvertrag mit Deutschland zurückzustellen.[174] Direkt an Wirtschaftsunternehmen gestellte Lohnerstattungsforderungen wurden mit dem Argument abgewiesen, jene hätten als „agencies of the Reich" gehandelt. Der BGH hat diese Auffassung später bekräftigt. Industrieunternehmen konnten also Ansprüche von Zwangsarbeitern an die Bundesregierung verweisen, und diese verwies auf die Friedensvertragsklausel des Londoner Abkommens. Dahinter stand das politisch durchschlagende Interesse aller Beteiligten, also auch der Alliierten, die in den frühen fünfziger Jahren nicht absehbare wirtschaftliche Entwicklung der jungen Bundesrepublik nicht übermäßig zu belasten und damit nicht nur die innere Stabilität, sondern womöglich auch die Zahlungsfähigkeit des Schuldners zu gefährden. Auch aus dieser Interessenlage sollte Bonn nicht Weimar werden.

Dieser gleichsam durch internationalen Vertrag verbriefte Schutz der heimischen Wirtschaft und Währung funktionierte allerdings zunächst nur gegenüber den Ostblockstaaten. Bereits Ende 1953, also bald nach Ratifizierung des Luxemburger Abkommens und Inkrafttreten des ersten Bundesentschädigungsgesetzes, protestierte die Hohe Kommission, dass die NS-Verfolgten aus den westlichen Ländern nicht unter die Entschädigungsberechtigten aufgenommen worden seien. Als ein besonders krasses und unverständliches Beispiel wurde auf die französischen Zwangsarbeiter und KZ-Häftlinge hingewiesen. Als die sogenannten ‚Westverfolgten' auch drei Jahre später, in der Gesetzesnovelle, immer noch keine Aufnahme gefunden hatten, wurde der Protest deutlicher und nun von acht westeuropäischen Regierungen vorgetragen. Die Bundesrepublik, die den Konflikt entschärfen und zugleich einen Präzedenzfall für ähnliche Forderungen östlicher Länder vermeiden wollte, hoffte sich mit einer eher symbolischen Geste aus der Affäre zu ziehen und bot 100 Millionen DM an. Die „milde Gabe" der Bundesrepublik wurde als Affront gewertet und zurückgewiesen. Mehrere Einzelverhandlungen folgten, und schließlich wurden mit elf westeuropäischen Ländern globale Entschädigungsabkommen über ein Gesamtvolumen von rd. 1 Milliarde DM abgeschlossen.[175]

Dass nun auch die osteuropäischen Staaten im allgemeinen und die polnische Regierung im besonderen Entschädigungsleistungen von der Bundesrepublik fordern würden, lag trotz des 1953 gegenüber der DDR erklärten Reparationsverzichts auf der Hand, zumal darin individuelle Entschädigungsansprüche nicht eingeschlossen waren.[176] Mit Abschluss des Warschauer Vertrages (1970) und dem von Polen und Westdeutschen zum Ausdruck gebrachten Wunsch nach Normalisierung und Aussöhnung kam die Entschädigungsfrage auf die Tagesordnung. Polen machte darauf aufmerksam, dass nach den Kriterien des westdeutschen Entschädigungsgesetzes eine Berechtigung für immerhin 10 Millionen Polen mit einem Gesamtvolumen von ungefähr 180 Milliarden DM bestünde. Eine konkrete Forderung wurde daraus allerdings nicht abgeleitet. Die beiderseitigen Fragen einer Regelung der Diktatur- und Kriegsfolgen blieben indes strittig. Schließlich verständigten sich Bundeskanzler Schmidt und der polnische Parteichef Edward Gierek während der KSZE-Konferenz in Helsinki im Sommer 1975 über zwei Wiedergutmachungsleistungen: eine indirekte über einen zinsgünstigen Wirtschaftskredit in Höhe von 1 Milliarde DM und ein Rentenausgleichsabkommen über 1,3 Milliarden DM. Einen Rechtsanspruch Polens erkannte die Bundesrepublik damit ausdrücklich nicht an. Polen garantierte zugleich die Übersiedlung von etwa 120000 Deutschen in die Bundesrepublik innerhalb von vier Jahren. Im übrigen blieb auch die sozialliberale Regierung bei der Rechtsposition, die zuvor schon alle CDU-geführten Bundesregierungen eingenommen hatten, alle weitergehenden, individuellen Entschädigungsansprüche unter Verweis auf das Londoner Schuldenabkommen abzulehnen.

Nach immerhin vierzig Jahren Wiedergutmachung schien Mitte der achtziger Jahre die Zeit zumindest für eine vorläufige Schlussbilanz gekommen. Es wurde eine Zwischenbilanz, und sie fiel kritischer und kontroverser aus, als zunächst abzusehen war. In der Auseinandersetzung mit den moralischen und materiellen Verpflichtungen Deutschlands gegenüber den NS-Verfolgten begann eine neue Phase, die wesentlich durch die Grünen geprägt wurde.

Zunächst hatte Walter Schwarz, als er Mitte der achtziger Jahre die von ihm zusammen mit dem Bundesfinanzminister herausgegebene und maßgeblich mitgestaltete, mehrbändige Geschichte der Wiedergutmachung abschloss, geschrieben, dass die Wiedergutmachung eine „eindrucksvolle Leistung" sei, ein Werk, auf das „ein Deutscher (...) das Recht (hätte) stolz zu sein".[177] Zu einem positiven Urteil kam auch die Bundesregierung, die im Oktober 1986 eine umfangreiche Bilanz zur bisherigen Praxis der Wiedergutmachung vorlegte. Sie sprach von einer „historisch einzigartigen Leistung (...), die auch die Anerkennung der Verfolgtenverbände im In- und Ausland gefunden hat".[178]

Die Anhörung mehrerer Organisationen durch den Bundestag bewog diesen ein Jahr später allerdings, als „abschließende Regelung" einen Härtefonds mit 300 Millionen DM für bislang ignorierte oder vernachlässigte Opfer einzurichten.[179] Jetzt war vielerorts von den „vergessenen Opfern" die Rede.[180] Auf Initiative der Grünen debattierte das Europäische Parlament 1986 erstmals über das in London aufgeschobene, später verdrängte Problem der Zwangsarbeiter. In einer Entschließung wurden deutsche Unternehmen aufgefordert, einen Entschädigungsfonds einzurichten.

Spätestens jetzt wurde sichtbar, dass mit den Grünen nicht nur ein neuer politischer Akteur und eine neue Generation politisch in Erscheinung trat, sondern dass sich mit ihnen auch die Wahrnehmung des nationalsozialistischen Unrechts erweiterte. Jahrzehntelang war es durch „rassische, religiöse und politische Verfolgung" definiert und auf die deutschen NS-Verfolgten beschränkt. Jahrzehntelang galt Zwangsarbeit nach einem Entscheid des Bundesverwaltungsamtes nur als „Beseitigung des kriegsbedingten Mangels an Arbeitskräften". Jetzt wurde es als das benannt, was es immer gewesen war: als Unrecht.

Mit der Vereinigung der beiden deutschen Staaten kam erneut Bewegung in die Entschädigungsdebatte. In den Zwei-plus-vier-Verhandlungen setzte die Bundesregierung 1990 zunächst durch, dass die Friedensvertragsklausel des Londoner Schuldenabkommens aufgehoben und alle bestehenden Rechte der vier Mächte aus offenen Grenz-, Vermögens- und Wiedergutmachungsfragen aufgegeben wurden. Im Gegenzug zahlte sie zwischen 1991 und 1993 an Polen, Russland, die Ukraine und Weißrussland in sogenannte Versöhnungsfonds zusammen 1,5 Milliarden DM für NS-Verfolgte dieser Staaten. Stiftungen in Estland, Litauen und Tschechien kamen später hinzu, so dass sich die Wiedergutmachungsleistung für osteuropäische NS-Opfer auf etwa 1,8 Milliarden DM erhöhte. Die einmaligen Zahlungen für mehrere Jahre Zwangsarbeit und Lagerhaft beliefen sich allerdings nur auf demütigende durchschnittlich 550 DM. Auch deshalb war es bedauerlich, dass die erhoffte freiwillige Beteiligung deutscher Industrieunternehmen nicht zustande kam. Lediglich Daimler-Benz und Volkswagen haben ihren ehemaligen Zwangsarbeitern Einzelentschädigungen in Höhe von etwa 10 000 DM pro Person gezahlt.

Wie bedeutsam von Anfang an das Territorialprinzip gewesen ist, das die Entschädigungsberechtigten quantitativ begrenzt und Wiedergutmachung im wesentlichen auf deutsch-jüdische NS-Verfolgte beschränkt hat, das zeigte sich, als das Bündnis 90/Die Grünen 1995 den Bundestag aufforderten, eine Bundesstiftung „Entschädigung für NS-Unrecht" zu beschließen. Sie war speziell auf jene ignorierten oder disqualifizierten NS-Verfolgten zugeschnitten, die bis dahin weder durch das BEG noch durch Fonds für Härtefälle Kompensationsleistungen erhalten hatten, also ,Asoziale', Deserteure, ,Euthanasie'-Opfer, Homosexuelle, Kommunisten, Sinti und Roma, Zwangsarbeiter und Zwangssterilisierte. Ausdrücklich – und erstmals – in einer parlamentarischen Gesetzesinitiative war das Territorialprinzip fallengelassen worden.[181] Demgegenüber hielt die in vielem ähnliche SPD-Initiative zur Errichtung einer „Bundesstiftung für NS-Unrecht" ausdrücklich daran fest.[182]

Der Zufall, der 1997/98 der Schweiz einen politischen Skandal um das ,Nazi-Gold' auf ihren Banken bescherte – er wurde in einem Vergleich und mit einem sogenannten ,Gerechtigkeitsfonds' in Höhe von 2,2 Milliarden DM beendet – erhöhte den Druck auf deutsche Industrieunternehmen. Amerikanische Sammelklagen drohten, ebenso ein Imageverlust der deutschen Wirtschaft auf dem amerikanischen Markt. Die neue Bundesregierung unter Gerhard Schröder nahm sich der Sache nachdrücklich an. Sie war allerdings zunächst nicht bereit, sich an der Anfang 1999 von zwölf deutschen Großunternehmen beschlossenen „Stiftungsinitiative Erinnerung, Verantwortung und Zukunft" mit einem geschätzten Volumen von etwas mehr als 2 Milliarden DM zu beteiligen. Nach langwierigen Verhandlungen, die auf deutscher Seite von dem früheren Bundeswirtschaftsminister und FDP-Politiker Otto Graf Lambsdorff, dem Sprecher der Stiftungsinitiative und Daimler-Chrysler-Finanzvorstand Manfred Gentz sowie auf amerikanischer Seite von dem Beauftragten der US-Regierung, Stuart Eizenstat, geführt wurden, einigten sich beide Seiten im Dezember 1999 auf eine Gesamtsumme von 10 Milliarden DM, die je zur Hälfte von der deutschen Wirtschaft und der Bundesrepublik aufzubringen ist. Strittig blieben zunächst Fragen der Verteilung bei den Vertretern der osteuropäischen NS-Verfolgten. Die Unternehmer sorgten sich ohne entsprechende amerikanische Garantien um den Rechtsfrieden, ihre Sammelinitiative hatte indes Mühe, den vereinbarten 5-Milliarden-Anteil zusammenzubekommen. Aber schließlich war es soweit. Noch vor der Sommerpause, am 6. Juli 2000, beschloss der Bundestag in namentlicher Abstimmung und mit großer Mehrheit den Gesetzesentwurf „Stiftung Erinnerung, Verantwortung und Zukunft". Durch ihn sollen rd. 1,2 Millionen noch lebender Zwangsarbeiter entschädigt werden, mit jeweils 15 000 Mark für jene, die als KZ-Häftlinge Zwangsarbeit leisten mussten, und mit je 5 000 Mark für die, die in Industriebetrieben ausgebeutet wurden.[183]

Bundesfinanzminister Hans Eichel nannte den Beschluss in der Aussprache „unsere ausgestreckte Hand an die Opfer". Das Bild war gewiss mit Bedacht gewählt. Aber es machte vergessen, dass jahrzehntelang zu viele von ihnen ihre Hände gegen das Land ihrer einstigen Peiniger ausgestreckt hatten, klagend, fordernd, drohend, bittend – vergeblich. Der weitaus größte Teil der geschätzten über 20 Millionen NS-Verfolgten ist leer ausgegangen. Ob die gleichwohl bedeutsame Entschädigungsinitiative „ein Akt der Versöhnung"[184] sein kann, darüber zu räsonieren steht jedenfalls den Schuldnern nicht gut zu Gesicht.

5. Der Remer-Prozess und die Rehabilitierung des 20. Juli

Im Prozess der politischen und justitiellen Auseinandersetzung um die Folgen der NS-Diktatur mussten ungezählte Straftaten ermittelt und vielfältige Schuldverhältnisse gesühnt und bewältigt werden. Täter und Beihelfer der nationalsozialistischen Gewaltverbrechen wurden vor Gericht gestellt und bestraft – nicht wenige sind später auch begnadigt worden. Mehr oder minder belastete Mitläufer wurden in großer Zahl amnestiert, ein Bruchteil der NS-Verfolgten erhielt Entschädigung, nicht selten nach zermürbendem Kampf. Aber es gab noch eine weitere wichtige Gruppe in der politisch-rechtlichen Auseinandersetzung mit der NS-Diktatur: die Regimegegner. Wie die anderen NS-Verfolgten hatten auch sie Anspruch auf Entschädigung. Zugleich aber mussten sie rehabilitiert werden. Dies geschah in der öffentlichen Meinungsbildung auf unterschiedliche Weise, nicht zuletzt durch ein gerichtliches Verfahren, das seinerzeit große Aufmerksamkeit fand: der Remer-Prozess, den im wesentlichen drei Personen ermöglicht haben. Der gegenüber Remer und dessen Partei kompromisslose Bundesinnenminister Robert Lehr, der unermüdliche Ankläger des NS-Unrechtsstaates und Braunschweiger Generalstaatsanwalt Fritz Bauer und der unbelehrbare ehemalige Wehrmachtsoffizier Otto Ernst Remer selbst, der Anfang der fünfziger Jahre in Norddeutschland die Regimegegner als ‚Verräter‘ diffamierte und ihre Angehörigen bedrohte.

Anders als heute waren die Männer und Frauen der Widerstandsgruppen um den Hitler-Attentäter Oberst Claus Graf Schenk von Stauffenberg anfangs noch keine unumstrittenen Repräsentanten des ‚anderen Deutschland‘. Noch war der 20. Juli kein die Deutschen einnehmendes, gar einendes Symbol, kein Gedenktag, aus dessen Feier die zweite deutsche Republik problemlos Legitimität gewinnen konnte. Zunächst war der militärische Umsturzversuch denkbar unpopulär, haftete an ihm der Makel des Scheiterns und das Odium des Verrats. Umstritten blieb er bis in die ausgehenden fünfziger Jahre.[185] Vielleicht wirkte auch Goebbels' Hasstirade gegen die „ehrlosen Lumpen" nach. Noch in den Anfangsjahren der Bundesrepublik wollten sich jedenfalls nur etwa 40 Prozent der Befragten positiv zum Hitler-Attentat äußern, ein Drittel zeigte sich unsicher, und ein weiteres Drittel verurteilte den Umsturzversuch. Unsicherheit und Skepsis entsprangen aber wohl auch der Sorge, bei der bevorstehenden Neuordnung und Verteilung von Ämtern und Einfluss Nachteile gegenüber den aus den Lagern und dem Exil zurückkehrenden Landsleuten hinnehmen zu müssen. Die öffentliche Hervorhebung einer beachtlichen, wenn auch gescheiterten Opposition gegen Hitler hätte als Missbilligung des Verhaltens der übergroßen Mehrheit der Deutschen erscheinen müssen.

Wie schwierig es war, die Erinnerung an den 20. Juli „zu einem Kristallisationspunkt für unser gemeinsames nationales Bewusstsein"[186] zu machen, was Bundesinnenminister Gerhard Schröder auf einer Gedenkveranstaltung im Sommer 1954 in der Freien Universität Berlin im Sinne einer gesamtdeutschen Perspektive forderte, das zeigte sich vor allem im Zuge der Wiederbewaffnung und im Aufbau einer neuen ‚Wehrmacht'. Dass man diese Bezeichnung anfangs noch recht unbekümmert benutzte, macht sinnfällig, in welchem Maße sich der Aufbau der Bundeswehr im Spannungsverhältnis von Kontinuitätswahrung und Erneuerung vollzog. Die Traditionspflege war dabei ein zentrales Problem. Im Mittelpunkt dieser Diskussion standen die eng miteinander verknüpften, hochkontroversen Fragen nach dem militärischen Leitbild und nach der Einstellung der ehemaligen Wehrmachts-Soldaten zu ‚Führereid' und ‚Treuebruch', also zum militärischen Anschlag auf die oberste Kriegs- und Staatsführung. Nicht weniger als 60 Prozent der ehemaligen Berufssoldaten äußerten gegenüber den „Männern des 20. Juli" eine negative Einstellung.[187]

Die Auseinandersetzung um die Bewertung des Widerstands hatte bereits in den Kriegsgefangenenlagern begonnen. Das enge Nebeneinander von Sympathisanten und Angehörigen des Widerstands, von Hitler-Günstlingen, unpolitischen Nur-Soldaten und Opportunisten ermöglichte kritische Selbstbefragung, auch im Hinblick auf die Zukunft. Welches Leitbild sollte für die Armee eines demokratischen Staates verbindlich sein? Jener Offizier, der vorbildlich gekämpft hatte, weil er deutschnational, antikommunistisch und – gutgläubig – zeitweilig auch nationalsozialistisch eingestellt war? Oder derjenige, der vorbildlich seine soldatische Pflicht erfüllt hatte, ohne Nationalsozialist gewesen zu sein, der überhaupt ganz unpolitisch war? Oder jener, der aus nationaler, ethischer oder religiöser Überzeugung heraus sich schließlich am „Aufstand des Gewissens" beteiligt hatte?[188]

Die Debatte konnte aber auch zur Verhärtung der Fronten in den Reihen der ehemaligen Wehrmachtssoldaten führen. Eine Spaltung im Aufbau musste vermieden werden. Gegner und Befürworter des Widerstands, ,Eidhalter' und ,Eidbrecher' – wie es im Militärjargon ebenso unschön wie treffend hieß – sollten sich nicht dauerhaft unversöhnlich gegenüberstehen. In dieser Situation gelang es dem späteren Vorsitzenden des Verbandes deutscher Soldaten, Admiral a. D. Gottfried Hansen, mit einer Kompromissformel zwischen den Positionen zu vermitteln und den drohenden Riss in den eigenen Reihen zu überbrücken:

„Der eine von uns ist seinem Eid treu geblieben", argumentierte er, „der andere hat in weitergehender Kenntnis aller Vorgänge die Treue zu seinem Volk über die Eidespflicht gestellt. Keinem ist aus seiner Einstellung ein Vorwurf zu machen, wenn nicht Eigennutz, sondern edles Motiv sein Handeln bestimmt hat. Aus dieser Anerkennung des Motivs folgt, dass man Verständnis für die Handlungsweise des anderen aufbringen muss."[189]

Die konsensbildende Kraft dieser Kompromisslinie ist nur schwer einzuschätzen, Widerstand und Eidbruch blieben ein heikles Thema. Das Amt Blank, die Keimzelle des späteren Verteidigungsministeriums, hat sich offiziell nicht zum 20. Juli geäußert – als wollte es durch diese verbale Selbstbeschränkung ausgleichen, dass sich das Vermächtnis des Widerstands in den Vätern der Bundeswehr personell nachdrücklich repräsentierte: Graf von Schwerin, der Leiter der militärischen Kontaktstelle und Vorgänger Blanks, sowie seine engsten Mitarbeiter – Johann Adolf Graf von Kielmannsegg, Wolf Graf vom Baudissin, Axel von dem Bussche und Achim Oster zählten zum Umkreis des Widerstands. Auch der 1955 vom Bundestag eingesetzte Personalgutachterausschuss zur Überprüfung der Einstellung des höheren Offizierskorps orientierte sich an der Kompromisslinie der Hansen-Formel. Die Richtlinien verlangten von den Bewerben kein Bekenntnis, wohl aber die Anerkennung der „Gewissensentscheidung der Männer des Juli 1944" – und zugleich ihre Achtung „vor den vielen anderen Soldaten, die im Gefühl der Pflicht ihr Leben bis zum Ende eingesetzt haben".

Umstritten war zu Beginn der Wiederbewaffnung aber auch die Schuldfrage der Wehrmacht. In der westdeutschen Bevölkerung wurde lautstark von den Amerikanern, dem neuen militärischen Bündnispartner, die Freilassung der in Landsberg, Werl und Wittlich als ‚Kriegsverbrecher' einsitzenden Wehrmachtsgeneräle gefordert. In dieser Situation wandte sich Adenauer direkt an die früheren Wehrmachtsangehörigen und versprach ihnen, alles in seiner Macht stehende zu tun, „das Los der Gefangenen zu erleichtern und ihnen baldmöglichst die Freiheit wiederzuverschaffen." Er zeigte sich überzeugt, dass die Zahl der wirklich schuldigen hohen Offiziere so „außerordentlich gering" sei, dass damit „der Ehre der früheren deutschen Wehrmacht kein Abbruch geschieht".[190] Die ‚soldatischen Kreise' – für alle Parteien ein beachtliches Wählerreservoir – wurden gerade auch von den Rechtsradikalen heftig umworben. Adenauer musste also taktieren. Einerseits war er gezwungen, sich von ihnen deutlich abzugrenzen, mit Rücksicht auf den beunruhigten amerikanischen Hochkommissar und die noch nicht gefestigte Reputation der jungen Republik. Andererseits musste er mit den Rechten konkurrieren.

Die Rechnung, den Rechtsextremisten Wähler abzuwerben, ging jedoch zunächst nur bedingt auf. Bei der Niedersachsenwahl im Mai 1951 verlor das Wahlbündnis von CDU und DP, während die neonazistische Sozialistische Reichspartei (SRP) beachtliche 11 Prozent Stimmenanteil gewann.[191] Das war kein an Weimarer Verhältnisse erinnernder ‚Erdrutschsieg', aber doch ein Imageschaden, der vor allem außenpolitisch nachteilig zu Buche schlug. Das vorsorgliche Hilfsangebot McCloys an Adenauer, die Bundesrepublik notfalls bei der Bekämpfung des Rechtsextremismus zu unterstützen, klang eher wie eine Interventionsdrohung. Der Zeitpunkt, strafrechtlich gegen die Parteiführung vorzugehen oder gar ein Parteienverbot in die Wege zu leiten, schien gekommen.[192]

Stimmenfänger der reorganisierten Nationalsozialisten war jener Generalmajor a. D. Otto Ernst Remer, der als Kommandeur des in Berlin stationierten Wachbataillons ‚Großdeutschland' wesentlich dazu beigetragen hatte, den erst wenige Jahre zurückliegenden Umsturzversuch am 20. Juli 1944 niederzuschlagen. In seinen Wahlkampfreden brüstete er sich wiederholt damit, dass und wie er einen Erfolg der ‚Eidbrecher‘ verhindert habe. Auf einer Wahlkundgebung Anfang Mai 1951 in Braunschweig nannte er die Verschwörer „Landesverräter, die vom Ausland bezahlt wurden“, und fügte hinzu, er sei sicher, dass diese sich eines Tages „vor einem deutschen Gericht“ zu verantworten haben würden. Aber nicht die von ihm diffamierten und bedrohten Widerstandskämpfer und ihre Angehörigen, Remer selbst musste sich vor Gericht verantworten.

Die Initiative dazu ging von Bundesinnenminister Robert Lehr (CDU) aus, der im April 1951 ein Verbot der SRP verlangte. [193] Auf dessen Drängen war sie einige Monate zuvor durch Beschluss der Bundesregierung bereits als „staatsfeindlich“ erklärt worden. Der Innenminister hatte sich in Niedersachsen selbst ein Bild von der in seiner Sicht ebenso erfolgreichen wie bedenklichen Wähler- und Sympathisantenmobilisierung der Neo-Nazis gemacht. Aber die Institution, die allein über ein Parteienverbot befinden konnte, das Bundesverfassungsgericht, bestand zu dem Zeitpunkt noch nicht. Ersatzweise schlug Lehr vor, die SRP als verfassungsfeindliche Vereinigung nach Art. 9,2 GG zu verbieten. Die Mehrheit der Kabinettsmitglieder lehnte auch diesen Vorschlag entschieden ab. Lehr durfte lediglich die ‚Reichsfront‘ verbieten, eine aktivistische Unterorganisation der SRP. Auch nach dem Wahlerfolg der SRP blieben insbesondere FDP und DP zögerlich. Justizminister Thomas Dehler schlug vor, die wichtigsten Sprecher mundtot zu machen und ihnen nach Art. 18 GG das Grundrecht auf freie Meinungsäußerung entziehen zu lassen.

Wenn nicht die Besatzungsmächte und die Innenminister der Länder auf einen Verbotsantrag gedrängt hätten, wäre er möglicherweise auch im November 1951 noch nicht gestellt worden. Das Verfassungsgericht hat sich seinerseits nicht um eine Beschleunigung des Verfahrens bemüht. Zunächst musste es sich mit der Verfassungsbeschwerde der SRP gegen die Bundesregierung auseinandersetzen. Im Sommer 1952 kam es zur mündlichen Verhandlung. Die Bundesregierung hatte zuvor weitere Gutachten vorgelegt: In dem einen betonte der hoch angesehene sozialdemokratische Politikwissenschaftler Ludwig Bergsträsser, ehemals Reichstagsabgeordneter und Mitglied des Parlamentarischen Rates, die weitgehende Übereinstimmung zwischen SRP und NSDAP.

In dem anderen bejahte der renommierte Kölner Staatsrechtler Hans Peters die Berechtigung, Art. 21 GG zur Abwehr eines totalitären Systems anzuwenden. Am 23. Oktober 1952 erklärte das Bundesverfassungsgericht dann die SRP für verfassungswidrig, ordnete die Auflösung der Partei und die Einziehung ihres Vermögens an, annullierte die Mandate und verbot Ersatzorganisationen. Die Beweisaufnahme beschrieb die SRP als eine antisemitische Partei, welche die wesentlichen Menschenrechte missachte, die demokratischen Parteien bekämpfe, das Führerprinzip verherrliche und nicht nur überwiegend aus ehemaligen Nationalsozialisten bestehe, sondern darüber hinaus auch „in ihrem Programm, ihrer Vorstellungswelt und ihrem Gesamtstil der früheren NSDAP wesensverwandt" sei.[194]

Lehr war angesichts des hinhaltenden Widerstands im Kabinett unnachgiebig und nicht untätig geblieben und hatte im Sommer 1951 als Privatperson ein Strafverfahren gegen Remer in Gang gebracht, weil er sich zu den von jenem beleidigten Personen rechnete.[195] Weitere Strafanträge stellten Angehörige ehemaliger Widerstandskämpfer, unter ihnen Marion Gräfin Yorck von Wartenburg und Annedore Leber. Nun erst kam Fritz Bauer mit dem Fall in Berührung. Bauer, 1903 in Stuttgart geboren, war Jude, Sozialdemokrat, Amtsrichter und Mitbegründer des Republikanischen Richterbundes. 1933 von den Nazis in „Schutzhaft" genommen, konnte er später nach Dänemark fliehen und sich von dort nach Schweden retten. 1949 kehrte er nach Deutschland zurück und wurde zu einem der maßgeblichen Juristen in der gerichtlichen Auseinandersetzung mit dem nationalsozialistischen Unrechtsstaat. Der andere große Prozess, mit dem sein Name untrennbar verbunden ist, wurde der Frankfurter Auschwitz-Prozess.[196]

Mit der Anklage Remers wegen „übler Nachrede und Beschimpfung des Andenkens Verstorbener" (§§ 186 und 189 StGB) wollte er die Frage klären, ob die Männer des Widerstands Hoch- und Landesverräter waren, wie dies Freislers ‚Volksgerichtshof' unter Missbrauch der Strafprozessordnung bejaht hatte. Was Bauer intendierte, war eine Wiederaufnahme jenes Verfahrens und eine Demonstration rechtsstaatlicher Justiz, mochten auch die zahlreich im Gerichtssaal anwesenden Anhänger Remers von einem „Schauprozess" sprechen. Bauer sucht nicht die Konfrontation.

Er wollte Brücken schlagen und versöhnen, billigte für die Vergangenheit politischen Irrtum zu und trat deshalb umso unnachsichtiger gegen die „lauten Unverbesserlichen" auf. Das Gericht verhandelte an mehreren Tagen im März 1952, vernahm eine Reihe prominenter Zeugen, außer den Nebenklägern auch Dr. Otto John, den Präsidenten des Verfassungsschutzamtes, Bundesminister Dr. Hans Lukaschek, Dr. Fabian von Schlabrendorff, nachmaliger Richter am Bundesverfassungsgericht.

Zu einem Höhepunkt geriet die von Bauer sorgfältig vorbereitete Anhörung der Sachverständigen.[197] Aus moraltheologischer Sicht wurde den Verschwörern bescheinigt, angesichts des hereinbrechenden Chaos ein Zeichen für „christliche und politische Verantwortung aufgerichtet" zu haben. Wenn man ihnen überhaupt einen Vorwurf machen könnte, dann den, dass sie „zu spät eingegriffen" hätten. Angesichts der Kriegslage, so urteilte der Historiker Percy Ernst Schramm, hätten die Verhältnisse „gebieterisch" nach einem Ende des NS-Regimes verlangt.

In seinem Plädoyer setzte sich Bauer eingehend mit den beiden Anklagepunkten auseinander, der verleumderischen Beschimpfung der Widerstandskämpfer als Hoch- und Landesverräter.[198] Den Vorwurf des Landesverrats versuchte Bauer zunächst durch Hinweis auf das im Jahre 1944 geltende Recht zu entkräften. Dann folgte der denkwürdige Satz:

„Am 20. Juli war das deutsche Volk total verraten, verraten von seiner Regierung und ein total verratenes Volk kann nicht mehr Gegenstand eines Landesverrats sein."

Hochverrat, also der gewaltsame Angriff auf den inneren Bestand des Staates, so führte er weiter aus, sei nur strafbar, wenn er misslinge. Der Widerstand des 20. Juli habe aber letztlich, wenn auch unter Mithilfe der Alliierten, „einige Jahre später zur Errichtung einer freiheitlichen Demokratie geführt". Ausführlich ging er auf die Frage ein, ob die Herrschaft Hitlers usurpiert oder legalisiert sei, um schließlich nach dem materiellen Inhalt der NS-Herrschaft selbst zu fragen und deren Unrechtscharakter darzulegen:

„Ein Unrechtsstaat, der täglich zehntausende Morde begeht, berechtigt jedermann zur Notwehr gemäß § 53 StGB. Jedermann war berechtigt, den bedrohten Juden (...) Nothilfe zu gewähren. Insoweit sind alle Widerstandshandlungen" rechtmäßig.

So einfach und überzeugend dieses Argument für sich durchaus erschien, der Dramatik des historischen Falles, der hier verhandelt wurde, schien eine so positivistisch-nüchterne Darlegung der Überformung des bürgerlichen Strafrechts durch den nationalsozialistischen Unrechtsstaat nicht ganz gerecht zu werden. Das außerordentliche Ereignis des 20. Juli verlangte nach einer rechtshistorisch weiter ausholenden Würdigung. Das war Bauer offenbar sehr bewusst. Als wollte er aus dem Gerichtssaal ein Forum der historisch-politischen Aufklärung machen, lenkte er die Aufmerksamkeit der Zuhörer zurück auf das altgermanische Widerstandsrecht, zitierte aus dem Sachsenspiegel und ging schließlich auch auf das berühmte Gutachten des vormärzlich-liberalen Staatsrechtlers Robert von Mohl ein. Die Osnabrücker Bürger hatten von diesem wissen wollen, ob sie ihrem König Ernst August von Hannover, dem sie Verfassungsbruch vorwarfen, Gehorsam schulden und Steuern zahlen müssten. Ernst August hatte die berühmten sieben Göttinger Professoren[199] ihres Amtes enthoben und teilweise des Landes verwiesen, weil diese unter Berufung auf das Widerstandsrecht gegen dessen Aufhebung des Staatsgrundgesetzes protestiert hatten. Mohl antwortete, in einem solchen Fall „wird Gehorsam zum Verbrechen, Widerstand zur Rechtspflicht". „Atemlose Stille" herrschte im überfüllten Gerichtssaal – so berichtete anderntags der Gerichtsreporter in der lokalen Presse, als Bauer schließlich die Rütli-Szene aus Schillers *Wilhelm Tell* zitierte:

> „Nein, eine Grenze hat Tyrannenmacht.
> Wenn der Gedrückte nirgends Recht kann finden
> Wenn unerträglich wird die Last, greift er
> Hinauf getrosten Mutes in den Himmel
> Und holt herunter seine ew'gen Rechte (...)
> Der Güter höchstes dürfen wir verteid'gen
> Gegen Gewalt."

Auch der Vorsitzende Richter zeigte sich beeindruckt, wies allerdings darauf hin, dass es in diesem Prozess nicht um „ein Ehrenverfahren für die Widerstandskämpfer" gehe, sondern um ein Meinungsdelikt. Während das Gericht zum Hochverratsvorwurf und zur Legalität des NS-Regimes nicht Stellung nahm, ging es umso nachdrücklicher auf den Vorwurf des Landesverrats und den Charakter der NS-Herrschaft ein. Wegen der unbestreitbaren

Tatsache, dass die Regimegegner Kontakt mit dem Ausland aufgenommen hatten, bejahte das Gericht zwar den objektiven Straftatbestand des Landesverrats, verneinte aber unter Würdigung des Gesamtverhaltens und der Zielsetzung der Widerstandskämpfer die innere, subjektive Tatseite und sprach sie vom Vorwurf des Landesverrats frei.

So wenig wie der Ankläger wollte und konnte sich das Gericht allein auf den Fall Remer und den gegen ihn erhobenen Vorwurf der üblen Nachrede und Verleumdung beschränken. Um die unhaltbaren Äußerungen und das strafwürdige Verhalten Remers nachzuweisen, musste es die Legitimität des Widerstands im ‚Dritten Reich‘ aus dem Charakter der totalitären NS-Herrschaft heraus plausibel machen. Erstmals wurde nun durch ein westdeutsches Gericht festgestellt, was bisher nur die Richter der Alliierten in ihren Urteilen zum Ausdruck gebracht hatten, dass der NS-Staat ein Unrechtsstaat war:

„Ein Staat“, so das Gericht, „dessen Staatsführung (…) Unrecht nicht nur duldet, sondern zur Durchsetzung der politischen Ziele unter Außerachtlassung der unabdingbaren Menschenrechte bewusst durchführt oder durchführen lässt, kann nicht mehr beanspruchen, als Rechtsstaat (…) bezeichnet zu werden.“[200]

Remer wurde zu drei Jahren Gefängnis verurteilt. Ausdrücklich hatte ihm das Gericht für das Jahr 1944 das Recht auf politischen Irrtum zugebilligt. In den seither vergangenen sieben Jahren, so der Vorwurf der Richter, hätte er allerdings genügend Zeit und Möglichkeiten gehabt, sich von seinen Auffassungen zu lösen. Daß er an ihnen festhalte, sei als „unbelehrbarer Trotz anzusehen“.[201] Remer blieb unbelehrbar. Der Haftstrafe entzog er sich durch Flucht nach Ägypten. Nach seiner Rückkehr setzte er seine rechtsextremistische Agitation fort und versuchte als ‚legendärer‘ NS-Akteur eine Führungsperson im rechten Lager zu werden. Erneute Verurteilung und Flucht folgten. Anfang der achtziger Jahre gründete er die Vereinigung „Der Bismarckdeutsche. Die Deutsche Freiheitsbewegung“. Mehrfach musste er sich vor Gericht verantworten, zuletzt 1988 vor dem Münchener Landgericht wegen des Vorwurfs, Juden beleidigt und das Andenken Verstorbener verunglimpft zu haben.

Der Remer-Prozess ist von seiner Entstehung her ein Nebenprodukt des SRP-Verfahrens und muss mit ihm zusammen gewürdigt werden. Das schmälert das Verdienst Bauers um die frühe Rehabilitierung des 20. Juli in keiner Weise. Die Zuordnung macht aber darauf aufmerksam, dass es sich um zwei kausal und geschichtspolitisch eng miteinander verknüpfte Verfahren handelt, die so etwas wie eine Doppelstruktur politisch-justitieller Vergangenheitsbewältigung erkennen lassen: die politische Normierung und strafrechtliche Verfolgung eines rechtsextremistischen Meinungsdeliktes auf der einen und auf der anderen Seite die aufklärerische Auseinandersetzung mit dem Nationalsozialismus, in diesem Fall der frühe Versuch einer Rehabilitierung des 20. Juli.[202]

Das Interesse der Medien an dem Prozess war groß, das Auftreten des Anklägers wie der Nebenkläger wurde ebenso positiv aufgenommen wie das Urteil gegen Remer. Gleichwohl ist die meinungsbildende Nachhaltigkeit des Strafverfahrens nur schwer zu beurteilen – wie stets, wenn eine empirische Rezeptionsanalyse fehlt. Rudolf Wassermann, der später selbst viel dazu beigetragen hat, an die Bedeutung dieses Prozesses zu erinnern, glaubt, dass sich damals „in Millionen Köpfen" ein Bewusstseinswandel vollzogen habe und seither die Regimegegner des 20. Juli nicht mehr oder sehr viel weniger als „Landesverräter" stigmatisiert waren. Vielleicht ist das eine zu optimistische Einschätzung. Eine zumindest indirekte Auswirkung hatte der Prozess dort, wo der militärische Widerstand besonders heftig umstritten war – in der Bundeswehr. Sechs Jahre nach dem Remer-Prozess, im Juli 1958, nannte Generalinspekteur Adolf Heusinger – erstmals in einem Tagesbefehl an die Truppe – die Tat des 20. Juli eine „Tat gegen Unrecht und die Unfreiheit", einen „Lichtpunkt in der dunkelsten Zeit Deutschlands".[203]

6. Bewältigung der Vergangenheitsbewältigung

Mit Spätfolgen einer unbewältigten und unpopulären Vergangenheitsbewältigung hat die Bundesrepublik noch bis in die jüngste
Gegenwart zu tun. Drei unterschiedliche Beispiele: Erst Ende der
achtziger Jahre wurde die Auseinandersetzung um die vorzeitige
Freilassung der Nürnberger Hauptkriegsverbrecher beendet – mit
dem Tod von Rudolf Heß, dem letzten Spandauer Häftling. Seit
der Wiedervereinigung stand für ein Jahrzehnt die Anfang der
fünfziger Jahre erst ausgeklammerte und dann verdrängte Frage
der Entschädigung von Millionen Zwangsarbeitern auf der Tagesordnung der deutschen und internationalen Politik. Und Mitte
der neunziger Jahre sorgten zwei spektakuläre Enthüllungen
prominenter Personen, die 1945 ihren Namen geändert hatten,
wochenlang für Aufsehen.

Im Mai 1995 wurde der angesehene, als linksliberal geltende
Germanist und ehemalige Rektor der TH Aachen, Professor Hans
Schwerte, enttarnt. Als Hans-Ernst Schneider hatte der frühere
SS-Hauptsturmführer in Himmlers ‚Ahnenerbe‘ gearbeitet. Weni-
ge Monate später konnte *die tageszeitung* die Vergangenheit des
renommierten Journalisten Peter Grubbe aufdecken, der bis
Kriegsende Claus Peter Volkmann war.[204] Volkmann/Grubbe,
1913 geboren, wurde mit 19 Jahren NSDAP-Mitglied, studierte
Jura, war zunächst persönlicher Referent beim stellvertretenden
Generalgouverneur in Warschau, 1941/42 als Kreishauptmann im
galizischen Kolomea tätig und als solcher in das Geschehen der
‚Endlösung‘ verstrickt. Nach 1945 stand sein Name auf den Listen
der gesuchten Kriegsverbrecher. Diese beiden Enthüllungen erinnerten an die frühen Nachkriegsjahre. Damals entzogen sich ungezählte ‚Illegale‘ – oder ‚Braun-Schweiger‘ und ‚U-Boote‘, wie
man die untergetauchten mittleren und höheren NSDAP-Funk-
tionäre im Volksmund nannte – durch Namensänderung der Entnazifizierung und Strafverfolgung.[205]

Die beiden Fälle erinnerten aber auch daran, dass es nach 1945
nicht nur eine Geschichte der – vielfach als ungerecht empfunde-

nen – Vergangenheitsbewältigung gab, sondern eben auch eine der Bewältigung ihrer Folgen. Diese Geschichte begann früh, spätestens im Jahr eins der Bundesrepublik. „Im Anfang war, noch vor Adenauer, die Idee der Amnestie", schreibt Norbert Frei in pointierter Abwandlung des in der deutschen Geschichtswissenschaft zuletzt bei Heinrich August Winkler, Hans-Ulrich Wehler und Thomas Nipperdey so beliebten Zitats aus dem Johannesevangelium.[206] Wie es auch immer gewesen ist, Bundesregierung und Bundestag haben jedenfalls durch eine Reihe von amnestiepolitischen Entscheidungen einiges unternommen, die vielen mehr oder weniger belasteten Personen zu entlasten und in die westdeutsche Wiederaufbaugesellschaft zu integrieren.

Amnestie und Rehabilitierung

Höchste Priorität hatte die Beseitigung der Folgen der seit langem unpopulären Entnazifizierung. Schon im Herbst 1949 unternahmen die Parteien der nationalen Rechten erste Vorstöße im Bundestag, zumal die Länder teilweise bereits Abschlußgesetze verabschiedet hatten. Eine große Mehrheit forderte Verfahrenseinstellung und Aufhebung aller Sanktionen für die Mitläufer und Minderbelasteten. FDP, DP und DRP wünschten darüber hinaus, auch die Hauptschuldigen und Belasteten einzubeziehen. Gegen ihre Stimmen verabschiedete der Bundestag kurz vor Weihnachten 1950 seine Empfehlung für die Vereinheitlichung und baldige Beendigung der Entnazifizierung. Ab Januar 1951 sollten keine Nazis mehr in die Gruppen III-V eingestuft werden, sollten Berufs- und Freizügigkeitsbeschränkungen weitgehend, Vermögenssperren ganz aufgehoben und bei Arbeitslagerstrafen vom Begnadigungsrecht großzügig Gebrauch gemacht werden. Der Beschluss wurde in der Öffentlichkeit mit großer Erleichterung aufgenommen: Als „Befreiung vom Befreiungsgesetz" begrüßte und bewertete ihn die *Frankfurter Allgemeine Zeitung* anderntags.[207]

Keine Episode kann besser illustrieren, wie unbeliebt die Entnazifizierung war, als jene öffentliche Veranstaltung in Stadtoldendorf im Kreis Holzminden Anfang Oktober 1951, bei der die Akten aller 600 Entnazifizierungsfälle der 8 000-Seelen-Gemeinde im Ofen des städtischen Gaswerks verbrannt wurden. Was aussehen mochte wie ein neonazistisches Happening, war als eine Befriedungsaktion der örtlichen Honoratioren gedacht. Der SPD-Bürgermeister Wilhelm Noske, im Hauptberuf immerhin Geschichtslehrer, und alle Ratsmitglieder wohnten der spektakulären ‚Schlussstrich-Aktion' bei. Die Verbrennung der Akten, unter denen sich manch belastendes Material und auch das NSDAP-Mitgliederverzeichnis befand, wurde allseits begrüßt. Nicht einmal der britische Besatzungsoffizier mochte etwas einwenden. Der Bürgermeister sprach von einem Akt der Versöhnung und einer „Demonstration für den Frieden". Die meisten Bürger, die in der Stadt Rang und Namen hätten, seien durch die Entnazifizierungsakten und die Mitgliederkartei mehr oder weniger belastet. Wenn man aber neu anfangen und wiederaufbauen wolle, dann müsse man die Vergangenheit vergessen und den Blick nach vorn richten.[208]

Ein solches Verfahren ließ sich natürlich nicht überall anwenden. Aber auch auf Bundesebene wurden wirkungsvolle Zeichen gesetzt, dass die Zeit auf Zukunft eingestellt war, Amnesie und Amnestie sich im Gleichklang vereinten. Eines der ersten Gesetze, das der Bundestag beschloss, war die zu Silvester 1949 verkündete „Bundesamnestie" für Vergehen vor dem 15. September 1949, die mit Gefängnis bis zu sechs Monaten bestraft werden konnten und die in den „verwirrten Zeitverhältnissen" (Adenauer) des Zusammenbruchs begangen worden waren. Davon profitierten etwa 800 000 Personen. In den meisten Fällen ging es um Schwarzmarkt-Delikte, aber auch Straftäter aus der NS-Zeit befanden sich unter den Amnestierten.

Der gesellschaftlich weit verbreitete „Widerwille" (Fritz Bauer) gegen eine eingehende und fortdauernde politisch-justitielle Bewältigung der Folgen des NS-Unrechtsstaates fand 1954 seinen Niederschlag in einem weiteren Straffreiheitsgesetz. Es zielte im wesentlichen auf „Taten des Zusammenbruchs", d.h. auf Vergehen, die zwischen dem 1. Oktober 1944 und dem 31. Juli 1945 begangen worden waren, „in der Annahme einer Amts-, Dienst- oder Rechtspflicht, insbesondere eines Befehls", und die mit einer Freiheitsstrafe von bis zu drei Jahren bedroht waren. Das zweite Amnestiegesetz begünstigte etwa halb so viele Personen wie das erste. Beide Amnestien versprachen im übrigen auch den Untergetauchten Straffreiheit, unabhängig von der Höhe der zu erwar-

109

tenden Strafe. Von den geschätzten 80 000 ‚Illegalen', die, wie es im Gesetz hieß, unter „Verschleierung ihres Personenstandes" lebten, hat allerdings nur eine kleine Minderheit die straffreie Rückgewinnung der früheren Identität genutzt. Sei es, dass sie Verbrechen begangen hatten, die mit einem höheren Strafmaß bedroht waren. Sei es, dass sie Nachteile für ihren bereits wieder erlangten bürgerlichen Status befürchteten. Sei es, dass sie die innere Beziehung zu ihrer früheren Biographie bereits verloren hatten.[209]

Im Mittelpunkt des öffentlichen Interesses der fünfziger Jahre standen jedoch zwei andere Folgeprobleme alliierter Vergangenheitsbewältigung. Die größte Aufmerksamkeit und Anteilnahme fand die zwischen Regierung, Alliierten und deutscher Öffentlichkeit zäh und heftig umstrittene Frage der Begnadigung der durch die Militärgerichte verurteilten sogenannten ‚Kriegsverbrecher'.[210] Das andere Thema war die kaum weniger kontroverse Rückkehr der durch die Entnazifizierung aus ihren Positionen ‚verdrängten' Beamten und Berufssoldaten bzw. ihre versorgungsrechtliche Rehabilitierung.[211]

Diesen Gruppen kam für den Bestand und die innere Entwicklung des bisherigen nationalsozialistischen und des neuen demokratischen politischen Systems eine besondere Bedeutung zu. Deshalb standen die öffentlich Bediensteten, die zu Beginn der fünfziger Jahre mit etwa 2 Millionen immerhin zehn Prozent der Erwerbstätigen ausmachten, von Anfang an im Blickpunkt eines kritischen, reformpolitischen Interesses, zumal hier Regierung und Parlament besondere Gestaltungsmöglichkeiten hatten.[212] Die Alliierten, voran die USA, gaben die ersten Anstöße für eine umfassende Reform der deutschen Beamtenschaft. Sie wurden dabei wesentlich von dem hochangesehenen deutsch-jüdischen Staatsrechtler und Politikwissenschaftler Karl Loewenstein als Berater unterstützt, der mit zahlreichen anderen aus Deutschland 1933 vertriebenen Wissenschaftlern, zumeist Juristen, zu den Begründern einer deutschen Politikwissenschaft im Exil gehörte.[213]

Mit der Entnazifizierung und zeitweiligen Entfernung einer mehr oder weniger in die Verbrechen des NS-Unrechtsstaates verstrickten Beamtenschaft schien es nicht getan. Vor allem ihre republikfeindlichen Einstellungen mussten überwunden werden, zumal von dieser Gruppe das Gelingen eines demokratischen Neuaufbaus Deutschlands entscheidend abhing. Daraus ergaben sich zahlreiche Forderungen der Alliierten, die zu einschneidenden Veränderungen in der Rekrutierung, Ausbildung und Beförderungspraxis führen sollten, nicht zuletzt auch zur Beseitigung der Frauendiskriminierung und zur Aufgabe des Grundsatzes einer bevorzugten Einstellung ehemaliger Berufssoldaten, der aus monarchischer Zeit stammte.

Unterstützung fanden diese reformpolitischen Anstöße vor allem bei der SPD und den Gewerkschaften. Mit Vehemenz attackierte Kurt Schumacher den demokratiefeindlichen Geist der deutschen Beamtenschaft und einstigen Hoheitsträger des nationalsozialistischen Staates. Der Gewerkschaftsführer Hans Böckler hielt mit Sarkasmus und Erbitterung über den „Hochmut und Dünkel" der Staatsdiener und ihre zweifelhaften Verdienste nicht zurück. Sie seien „nach oben dienstwillig" gewesen und hätten „nach unten getreten".[214] Um einen Wandel einzuleiten, verlangten die Sprecher der Arbeiterorganisationen insbesondere ein für Arbeiter und Angestellte einheitliches Dienst- und Arbeitsrecht sowie eine deutliche Verminderung der Beamtenschaft. Aber es gab innerhalb von SPD und Gewerkschaften aus mehr pragmatischen Erwägungen heraus auch Widerspruch gegen allzu radikale Reformpläne. Die Phase des Wiederaufbaus einer leistungsfähigen und loyalen Verwaltung mit einer durchgreifenden Reform des Beamtenrechts zu belasten erschien wenig ratsam. Aus wahlstrategischen Überlegungen musste man versuchen, die Beamten für die SPD zu gewinnen. Und schließlich nahm auch der Anteil von SPD-Mitgliedern in einflussreichen Positionen der kommunalen Verwaltungen zu.

Der Konflikt spitzte sich im Jahr 1948 zu. Nachdem die Amerikaner und Engländer zunächst die Länder ihrer Besatzungszonen gedrängt hatten, demokratische Beamtengesetze zu erlassen, übten sie nun auch entsprechenden Druck auf die Zwei-Zonen-Verwaltung und den aus Vertretern der Länderparlamente gebildeten Wirtschaftsrat aus. Die Alliierten wollten eine Reform des Berufsbeamtentums noch vor Verabschiedung des Grundgesetzes durch den Parlamentarischen Rat gesetzlich festschreiben. Im Februar 1949 oktroyierten sie ihre Kernforderungen im Militärgesetz Nr. 15, doch die politischen Organe der Bizone entzogen sich diesem Druck immer wieder durch Verzögerung und geschickte Verschleierung ihrer gegenläufigen Interessen. Sie wollten an dem

– entnazifizierten – Beamtengesetz von 1937 festhalten und damit im wesentlichen an den ‚hergebrachten Grundsätzen' für die Rechtsverhältnisse und die Sonderstellung des Berufsbeamtentums.

Währenddessen waren die durch die Auflösung des NS-Staates, durch Vertreibung und Entnazifizierung aus ihren Positionen ‚verdrängten' und auf geringe Unterhaltszahlungen angewiesenen Beamten nicht untätig geblieben. Sie gründeten Interessenverbände – wie den Beamtenschutzbund, den Zentralschutzverband der Beamten – und mit dem Bund der Heimatvertriebenen und Entrechteten sogar eine eigene politische Partei, um ihren Forderungen nach Wiedereinstellung und Versorgung bzw. Nachzahlung ihrer Bezüge Geltung zu verschaffen. Dafür hatte der Parlamentarische Rat allerdings bereits die Weiche gestellt. Denn Art. 131 GG forderte den Bundesgesetzgeber auf, für die Angehörigen des öffentlichen Dienstes, die nach dem 8. Mai 1945 „ausgeschieden sind und bisher nicht oder nicht ihrer früheren Stellung entsprechend verwendet werden", eine gesetzliche Regelung zu treffen. Dazu zählten die früheren Bediensteten Preußens und des Reiches, deren Dienststellen aufgelöst worden waren, die früheren Berufssoldaten und zivilen Angehörigen der Wehrmachtsverwaltung, die vertriebenen und geflohenen Beamten aus den Ostgebieten und der SBZ und schließlich jene öffentlich Bediensteten, die in den Westzonen ihre Stellungen durch die Entnazifizierung verloren hatten. Weil zunächst unbekannt war, wie viele und welche Personen von Art. 131 betroffen waren, veranlasste die Bundesregierung eine statistische Erhebung. Der im Sommer 1950 vorgelegte Bericht bezifferte den betroffenen Kreis auf 430 000 Personen. Davon waren rd. 150 000 ehemalige Berufssoldaten, 85 000 Versorgungsberechtigte und Hinterbliebene und rd. 200 000 ‚verdrängte Beamte', darunter 76 000 Heimatvertriebene und 55 000 Entnazifizierungsfälle.[215] Diese Zahlen lassen den Anteil der politisch belasteten Beamten kleiner erscheinen, als er tatsächlich war. Berücksichtigt man, dass die ermittelten Daten auf Selbsteinstufung beruhten und die Maßstäbe nicht einheitlich waren, dann sind sie wohl eher als „Minimalwerte" anzusehen.[216]

Für die politisch Belasteten 131er fand das am 11. Mai 1951 in Kraft getretene Gesetz eine widersprüchliche Lösung. Einerseits gehörten etwa ehemalige Angehörige der Gestapo und der

Waffen-SS nicht zu den ‚Anspruchsberechtigten', ausgenommen waren jene, die ‚von Amts wegen' dorthin versetzt worden waren. Die Debatten im Bundestag akzentuierten die sozialpolitischen Ziele der Parteien, denen es vor allem um die materielle und ideelle Rehabilitierung der Berufssoldaten und Berufsbeamten ging. Adenauer nutzte die Gelegenheit zu einer ersten Ehrenerklärung für die früheren Wehrmachtssoldaten, die er nicht zu den „Aktivisten und Nutznießern" des NS-Regimes gerechnet wissen wollte. „Das Kapitel der Kollektivschuld der Militaristen", so betonte er vor dem Parlament, müsse ein für allemal beendet werden.[217]

Das Gesetz begründete eine ‚Unterbringungspflicht' für diese Personengruppen. Selbst für die zunächst unter die Ausnahmeregelung fallenden ehemaligen Gestapobeamten und Soldaten der Waffen-SS öffnete das Gesetz eine Hintertür, sofern die Betroffenen ‚von Amts wegen' versetzt worden waren. Im allgemeinen galt, dass auf allen Verwaltungsebenen mindestens 20 Prozent der Stellen mit Personen aus dem Kreis der 131er besetzt werden musste, sofern sie eine Dienstzeit von mindestens zehn Jahren nachweisen konnten. Sofern und solange sie nicht untergebracht werden konnten, wurde ihnen ein ‚Übergangsgeld' gezahlt.

Die Versorgung der 131er war in der Öffentlichkeit wenig populär, nicht nur, weil verschiedentlich Fälle der schwer verständlichen Begünstigung von Hauptschuldigen bekannt wurden. So gelang es dem im Nürnberger Juristenprozess zu lebenslanger Freiheitsstrafe verurteilten vormaligen Staatssekretär im Reichsjustizministerium, Franz Schlegelberger, der aus gesundheitlichen Gründen vorzeitig aus der Haft entlassen und dann auch im Entnazifizierungsverfahren entlastet wurde, bis 1959 seine Pension als 131er zu genießen, als die SPD einen Widerruf seiner Anspruchsrechte erreichte. Der durch die Alliierten Verurteilte, durch deutsche Behörden Rehabilitierte nutzte gleichwohl die gerichtlichen Möglichkeiten des Rechtsstaates und erreichte schließlich eine finanzielle Entschädigung für den Verlust seiner 131er Anspruchsrechte.[218]

Auch weniger prominente Beamte, die sich durch das 131er Gesetz benachteiligt sahen, zogen vor Gericht. Strittig, weil vom Gesetzgeber offengelassen, war insbesondere die Frage der beamtenrechtlichen Kontinuität.[219] „Alle Beamtenverhältnisse sind am

8. Mai 1945 erloschen", befand das in mehreren hundert Fällen angerufene Bundesverfassungsgericht. Es begründete sein sog. ‚Beamtenurteil' vom 17. Dezember 1953 mit dem Argument, dass alle Staatsdiener auf Adolf Hitler ihren Treueeid geleistet hätten und damit Teil des nationalsozialistischen Unrechtsstaates geworden seien, wodurch die Beamtenschaft ihre parteipolitische Neutralität verloren und das Beamtenverhältnis „eine tiefgehende, sein Wesen berührende Umgestaltung erfahren" habe.[220]

Wenige Monate später konterte der in einem anderen Rechtsstreit gleichfalls angerufene BGH mit dem Satz, das Verfassungsgericht habe nicht Recht gesprochen, sondern ein „geschichtliches Werturteil" gefällt, das die Richter für unhaltbar hielten. Sie mochten allerdings nicht darauf verzichten, dieses Werturteil nun ihrerseits historisch zu begründen: „Der überwiegende Teil der deutschen Beamten", so behaupteten sie, „fühlte sich nach wie vor trotz des schimpflichen, rechtswidrigen Druckes (...) in erster Linie dem Staate und seinen legitimen Aufgaben verpflichtet." Ja, die BGH-Richter gingen so weit, die deutschen Beamten in die Nähe des Widerstands zu rücken. Diese, so meinten sie, hätten, als Ziele, Umfang und Praktiken der ‚Endlösung' bekannt geworden seien, die ihnen „aufgezwungene Bindung überwiegend nur unwillig, unter scharfer innerer Ablehnung ertragen".[221] Aus einer so weit gehenden Annahme war dann unschwer die Schlussfolgerung zu ziehen, dass die deutsche Beamtenschaft den „Wechsel der Staatsform" unbeschadet überstanden hatte. Die Bundesverfassungsrichter ließen diese Deutung nicht unwidersprochen. Sie nutzten die Verfassungsbeschwerde eines Gestapo-Beamten, der nach dem 131er Gesetz auf Wiederbeschäftigung geklagt hatte, zur abermaligen Klarstellung und betonten, dass die deutschen Beamten sich nicht nur gezwungenermaßen für den nationalsozialistischen Staat eingesetzt hätten, sondern diesen vielmehr „auch von sich aus ernst genommen und bejaht" hätten.[222]

Erinnerungspolitisch erscheint diese Kontroverse zwischen den beiden höchsten Gerichten in mehrfacher Hinsicht bedeutsam. Zum einen rückte der Streit zehn Jahre nach dem Ende der Hitler-Diktatur noch einmal ins öffentliche Bewusstsein, dass die Beamten nicht grundlos ‚verdrängt' worden waren und sie durch eine „großzügige Integrationsleistung"[223] in ihren Ansprüchen und ihrem Ansehen rehabilitiert wurden. Bedeutsam war zum anderen, dass sich gerade die nicht unvorbelastete Judikative in eingehenden Interpretationen mit einer zentralen Frage der politischen Wirklichkeit des NS-Staates und ihrer rückblickenden Wahrnehmung auseinandersetzte. Die Gerichte taten das in der Zeit des Wiederaufbaus einer demokratisch-rechtsstaatlichen Ordnung, der mit Blick auf die Vergangenheit eine doppelte Bedeutung zukam. Einerseits sollte sie den totalitären Unrechtsstaat vergessen machen, andererseits aber die Erinnerung an seine Verbrechen und das Ausmaß der gesellschaftlichen Mitverantwortung langfristig wach halten.

Zu welchen Absurditäten das in der deutschen Nachkriegsgesellschaft nicht nur von den BGH-Richtern weit verbreitete Interesse führen konnte, am fiktiven Fortbestand einer „unsichtbaren rechtsstaatlichen ‚Wirklichkeit'" im NS-Unrechtsstaat festzuhalten, zeigt ein vom Bundesdisziplinarhof verhandelter Fall.[224] Dieser hatte über den Wiederaufnahmeantrag eines Beamten zu entscheiden, der im NS-Staat u.a. wegen unvorschriftsmäßiger Ausführungen des Hitlergrußes, also wegen eines politischen Vergehens, vom Dienst suspendiert worden war. Die Richter brachten das Kunststück fertig, in der „Erektion des rechten Armes", die – wie andere Nazi-Symbole auch – inzwischen unter Strafe stand, gewissermaßen einen „rechtsstaatlichen Kern" zu entdecken. Sie waren der Auffassung, dass sich hinter einem laschen Hitlergruß nicht unbedingt eine antinazistische Gesinnung verbergen musste, darin vielmehr auch eine Missachtung gegenüber dem Dienstvorgesetzten zum Ausdruck kommen konnte, zumal dann, wenn der Beschwerde führende Beamte sich auch anderweitig pflichtwidrig verhalten hatte, und bestätigten damit einen Entlassungsgrund des Reichsdienststrafhofes.

Die Kriegsverbrecherfrage

Teilweise ebenfalls groteske, allerdings weit weniger harmlose Züge trug auch der hochpolitische Streit zwischen den Alliierten und den Deutschen über die Beseitigung der Folgen der Nürnberger Prozesse. 1949 wurden im Wilhelmstraßen-Prozess gegen führende Politiker und Beamte des NS-Staates die letzten Urteile gesprochen. Diesen Prozess verfolgte die Öffentlichkeit vor allem wegen der höchst umstrittenen Verurteilung des vormaligen Staatssekretärs im Auswärtigen Amt, Ernst Freiherr von Weizsäcker, mit großem Interesse. Im gleichen Jahr fand auch in der britischen Besatzungszone ein letztes Kriegsverbrecher-Verfahren statt, das national und international große Publizität genoss. Im Hamburger Curio-Haus musste sich einer der prominentesten Heerführer Hitlers, Generalfeldmarschall von Manstein, vor einem Militärgericht verantworten.[225]

Auch dieser Prozess war von Anfang an umstritten, zumal unter dem Eindruck der Berlin-Blockade und des sich zuspitzenden Kalten Krieges. Churchill beschwor die „Schicksalsgemeinschaft" von Westalliierten und Westdeutschen und sprach sich entschieden gegen das Verfahren aus, in dem ursprünglich auch die Feldmarschälle Walter von Brauchitsch und Gerd von Rundstedt angeklagt werden sollten. Die Labour-Regierung unter Clement Attlee und Ernest Bevin sowie der frühere Nürnberger Chefankläger der Briten, Sir Hartley Shawcross, wollten den Prozess. Auch der britische Militärgouverneur und spätere Hochkommissar Sir Brian Robertson sprach sich für das Verfahren aus, plädierte aus politischen Überlegungen allerdings für eine milde Bestrafung. Das Gericht verurteilte von Manstein, der das geschönte Bild der Wehrmacht in der Nachkriegszeit wesentlich beeinflusst hat, wegen Kriegsverbrechen, die in seinem Befehlsbereich an der Ostfront begangen worden waren, zu einer 18jährigen Haftstrafe. Sie wurde aus gesundheitlichen Gründen mehrfach herabgesetzt und von Manstein wegen einer ihm attestierten begrenzten Lebenserwartung bereits 1953 aus der Haft entlassen. Er starb im hohen Alter von 86 Jahren im Jahr 1973. Die Beisetzung fand unter großer Anteilnahme der Öffentlichkeit und mit Ehrenbezeigungen der Bundeswehr statt.

Die Wehrmachtsausstellung in den neunziger Jahren hat erneut an diesen ebenso populären wie umstrittenen Wehrmachtsgeneral erinnert. Er nimmt als Heerführer und Militärstratege im Urteil der Zeitgenossen und der Nachwelt einen herausragenden Rang ein. Andererseits hat seine Verstrickung in die Kriegs- und Zivilisationsverbrechen, aber auch seine Beteiligung an der Ausmalung eines geschönten Wehrmachtsbildes in der Nachkriegszeit, ob in der Mitwirkung an der ‚Denkschrift der Generäle' für das Nürnberger Militärtribunal oder in seinen Memoiren (*Verlorene*

Siege, 1955), diesen Glanz getrübt und vielfältige Fragen aufgeworfen.

Spätestens im Jahr der letzten Prozesse, es war auch das Gründungsjahr der Bundesrepublik, begannen die Verantwortlichen, sich um eine Neuorientierung in der Kriegsverbrecherfrage zu bemühen. Fast vier Jahre nach Kriegsende wollten die Militärgouverneure und ihre Nachfolger, die Hohen Kommissare, nicht nur keine Prozesse mehr, sie wollten auch politisch und psychologisch nachteilige Folgen der alliierten Bestrafungspolitik vermeiden, zugleich aber auch verhindern, dass die Deutschen dies als Rücknahme der Nürnberger Urteile missverstehen würden. Der wachsende innenpolitische Druck aus den USA, vor allem aber die anhaltenden Vorstöße maßgeblicher Repräsentanten der westdeutschen Politik und Gesellschaft zielten auf eine Revision der Schuldsprüche der wegen Kriegsverbrechen verurteilten Deutschen und in letzter Konsequenz auf deren Begnadigung.

Zur Erinnerung: Vor den Militärgerichten der westlichen Alliierten mussten sich in den vierziger Jahren rund 5000 Deutsche verantworten. Von ihnen wurden etwa 800 zum Tode verurteilt, aber nur in rund 500 dieser Fälle ist das Todesurteil auch vollstreckt worden. Anfang 1950 befanden sich noch etwa 3400 verurteilte Personen in Haft, innerhalb von zwei Jahren reduzierte sich die Zahl auf etwa 1300. In den Gefängnissen der USA, Großbritanniens und Frankreichs, also im bayerischen Landsberg, im westfälischen Werl und in dem in der Eifel gelegenen Wittlich, verringerte sich die Zahl der verurteilten Kriegsverbrecher im gleichen Zeitraum von ca. 1000 auf rd. 700 Personen.[226]

Dass die Kriegsverbrecherfrage überhaupt zu einem langjährig gravierenden Problem der amerikanischen sowie der westdeutschen Innen- und Außenpolitik werden konnte, hat mehrere Ursachen.[227] Die eine resultierte aus der veränderten weltpolitischen Lage und ihrer neuen machtpolitischen Konfliktstruktur, dem Kalten Krieg. Die frühe Entscheidung für die Westbindung der Bundesrepublik und eine Wiederaufrüstung machte aus Kriegsgegnern politische Bündnispartner. Die andere Ursache lag im ,System von Nürnberg' selbst, das in der deutschen wie in der amerikanischen Öffentlichkeit wegen der Beteiligung der Sowjetunion früh Zweifel und Widerspruch provozierte. Sie wurden durch rechtsstaatliche Mängel noch verstärkt. Die Prozesse waren, insbesondere aus der Sicht der maßgeblichen Besatzungsmacht, Teil eines umfassenden Bestrafungs- und Umerziehungsprogramms. Sie sollten zügig abgewickelt werden, eine Berufungs- und Revisionsinstanz gab es nicht. Die Urteile wurden rechtskräftig, wenn sie der amerikanische Militärgouverneur, später dann der Hohe Kommissar, bestätigt hatte. Er allein konnte die Strafen umwandeln und herabsetzen, stand dabei allerdings unter erheblichem, weil doppeltem politischen Druck. Der Kalte Krieg politisierte die Kriegsverbrecherfrage sowohl in den USA wie in der Bundesrepublik.

Ursprünglich sollten sich vor den Militärgerichten auch die Angehörigen jener NS-Einrichtungen verantworten, die vom Internationalen Militärtribunal zu verbrecherischen Organisationen erklärt worden waren. Um aber einen drohenden Kollaps der US-Militärjustiz zu vermeiden, wurden diese Verfahren an die Spruchkammern abgegeben, die seit dem Befreiungsgesetz vom Frühjahr 1946 in deutscher Hand lagen, wenn sich auch die Militärregierung die Oberaufsicht vorbehalten hatte. So war der amerikanische Hohe Kommissar nur noch für die rd. 140 verurteilten Personen der Nürnberger Nachfolgeprozesse zuständig. „Die Gnade" der delegierten und verzögerten Verurteilungen[228] hatte geradezu ein „Gnadenfieber" zur Folge, wie Robert W. Kempner die obsessiven Erwartungen und interessenpolitischen Interventionen von westdeutscher Seite bildhaft umschreibt. Ein Fieber, das durch eine teilweise organisierte Auseinandersetzung um die Freilassung der Kriegsverbrecher angeheizt und durch Änderungen der Schuldsprüche sowie Gnadenentscheidungen des Hohen Kommissars tendenziell beruhigt wurde.

Schon vor Gründung der Bundesrepublik engagierten sich in der Kriegsverbrecherfrage vor allem prominente und angesehene Kirchenführer, wie der EKD-Ratsvorsitzende Bischof Theophil Wurm, die Landesbischöfe Otto Dibelius, Hans Lilje und Hans Meiser sowie der Kölner Kardinal Josef Frings und der Münchener Weihbischof Johann Neuhäusler. Ihre christlich-humanitären Motive verknüpften sie mit politischen Interessen. Die Ende 1950 von ihnen veröffentliche Kriegsverbrecher-Denkschrift zielte auf nicht weniger als auf die Überprüfung aller Verfahren durch eine unabhängige, gemischte Kommission aus deutschen und alliierten Richtern. Unterstützung fand das Engagement der Kirchenmänner in jenem ebenfalls noch vor Gründung der Bundesrepublik in Heidelberg gegründeten Juristenkreis um prominente deutsche Verteidiger in den Nürnberger Prozessen. Dazu gehörten u.a. Hellmut Becker, der Ernst von Weizsäcker im Wilhelmstraßen-Prozess verteidigt hatte, Otto Kranzbühler, Verteidiger im Krupp- und Flick-Verfahren, und Hans Laternser, Verteidiger im Haupt-verfahren sowie in den Prozessen gegen das OKW und die Süd-ost-Generäle. Er war einer der prominentesten und erfahrensten deutschen Verteidiger in NS-Strafsachen.

Das Verfahren gegen die Südost-Generäle nimmt zusammen mit der Debatte um den Malmedy-Prozess eine Schlüsselrolle im weiteren politischen Kampf um Strafmilderung und Freilassung der ‚Kriegsverbrecher‘ ein. Denn der Vorsitzende Richter Charles F. Wennerstrum hatte nach Abschluss des Geiselmord-Prozesses gegen Generalfeldmarschall Wilhelm List und andere die man-gelnde Objektivität der Anklage scharf kritisiert und damit die strittige Frage der Fairneß und der Rechtmäßigkeit militärgericht-licher Strafverfolgung zugespitzt. Für Zweifel und Misstrauen ge-genüber den Ermittlungs- und Verfahrenspraktiken der US-Militärgerichte sorgten auch die Dachauer-Prozesse, vor allem aber der Malmedy-Prozess.[229] Wenn auch die schwerwiegenden Vorwürfe – Misshandlung der Angeklagten, manipulierte Zeugen u.ä. – sich als unhaltbar erwiesen, die von der amerikanischen Re-gierung angeordnete, mehrfache Überprüfung von Verfahrensver-stößen (durch die Simpson- und Baldwin-Kommission) konnte als ein zumindest partielles Schuldeingeständnis der US-Militär-regierung angesehen werden. Die Kommission des republikani-schen US-Senators Raymond Baldwin wies denn auch darauf hin, dass die Anschuldigungen gegen die Militärgerichte nicht zuletzt das Ziel hätten, die amerikanische Besatzungspolitik und Straf-verfolgung insgesamt ins Zwielicht zu rücken.[230]

Welche politische Brisanz mit der Lösung der Kriegsverbre-cherfrage in den USA verbunden war, zeigt sich auch daran, dass in dem einen Prozess Härte und in dem anderen Milde anstößig sein konnten. Im Malmedy-Prozess war es mutmaßliche Härte und Unrechtmäßigkeit der Militärs bei der Vorermittlung, die in Washington für erhebliche Unruhe und die Anordnung einer mehrmaligen Untersuchung zur Folge hatte, zumal dieses Verfah-ren in der amerikanischen Öffentlichkeit, die sich über das SS-

Massaker an ihren Soldaten äußerst schockiert zeigte, auf großes Interesse stieß. Demgegenüber war es im Verfahren gegen die wegen schwerer körperlicher Misshandlungen von Häftlingen angeklagte KZ-Aufseherin Ilse Koch („Hexe von Buchenwald") unverständliche Milde, die Empörung hervorrief. In einem der Dachauer Prozesse hatte sie das Militärgericht zu lebenslanger Haft verurteilt, nach Überprüfung des Urteils durch den Militärgouverneur wurde das Strafmaß auf eine geringe Zeitstrafe verkürzt, was in Senat und Öffentlichkeit einen Aufschrei auslöste, eine Untersuchung zur Folge hatte und schließlich auch eine neue, lebenslängliche Verurteilung durch ein deutsches Gericht.[231]

Der amerikanische Hohe Kommissar John McCloy, der Mitte 1949 nach Deutschland gekommen war, um den US-Militärgouverneur General Lucius D. Clay abzulösen, stand also vor keiner leichten Aufgabe, auch wenn sich seine Zuständigkeit auf die Verurteilten der zwölf Nürnberger Nachfolgeprozesse beschränkte.[232] Im Übergang von der bisherigen amerikanischen Bestrafungspolitik zur neuen Bündnispolitik und im Spannungsfeld von Antikommunismus und Remilitarisierung, von hartnäckiger deutscher wie amerikanischer Kritik an den Nürnberger Prozessen und einer von ihm selbst beabsichtigten humanitären, rechtsstaatlichen und vergangenheitspolitisch gleichermaßen verantwortlichen Lösung war sein Handlungsspielraum in der Kriegsverbrecherfrage begrenzt. Dabei ist es nicht ohne eine gewisse Ironie, dass McCloy ein politisches Programm beenden musste, dass er wenige Jahre zuvor zusammen mit Kriegsminister Henry Stimson durchgesetzt hatte, gegen den Widerstand der Briten und des amerikanischen Finanzministers Henry Morgenthau, die seinerzeit für die umstandslose und umgehende Hinrichtung der Hauptkriegsverbrecher plädiert hatten.

Bereits im Winter 1949/1950 regte McCloy die Berufung eines „Beratenden Ausschusses für die Begnadigung von Kriegsverbrechern" an, der im Sommer 1950 in München unter dem Vorsitz von David Peck, Richter beim Obersten Gerichtshof des Staates New York, mit seiner Arbeit begann. Grundlage waren die Gnadengesuche der Landsberger Häftlinge, zu denen McCloy die Gefangenen aufgefordert hatte, und die Nürnberger Urteilsbegründungen. Das Beweismaterial der Anklageerhebung wurde erstaunlicherweise nicht überprüft, und auch die Ankläger wurden nicht befragt. Der Bericht der Peck-Kommission wies alle Vorwürfe der Gnadenpetitionen – die sattsam bekannten Verteidiger-Argumente der Siegerjustiz, des *tu quoque,* des Rückwirkungsverbots, Befehlsnotstands usw. – entschieden zurück und bestätigte das Bild des verbrecherischen NS-Staates. „Wenn es in der Welt Recht und Gerechtigkeit gibt", so erklärten die Berufungsrichter, „dann müssen wenigstens die Personen in verantwortlichen Positionen für ihre Taten gerade stehen."[233] Gleichwohl ließen sie größtmögliche Milde walten, wandelten sieben der fünfzehn Todesurteile in Haftstrafen um und reduzierten die Zeitstrafen der weitaus meisten Verurteilten (77 von 93 Fällen).

Die Empfehlungen fanden im Beraterstab von McCloy keine ungeteilte Zustimmung. Andererseits hielt der Druck von deutschen Politikern, nicht nur aus dem Regierungslager, unvermindert an. Als ihm das Ansinnen vorgetragen wurde, die nationalsozialistischen Gewaltverbrechen „durch eine große Geste der Gnade" auszulöschen, sah der Hohe Kommissar sich genötigt, die deutsche Öffentlichkeit daran zu erinnern, dass es immerhin um „Verbrechen von historischer Dimension" gehe und manche Deutschen offenbar nicht wüssten, „wie die Welt Deutschland und die Horrortaten der Nationalsozialisten wahrnehme".[234] Mitarbeiter berichten, wie schwer sich McCloy, der durch Morddrohungen gegen ihn und seine Familie in den letzten Tagen vor seiner Entscheidung auch persönlich großer Belastung ausgesetzt war, bei den schwierigen Fällen der Einsatzgruppenleiter tat. Schließlich begnadigte er vier weitere von den dreizehn in Nürnberg zum Tode Verurteilten und bestätigte nur die Todesstrafen für Paul Blobel, Werner Braune, Erich Naumann, Otto Ohlendorf und Oswald Pohl, die im Juni 1951 vollstreckt wurden.

Wie man angesichts dieser hochpolitisierten Streitfrage kaum anders erwarten konnte, fiel die Reaktion gespalten aus. Den einen ging die Milde im Umgang mit den Verurteilten viel zu weit, den anderen nicht weit genug. Umstritten waren vor allem die Strafumwandlungen bzw. Strafmilderungen für eine Reihe von Generälen (Wilhelm List, Walter Kuntze, Georg von Kuechler, Hermann Reinecke, Walter Warlimont) und Führern von Einsatzgruppen. Insbesondere die Oppositionsparteien in den westlichen Staaten missbilligten soviel Nachsicht gegenüber den Nazi-Verbrechern und ihren Bündnispartnern. Den heftigsten Protest provozierte die Freilassung von Alfried Krupp, dem deutschen Symbol einer verbrecherischen Kriegsindustrie. Danach beruhigte sich die internationale Empörung allmählich. Für die verbliebenen Häftlinge war im Deutschlandvertrag, den der Bundestag im März 1953 ratifizierte, ein gemischter Ausschuss vorgesehen. Das Inkrafttreten des Vertrages verzögerte sich, weshalb der amerikanische Hohe Kommissar im August 1953 „Interimistische Gemischte Parole- und Gnadenausschüsse" einrichten ließ, auch um die nationalistische Rechte im Wahlkampf zu schwächen und Adenauer zu stärken.

Im Frühsommer 1958 wurden schließlich die letzten Gefangenen aus der Landsberger Haft entlassen, darunter drei, die im Einsatzgruppen-Prozess zum Tode verurteilt, von McCloy aber begnadigt worden waren. Das im ‚Überleitungsvertrag' vereinbarte Verbot doppelter Anklageerhebung bewahrte die ehemaligen SS-Oberführer Biberstein, Ott und Sandberger vor weiterer Strafverfolgung durch westdeutsche Gerichte. Das War Criminal Prison No 1 wurde aufgelöst, und mit dem Abzug der Amerikaner war die Nachkriegsgeschichte dieser so sehr durch den Nationalsozialismus geprägten Stadt abgeschlossen.[235] Aber es sollten noch fast dreißig Jahre vergehen, bis auch das letzte Kapitel in der Bewältigung der Langzeitfolgen jener von den Alliierten begonnenen gerichtlichen Vergangenheitsbewältigung abgeschlossen werden konnte.

Am 17. August 1987 wurde der Häftling Nr. 7 erhängt im Spandauer Gefängnisgarten aufgefunden. Die Leiche des ‚Führerstellvertreters' Rudolf Heß, des letzten Verurteilten im Nürnberger Hauptkriegsverbrecher-Prozess, war kaum den Angehörigen übergeben worden, da begann man schon mit dem Abriss des Vier-Mächte-Gefängnisses, um einem Supermarkt Platz zu machen, vielleicht auch, um Spuren zweifelhafter Erinnerung zu beseitigen. Kein anderer Ort symbolisierte so sehr wie dieser den Zusammenhang von Kaltem Krieg und Vergangenheitsbewältigung. Kein anderer Name hielt die Erinnerung an die Gewaltverbrechen und die politische Verantwortung der NS-Führung so sehr im öffentlichen Bewusstsein wie Spandau.

Über keine anderen Häftlinge, ihre Haftbedingungen, ihren Gesundheitszustand, über Gnadengesuche und den monatlichen Wachwechsel der alliierten Soldaten wurde all die Jahre hindurch so oft berichtet wie über die anfangs sieben prominenten Gefangenen der vormaligen Kriegsgegner Deutschlands, denn in keinem anderen Verfahren war die Bewältigung der Vergangenheitsbewältigung so schwierig und so langwierig wie im Fall des Nürnberger Hauptkriegsverbrecher-Prozesses. Sie wurden in der Öffentlichkeit gern als Sündenböcke benutzt, vor allem aber für die schuldentlastende Unterscheidung von Nazis auf der einen und Militärs sowie Zivilisten in der NS-Führung auf der anderen Seite.[236]

Zunächst scheiterte der Versuch, während der Berlin-Blockade das im britischen Sektor Berlins gelegene Spandauer Gefängnis der alleinigen Kontrolle der Westmächte zu unterstellen. Die Briten lehnten den amerikanischen Vorschlag ab. Dann scheiterte der Versuch, die Gefangenen den Mächten zu überstellen, die sie ursprünglich festgenommen hatten. Die Westmächte testeten in Spandau die Verständigungsbereitschaft der Sowjets und wollten zugleich vermeiden, dass diese Hinterlassenschaft der Hitler-Diktatur propagandistisch von Moskau gegen den Westen ausgebeutet werden konnte. Andererseits wollte man verhindern, dass der Tod eines der Spandauer Häftlinge, die teilweise in schlechter gesundheitlicher Verfassung waren, zur Keimzelle rechtsextremistischer Heldenverehrung wurde. Auch die Bundesregierung intervenierte immer wieder. Adenauer versicherte, dass es ihm nicht um Begnadigung der „wirklichen Verbrecher" gehe, wohl aber um Erleichterung der Haft aus humanitären Gründen. Davon profitierte als erster der frühere Reichsaußenminister Konstantin Freiherr von Neurath, der Ende 1954 entlassen wurde, fünf Jahre vor Ablauf seiner Freiheitsstrafe. Bald darauf ging es um die Großadmiräle Karl Dönitz und Erich Raeder, für den sich insbesondere Bundesaußenminister Heinrich von Brentano einsetzte – nicht ohne darauf hinzuweisen, dass sich eine Haftverschonung der beiden ehemaligen Großadmiräle vorteilhaft auf die anstehenden Wehrdebatten und die Unterstützung der Soldatenverbände auswirken würde. Raeder wurde im Spätsommer 1955 freigelassen, der jüngere Dönitz, der bei den Alliierten als „aggressiver Nazi" galt und für den sich auch die Bundesregierung nicht stark machen mochte, wurde nach Ablauf seiner regulären Haftzeit Ende 1956 entlassen. Danach öffneten sich nur noch für den früheren Reichswirtschaftsminister Walter Funk vorzeitig die

Spandauer Gefängnistore. Im Hinblick auf die noch verbliebenen Häftlinge unternahmen die Bonner Botschafter der drei Westmächte Ende 1957 eine Initiative, das Spandauer Gefängnis, das die Besatzungskosten jährlich mit rund 1 Million Mark belastete, zu liquidieren. Aber die sowjetische Seite sperrte sich bereits gegen eine von der Bundesregierung und vom Westen nachdrücklich befürwortete Freilassung von Albert Speer, während Baldur von Schirach mit sehr viel weniger Sympathie rechnen konnte, von dem längst als ‚verrückt‘ geltenden Rudolf Heß gar nicht zu reden. Der frühere Reichsjugendführer sowie Hitlers Chefarchitekt und Rüstungsminister wurden im Oktober 1966 entlassen. A. Speer

Speer war der einzige, für den sich die langen, entbehrungsreichen Jahre der Haft in einem konkreten Sinne auszahlten. Bald darauf begann er eine neue Karriere. Der einstige Lieblingsarchitekt Hitlers und spätere Lieblingsangeklagte der Alliierten war schon in Spandau zum Lieblingstäter der Deutschen geworden. Er avancierte nun zum Bestsellerautor und Medienstar. Robert W. Kempner, der Ankläger der Nürnberger Nachfolgeprozesse, nannte Speers *Erinnerungen* eine „wahre Beichte“, Golo Mann zählte sie zu „den Spitzen der politischen Memoiren“. Aber die innere Last, unter der er stand, wurde ihm durch diesen äußeren Glanz und Ruhm nicht abgenommen. Joachim Fest schreibt am Schluss seiner Biographie, Speer habe gehofft, dass „nach den Jahren der Haft alles leichter sein“ werde. „Schließlich habe er seine Verantwortung bekannt, seine Schuld gestanden und seine Strafe verbüßt. Doch habe er sich getäuscht und vielleicht niemals so sehr wie bei dieser Frage.“[237]

7. Antisemitismus und politische Skandale

Der politische Machtwechsel, der sich Ende der sechziger Jahre vollzog, war kein Regierungswechsel wie jeder andere. Er war zugleich ein Generationenkonflikt, eine Zäsur in der Nachkriegszeit und Ausdruck eines kulturellen Umbruchs. In Bonn regierte eine Große Koalition aus CDU/CSU und SPD. APO und Studenten gingen auf die Straße, um gegen Vietnam-Krieg, Nazi-Väter und Ordinarien-Universität zu protestieren, während die NPD auf einer Welle rechter Protestwähler in sieben Landtage einzog – und beinahe noch in den Bundestag gekommen wäre. In der reformpolitischen Aufbruchstimmung der zweiten, inneren Staatsgründung, die in Willy Brandts Slogan ‚mehr Demokratie wagen‘ ihr Losungswort gefunden hatte, schien die schon weit zurückliegende NS-Vergangenheit plötzlich wieder sehr nah.

In dieser Umbruchzeit veröffentlichten zwei renommierte deutsche Sozialwissenschaftler eine viel beachtete und ebenso heftig kritisierte Analyse. Darin bewerteten sie den aktuellen bundesdeutschen Rechtsextremismus und Antisemitismus in empirisch-vergleichender Perspektive nüchtern und undramatisch als Ausdruck einer „normalen Pathologie" westlicher Industriegesellschaften.[238] Der öffentlichen Aufgeregtheit suchten sie mit analytischer Distanz und Gelassenheit zu begegnen. Sie wurden vielfach nicht verstanden. Die Formel blieb umstritten.

Man stelle sich einen Moment lang vor, diese These wäre gut zwanzig Jahre später wieder in die Debatte geworfen worden, angesichts der überraschenden und sogleich als bedrohlich bewerteten Wahlerfolge der Schönhuber-Partei im Jahre 1989 und angesichts der rechtsextremistischen Gewalttaten mit ihren Toten, Verletzten und Zerstörungen zu Beginn der neunziger Jahre in Lübeck, Mölln, Rostock und Solingen. Die zutiefst verunsicherte und beunruhigte Gesellschaft, die – in einem Anflug von Schwäche für solche Inszenierungen – mit Kerzendemonstrationen und Lichterketten gegen die brennenden Häuser von Hoyerswerda und Lichtenhagen ein leuchtendes Zeichen setzte und Abwehrstärke demonstrierte, sie hätte dies vermutlich als bloßen Zynismus und bedenklich unhistorische Sicht abgetan. Denn der Bezugspunkt für die Bewertung aktueller rechtsextremistischer Erscheinungen in der Bundesrepublik war damals wie heute der Nationalsozialismus. Er ist die Negativfolie für den Nachweis eines definitiven und unumkehrbaren politischen Systemwandels.

Die Bundesrepublik hat diesen Nachweis, zunächst unter Anleitung und Kontrolle der westlichen Alliierten und ab Mitte der fünfziger Jahre, fest in die westlichen Bündnissysteme integriert, eigenständig geführt: in der Entwicklung einer neuen, demokratischen politischen Kultur und einer neuen politischen Herrschaftsordnung. Sie wurde im Blick auf das Ende von Weimar weder plebiszitär noch präsidentiell, sondern parlamentarisch-repräsentativ zugeschnitten. Darin kam ein doppeltes Misstrauen zum Ausdruck: Zum einen gegenüber den unter krisenhaften Bedingungen offenbar leicht manipulierbaren Volksmassen und zum andern gegenüber unberechenbaren und unverantwortlichen Volkshelden und Volksführern. Der demokratische Souverän galt nicht viel, der gegen seine extremistischen Auswüchse zu schützende Parteienstaat umso mehr. Aus der hochpolitisierten, antagonistischen Weimarer Klassengesellschaft sollte eine sozial und ökonomisch befriedete pluralistische Gesellschaft werden. Und an die Stelle der missglückten Versöhnung des monarchischen mit dem demokratischen Strukturprinzip – als Synthese von parlamentarischer Regierungsverantwortung und plebiszitärer Präsidentschaft – sollte eine stabile parlamentarische Kanzlerdemokratie treten.

Das waren die großen Leitperspektiven für die zweite deutsche Republik. Ihr Bezugspunkt wurde deshalb nicht der frühe, revolutionäre Beginn 1918/19 – diese radikal- oder rätedemokratische Perspektive brachte erst die 68er Bewegung ins Spiel –, sondern die späten Weimarer Jahre, der Übergang von der parlamentarischen zur Präsidial-Demokratie Hindenburgs. Die neue Demokratie war deshalb nicht nur repräsentativ, sie war auch defensiv akzentuiert. Die Abwehr tatsächlicher oder vorgeblicher Feinde der freiheitlich-demokratischen Grundordnung stand im Vordergrund des politischen Interesses, nicht deren offensive, demokratisierende Weiterentwicklung, also das, was Jürgen Habermas später die „westernization" der Bundesrepublik nennen sollte.

Für die Abwehr der potentiellen Feinde der Demokratie steht denn auch ein ganzes Arsenal an Stabilitäts- und Sicherungsinstrumenten zur Verfügung – das Verbot verfassungswidriger Vereinigungen (Art. 9, 2 GG) und der Entzug der Grundrechte (Art. 18), die Fünfprozent-Klausel, dazu das aus der besonderen Situation des Jahres 1968 in die Verfassung aufgenommene Widerstandsrecht (Art. 20, 4) und nicht zuletzt das Parteienverbot (Art. 21, 2) und der besondere Grundrechtsschutz (Art. 79, 3). Dass die noch nicht sehr selbstbewusste und unter gehörigem Bewährungsdruck stehende Bonner Demokratie Anfang der 1950er Jahre gegen die neonazistische SRP dieses Abwehrinstrumentarium sogleich eingesetzt hat, zumal unter der stets drohenden Intervention des amerikanischen Hochkommissars, erscheint ebenso verständlich wie der Verzicht auf eine Verbotsklage gegen die NPD in den sechziger Jahren unter wesentlich anderen politischen Rahmenbedingungen.

Wie immer die Gefahren für die Demokratie eingeschätzt und wie immer ihnen begegnet wurde, der Nationalsozialismus blieb für die Bundesrepublik ein historisches Bezugsereignis von überragender Bedeutung. Er wurde als das totalitäre Gegenmodell zum westdeutschen Nachfolgestaat gleichsam „normativ internalisiert"[239] – allerdings in einer für die Zeit charakteristisch einseitigen Sicht. Der Kalte Krieg und der sowjetische Kommunismus nährten die Bedrohungsängste großer Teile der westdeutschen Bevölkerung. Von daher erschien es konsequent, keinen Wesensunterschied zwischen ‚brauner' und ‚roter' Diktatur zu machen, die kommunistische höher als die neonazistische Gefahr zu bewerten und gegen beide als extremistische Gefährdungen für die junge, pluralistische Demokratie Front zu machen. Der populäre Satz und Buchtitel *Bonn ist nicht Weimar*[240] blieb für lange Zeit beschwörende Mahnung und optimistische Zielprojektion zugleich. In diesem Spannungsverhältnis von erinnernder Abwehr des Nationalsozialismus und normativer Bekräftigung des antitotalitären Gründungskonsenses haben sich die politische Klasse und die westdeutsche Gesellschaft immer wieder befunden und auch bewähren müssen.

Anlass dazu gaben insbesondere zahlreiche antisemitische und rechtsextremistische Vorfälle, die für sich genommen zumeist harmlos waren. Ihre nationale Bedeutung erhielten sie dadurch, dass sie sich insbesondere durch halbherziges und fahrlässiges Verhalten der Justizorgane zu politischen Skandalen auswuchsen. Was 1959 mit den Hakenkreuzen am Heiligabend an der Kölner Synagoge einen auch international stark beachteten, spektakulären Höhepunkt erreichte, bedeutete keine Rückkehr des Nationalsozialismus, stellte auch keine Bedrohung der freiheitlich-demokratischen Grundordnung dar, steht aber im Zusammenhang der öffentlichen Konflikte, in denen der 1945 diskreditierte, weiterhin jedoch latent vorhandene Antisemitismus wiederholt zum Vorschein kam, die Juden beunruhigte und das Image der auf Bewährung in die Souveränität entlassene Bundesrepublik erheblich belastete.[241]

Es ist kein Zufall, sondern in der Sache begründet, dass die frühesten Konflikte von Schauspielern und Regisseuren, Filmen und Theaterstücken ausgelöst und wiederholt auf der Straße gewaltsam ausgetragen wurden.[242] Diese Medien spielen in der populären Vermittlung von gesellschaftlichen Feind- bzw. Leitbildern, Stereotypen, typisierten Charakteren und Konflikten in totalitären wie nichttotalitären Systemen eine herausragende Rolle. Nach Auschwitz stand die Rehabilitierung des Juden im Vordergrund. Wo konnte der politische Wille zur kulturellen Wiedergutmachung, zur Abkehr vom Antisemitismus besser in Szene gesetzt werden als auf Bühne und Leinwand? Mit welchem Stück ließ sich der eben noch als ,Volksschädling' verfolgte und vernichtete Jude überzeugender rehabilitieren als mit Lessings *Nathan*? Und wer konnte sich der „Botschaft der Versöhnung" verschließen, wenn Paul Wegener und Ernst Deutsch auf der Bühne standen, die populärsten Nathan-Darsteller des deutschen Nachkriegstheaters? Was sich im gesellschaftlichen Alltag als so schwierig erwies – sichtbar in der antisemitischen Abwehr jüdischer Rückerstattungsforderungen und in den gewaltsamen Übergriffen gegen jüdische Displaced Persons –, auf der Bühne erschien es so einfach und in seiner ins Allgemein-Menschliche ausgreifenden Erhabenheit so überzeugend: das antisemitische Stereotyp des bösen, verlogenen und raffgierigen Juden in das philosemitische Stereotyp des guten, klugen und toleranten Juden zu verwandeln. Daß in der gut gemeinten, idealisierten Abwendung vom Antisemitismus wiederum die Gefahr einer fragwürdigen, nun philosemitischen Stereotypisierung liegt, hat die Bochumer *Nathan-*

Inszenierung von Claus Peymann Anfang der achtziger Jahre zu zeigen versucht.

Aber es gab natürlich noch die antisemitischen Hetz- und Propagandastreifen, die in der massenkulturellen Popularisierung der nationalsozialistischen Judenverfolgung und Rassenpolitik bis 1945 beim Publikum eine ebenso erfolgreiche wie fragwürdige Rolle gespielt hatten. Sie fielen zunächst unter das Vorführverbot.[243] Doch was sollte man mit dem Personal machen, das diese Filme produziert und sich damit auch kompromittiert hatte, zumal mit den prominenten und mühelos entnazifizierten Schauspielern und Regisseuren? Man konnte sie nicht einfach mundtot machen und auch nicht ohne weiteres mit Berufsverbot belegen. Aber man konnte gegen ihr öffentliches Auftreten protestieren. Und eben dies geschah, von Fall zu Fall.

Der Fall Harlan/Lüth und die Meinungsfreiheit

Im allgemeinen blieben die prominenten und weniger prominenten Schauspieler und Regisseure der NS-Zeit unbehelligt und kamen rasch wieder vor bzw. hinter die Kamera, von Hans Albers bis Heinz Rühmann, von Josef von Baky bis Alfred Weidenmann. Das wird nur den verwundern, der nicht bedenkt, dass ihre Kunst so gefragt war wie zuvor und die Nachfrage nach Unterhaltungsfilmen nicht geringer als im ‚Dritten Reich‘. Die personelle Verflechtung zwischen dem NS-Film und dem Nachkriegsfilm war groß, und die Zahl der sogenannten ‚Überläufer‘ war es auch.[244] Vergessen oder vergeben schien, dass und warum fast alle der prominenten Schauspieler von Film und Bühne „mit den Staatsführern“ von einst „an einem Tisch gesessen“ hatten. Vergessen hatten oder wollten es auch die Stars selbst. In ihren zahlreich geschriebenen Memoiren haben sie einfach „weggelassen, was sie nicht memorieren mochten“. Zumal sie sich eben als unpolitische Künstler verstanden und das Theater bzw. den Film als eine politikferne Zone erlebt hatten. So erklärte Hitlers gelegentliche Tischdame Lil Dagover zwar einerseits: „Ich war immer bereit, jede Rolle zu spielen (...) Vor allem, wenn man, wie ich, keinen Sinn für Politik hat (...)“, um andererseits zu bekennen, „wir drehten Filme, glaubten die großen Worte (…) Vogel Strauß war große Mode". Und Bernhard Minetti gibt in seinen Erinnerungen zu Protokoll: „Ich habe das Politische damals nicht wichtig genommen", um zugleich zu erklären: „Ich habe freilich frühzeitig vermieden, mich politisch zu äußern." [245]

Selbst die Regisseure von nationalsozialistischen Tendenzfilmen kamen nach und nach wieder zum Zuge. 1941 hatte der Regisseur Günther Rittau zu Großdeutschlands Ehren *U-Boote westwärts* durch den Atlantik rauschen lassen; 1960 drehte er für die Bundeswehr den Film *Spionage,* in dem Agenten östlicher Auftraggeber geschickt die Arglosigkeit von Bundeswehrangehörigen ausnutzen und sie zum Verrat von militärischen Geheimnissen veranlassen. Gerhard Buchholz schrieb 1940 das Drehbuch zu dem antisemitischen und antienglischen Film *Die Rothschilds,* 1952 inszenierte er den Anti-DDR-Film *Postlagernd Turteltaube.* Und den 1957 mit dem Bundesfilmpreis ausgezeichneten Film *Stresemann* hat jener Alfred Braun gedreht, der seinerzeit u. a. Regieassistent bei *Jud Süß* gewesen war und zusammen mit Veit Harlan das Drehbuch für den Durchhaltefilm *Kolberg* schrieb. Bemerkenswert verlief auch die Karriere so mancher Filmschaffender, die zwar weniger prominent waren als die Leinwandstars, aber erheblichen filmpolitischen Einfluss hatten, wie beispielsweise Fritz Hippler. Er stieg unter Goebbels zum Reichsfilmintendanten auf, war nach 1945 als Regisseur von Industrie- und Werbefilmen tätig, u. a. für den NRW-Landesverband der FDP, in dem er mit Erich Mende, Willy Weyer und Walter Scheel zusammenarbeitete, und noch in den frühen neunziger Jahren schrieb er in rechtsextremistischen Blättern.[246]

Doch nicht immer ließ sich die eigene Vergangenheit so leicht verharmlosen. Nicht immer konnten sich die virtuosen Medien-Verführer so einfach zu Verführten stilisieren und die NS-Zeit so bequem in die eigene Lebensgeschichte und Künstlerkarriere integrieren. Bisweilen wurden Filmschaffende auch von ihrer Vergangenheit eingeholt und zum Anlass eines politischen Skandals. Gegen ein Gastspiel des prominenten Schauspielers und Mehrfachdarstellers in *Jud Süß*, Werner Krauss, im Jahre 1950 protestierten die Berliner Jüdische Gemeinde und Studentenschaft. Es kam zu einer Straßenschlacht mit Gegendemonstranten und der Polizei, es gab Verletzte, aber die Vorstellung im Theater am

Kurfürstendamm fand statt. Gegen das öffentliche Auftreten und die Vorführung von Filmen des nicht minder prominenten *Jud Süß*-Regisseurs Veit Harlan kam es zunächst in Hamburg und später in vielen Städten zu Demonstrationen, publizistischen Kontroversen und Prozessen.

Neben Leni Riefenstahl ist Veit Harlan bis heute der unter Cineasten vielleicht umstrittenste und renommierteste Filmregisseur der NS-Zeit. Er, der sich selbst gern zum „willenlosen Werkzeug" seines obersten Dienstherren stilisierte, gehörte zu Goebbels' erklärten Protegés. Wäre er nicht der Regisseur des berühmt-berüchtigten *Jud Süß*-Films[247] gewesen, man hätte ihn womöglich unbehelligt gelassen. So aber galt er als führender Repräsentant des Ufa-Kinos im ‚Dritten Reich', als dessen „Prestigeregisseur" bezeichnete er sich selbst. Die Geschichte seines Falls hat zwei Seiten und ist deshalb von besonderem Interesse: Was als Versuch begann, den Regisseur des antisemitischen *Jud Süß*-Films wegen Beteiligung an einem Menschlichkeitsverbrechen zu verurteilen, endete Jahre später mit einem Grundsatzurteil des Bundesverfassungsgerichts zum Recht auf freie Meinungsäußerung. Die Auseinandersetzung um Harlan und seine NS-Filme begann schon bald nach 1945.[248]

Bekannt vor allem durch seine melodramatischen Propaganda-Filme aus den vierziger Jahren: *Jud Süß, Der Große König, Kolberg* drängte Harlan – wie andere mit ihm – zurück ins Filmgeschäft. Das war nur mit alliierter Lizenz möglich. Um die Entnazifizierung zu beschleunigen, beantragte der einstige Reichskultursenator und von Goebbels ernannte Film-Professor ein entsprechendes Verfahren gegen sich. Als bekannt wurde, dass er als ‚unbelastet' eingestuft werden sollte, gab es in der Presse erste Protestäußerungen. Gleichwohl wurde Harlan vom Zentralausschuss für die Ausschaltung von Nationalsozialisten in die Gruppe der Entlasteten eingestuft. Und als der prominente Filmregisseur mit seiner Frau, der Schauspielerin Kristina Söderbaum, an der Westpremiere des Defa-Films *Ehe im Schatten* im Hamburger Waterloo-Kino teilnehmen wollte, kam es zum Eklat. Das Publikum protestierte, und die Kinoleitung verwehrte dem prominenten Paar die Premierenteilnahme. Es nahm allerdings keinen Anstoß daran, dass in dem Film von Kurt Maetzig mit der Schauspielerin Hilde von Stolz und dem Komponisten Wolfgang Zeller

Künstler beteiligt waren, die auch bei *Jud Süß* mitgewirkt hatten. Bei dem Publikumsprotest blieb es nicht.

Den nächsten Schritt machten die Vereinigung der Verfolgten des Naziregimes (VVN) und die Notgemeinschaft der durch die Nürnberger Gesetze Betroffenen. Sie verklagten Harlan wegen Verstoßes gegen das Kontrollratsgesetz Nr. 10, 2. Danach war auch Beihilfe zur Verfolgung aus politischen, rassischen oder religiösen Gründen ein Verbrechen gegen die Menschlichkeit. Der Prozess begann Anfang März 1949 vor dem Hamburger Schwurgericht unter Landgerichtsdirektor Dr. Walter Tyrolf. Erstmals wurde ein Filmkünstler wegen Mitwirkung an den NS-Gewaltverbrechen angeklagt, ein Präzedenzfall, der auch für andere prominente Schauspieler und Regisseure Folgen haben konnte. Gustav Fröhlich, Willy Forst, Gustaf Gründgens, Werner Krauss, Wolfgang Liebeneiner traten als Zeugen auf. Die meisten entlasteten ihren Kollegen. Vor allem die eidesstattliche Erklärung von Gründgens hatte Gewicht. Dieser verstand es, den Goebbelsschen Regieauftrag an Harlan einer „Kriegsdienstverpflichtung" gleichzustellen, mit der entlastenden Konsequenz, daß jener im Fall seiner Weigerung „ernsthaft für (...) Leib und Leben besorgt hätte sein müssen".

Das Gericht unterschied zwischen einer objektiven und einer subjektiven Seite des Streitfalls, zwischen dem Filmprodukt und seinem Produzenten, dessen Beweggründen und dessen Situation während des ‚Dritten Reiches'. Mochte auch an der „klaren antisemitischen Tendenz" des Films kein Zweifel bestehen, also in objektiver Hinsicht der Tatbestand des Kontrollratsgesetzes erfüllt sein, von persönlich zurechenbarer Schuld sprach das Gericht den Beklagten frei.[249] Es sei nicht zu beweisen, hieß es, dass durch den Film einem Juden Leid zugefügt worden sei. Eine – strafrechtlich allein relevante – Kausalität zwischen Film und Völkermord wollte es jedenfalls nicht anerkennen und sprach den Angeklagten frei. Die Harlan-Anhänger jubelten und trugen den Freigesprochenen auf ihren Schultern aus dem Gerichtssaal. Die Bilder erschienen in der internationalen Presse.

Der Staatsanwalt beantragte Revision, und im Dezember 1949 hob der Oberste Gerichtshof für die Britische Zone den Freispruch auf und gab das Verfahren zurück an das Landgericht. Entschieden verwarfen die Kölner Richter die Position der Hamburger Strafkammer. „Während man die Juden im Osten und in den Konzentrationslagern massenweise tötete", so argumentierten sie, „verhetzte und ‚beruhigte' man das deutsche Volk durch eine wohlberechnete Massenpropaganda, deren Kern die Behauptung war, daß man sich der ‚jüdischen Schädlinge' nur auf diese Weise wirksam entledigen könne." Im Rahmen dieser Verfolgung und Vernichtung sei *Jud Süß* „ein nicht unwesentliches Werkzeug" gewesen.[250]

Das hinderte allerdings das Hamburger Schwurgericht nicht, Harlan in einem zweiten Verfahren erneut freizusprechen, abermals unter dem Vorsitzenden Richter Dr. Tyrolf. Nun erkannte das Gericht an, dass sich der Angeklagte in einem Befehlsnotstand befunden habe, billigte ihm also „Nötigung" (nach § 52 StGB) zu, und dass er im Fall einer Ablehnung des Regieauftrags mit schwersten Konsequenzen der „furchtbaren Macht" des Propagandaministers hätte rechnen müssen. Schon im ersten Prozess hatte das Gericht trotz intensiver Zeugenbefragung nicht ermitteln können, welche Folgen das mutmaßlich gewesen wären. Es nahm aber zu Harlans Gunsten an, dass er vor ein ‚Sondergericht' gekommen und dadurch in eine lebensbedrohliche Lage geraten wäre. Der Vorsitzende Richter wusste, wovon er sprach. Er war wenige Jahre zuvor selbst beim Hamburger Sondergericht als Staatsanwalt tätig gewesen und hatte in einer Reihe von kleineren Delikten mehrfach die Todesstrafe verhängt.

In Harlans Autobiographie liest sich die Darstellung des Prozessverlaufes verständlicherweise ganz anders.[251] Die Diktion läßt einmal mehr seine Stärke erkennen, die Schwäche fürs Melodramatische. Die Presse, so schreibt er, machte „das Tribunal zur Szene" und sah „den Schauspieler in der größten Rolle seines Lebens".[252] Er habe „fast nur im Stehen geantwortet und gesprochen", obwohl ihm, dem gesundheitlich angegriffenen Angeklagten, ein Stuhl angeboten worden sei. Den Vorsitzenden des Gerichts nennt er „hart", aber „unparteiisch". Wiederholt drohte der Prozess „in ein Spektakel auszuarten". Nur dem Richter und der „Elite des deutschen Films" sei es zu verdanken, dass der Prozess „die Schuld, die man mir aufladen wollte", so Harlan, „eindeutig (...) als eine Schuld anderer offenbar werden ließ".

Zudem gelang es Harlan, sich als unpolitischen Künstler darzustellen – wie andere seiner Kollegen das auch taten. Es blieb jedenfalls nicht ohne Eindruck auf das Gericht und die Öffentlichkeit, als er erklärte:

„Meine Partei ist die Kunst. Ich bin Patriot. Ich liebe meine Heimat. Ich habe phantastische Filmangebote nach Südamerika. Ich habe sie abgelehnt. Ich will hier bleiben und hier arbeiten. Ich bin kein Politiker. Ich bin Regisseur."[253]

Auch in der Frage seiner „inneren Einstellung" fand das Gericht keinen strafrechtlich relevanten Tatbestand. Im Gegenteil. „Die große Zahl der Einzelbeispiele (von beruflichen und freundschaftlichen Beziehungen zu Juden, d.Verf.), glaubwürdig bekundet von einer Reihe von unter dem nazistischen Regime (…) verfolgten (…) Personen, ergibt von Harlan nicht das Bild eines Antisemiten und nicht das Bild eines überzeugten Nationalsozialisten."[254] Am 29. April 1950 wurde Harlan erneut freigesprochen, und weil die Staatsanwaltschaft auf eine abermalige Revision verzichtete, war er ein freier Mann.

Sofort machte er sich daran, mit der Göttinger Domnick-Film-Produktion einen neuen Film zu drehen: *Unsterbliche Geliebte* nach der Storm-Novelle *Aquis submersus.* Daraus sollte ein neuer Prozess hervorgehen, zu dem Harlans Produzent mit einer Klage gegen Erich Lüth, den Leiter der Pressestelle im Hamburger Rathaus, den Anstoß gab. Der Senatsdirektor hatte anlässlich der Eröffnung der ‚Woche des deutschen Films' im September 1950 zum Boykott gegen Harlans neuen Film aufgerufen:

„Nachdem der deutsche Film im ‚Dritten Reich' seinen moralischen Anspruch verwirkt hatte, ist allerdings ein Mann am wenigsten geeignet, diesen Ruf wiederherzustellen: Das ist der Drehbuchverfasser und Regisseur des Films ‚Jud Süß'! Möge uns weiterer unabsehbarer Schaden vor der ganzen Welt erspart bleiben, der eintreten würde, indem man ausgerechnet ihn als Repräsentanten des deutschen Films herzustellen sucht. Sein Freispruch in Hamburg war nur ein formeller. Die Urteilsbegründung war eine moralische Verdammung. Hier fordern wir von den Verleihern und Theaterbesitzern eine Haltung, die nicht ganz billig ist, die man sich etwas kosten lassen sollte: Charakter."[255]

Die Domnick-Film drohte mit Schadenersatzforderungen. Lüth zeigte sich jedoch unerschrocken und legte mit einem Offenen Brief nach:

„Es mag im In- und Ausland Geschäftsleute geben, die sich an einer Wiederkehr Harlans nicht stoßen. Das moralische Ansehen Deutschlands in der Welt darf aber nicht von robusten Geschäftsleuten erneut ruiniert werden. Denn Harlans Wiederauftreten muss kaum vernarbte Wunden wiederaufreißen und abklingendes Misstrauen zum Schaden des deutschen Wiederaufbaus furchtbar erneuern. Es ist aus all diesen Gründen nicht nur das Recht anständiger Deutscher, sondern sogar ihre Pflicht, sich im Kampf gegen diesen unwürdigen Repräsentanten des deutschen Films über den Protest hinaus auch zum Boykott bereitzuhalten."[256]

Die Produktionsfirma erwirkte beim Landgericht Hamburg eine Verfügung, die Lüths Boykottaufruf als „sittenwidrige", weil geschäftsschädigende Aufforderung bewertete und unter Androhung von Geldstrafe in unbestimmter Höhe oder Haftstrafe untersagte. Die Auseinandersetzung zwischen Lüth und Harlan weitete sich aus. Lüth ging in die nächste Instanz. Aber auch das Hanseatische Oberlandesgericht untersagte ihm, zum Boykott der Harlan-Filme aufzurufen. Zunehmend mobilisierte der Streit die Öffentlichkeit, und er polarisierte sie auch. In einem zeitgenössischen Kommentar hieß es:

„man wird es also mit einer Art Volksabstimmung über den Antisemitismus in Deutschland zu tun haben, bei der Lüth zum Symbol des ‚Anderen Deutschland' geworden ist, unbeschadet dessen, dass er kein ausgesprochener Märtyrer des ‚Dritten Reiches' ist, aber eben doch jemand, der in seiner integren Haltung berufliche Schädigungen in Kauf nahm und immer in der berechtigten Angst lebte, eingesperrt zu werden. Während Veit Harlan durch die letzten Ereignisse in noch stärkerem Maße als bisher zu einem Symbol des Antisemitismus in Deutschland geworden ist – wiederum unbeschadet dessen, dass er in seinem Innern wohl nie Antisemit gewesen ist (…) Es ist das Exemplarische dieses Falles, das seine Kontrahenten zu Symbolen stempelt."[257]

In anonymen Zuschriften und in der Boulevardpresse wurde Lüth heftig attackiert. Teile der SPD, der Gewerkschaften und Studentenverbände unterstützten ihn, voran der SDS. Die Gesellschaft für Christlich-Jüdische Zusammenarbeit, die VVN und die Notgemeinschaft schlossen sich an. Der Chronist der Protestbewegungen der fünfziger Jahre, Wolfgang Kraushaar, hat mehr als 60 öffentliche Aktionen und Demonstrationen in West-Berlin, der Bundesrepublik, Österreich und der Schweiz gezählt und spricht von einer „Anti-Harlan-Bewegung".[258] Rückenstärkung fand der Protest auch beim amerikanischen Hochkommissar. John McCloy erklärte öffentlich, wäre er Student, er würde auf die Straße gehen und den Protest gegen Harlan unterstützen. Störaktionen gegen die Aufführung des neuen Harlan-Melodrams wurden in zahlreichen Städten organisiert. Salzburg und Freiburg erlebten antisemitische Ausschreitungen, Gerichte verurteilten Demonstranten wegen Landfriedensbruch. In West-Berlin, Frankfurt und Köln sprachen sich die kommunalen Repräsentanten gegen die Aufführung von Harlan-Filmen aus.

Andererseits gaben die Freisprüche für Harlan sowie die gegen Lüth und seine Mitstreiter gerichteten Boykottuntersagungen durch Hamburger Gerichte der Rechten Aufwind und lockten den latenten Antisemitismus aus seiner Reserve.[259] Eine von Harlans Film-Verleih organisierte Befragung von 40 000 Frankfurter Haushalten erbrachte ein 86prozentiges Ja für die Aufführung des neuen Harlan-Söderbaum-Films. Harlan wollte sich mit Freisprüchen und demoskopischer Bestätigung nicht zufrieden geben und bat um präsidialen Beistand. Der Bundespräsident mochte zwar von Amts wegen in die öffentliche Urteilsbildung nicht eingreifen, glaubte aber doch salomonisch darauf hinweisen zu sollen, „daß die öffentliche Meinung ein im Elementaren richtiges Gefühl für Schuld und Verantwortung entwickelt, auch soweit diese Begriffe jenseits (...) rechtlicher Würdigung liegen".[260]

Auf Empfehlung des SPD-Bundestagsabgeordneten und Justitiars Adolf Arndt legte Lüth beim Bundesverfassungsgericht schließlich Beschwerde ein. Sie stellte darauf ab, dass Lüths grundrechtlich geschützte Meinungsfreiheit durch die Landgerichtsverfügung verletzt worden sei.[261] Das Gericht ließ sich mit seiner Entscheidung Zeit. Erst im Januar 1958 erging das Urteil. Es erkannte in der Meinungsfreiheit nicht nur „eines der vornehmsten Menschenrechte", sondern „in gewissem Sinn die Grundlage jeder Freiheit überhaupt" und bewertete dieses Grundrecht höher als jenes der freien wirtschaftlichen Betätigung, weil es für die freiheitliche Demokratie von grundlegender Bedeutung sei, dass öffentliche Diskussionen über Fragen von allgemeinem Interesse geführt werden. Es stellte die Beschwerde überhaupt in einen größeren Zusammenhang. Lüth sei „von der Sorge bewegt", so das Gericht,

„das Wiederauftreten Harlans könne – vor allem im Ausland – so gedeutet werden, als habe sich im deutschen Kulturleben gegenüber der nationalsozialistischen Zeit nichts geändert; (...) (als) sei Harlan auch jetzt wieder der repräsentative deutsche Filmregisseur. Diese Befürchtungen betrafen eine für das deutsche Volk wesentliche Frage, im Grunde die seiner sittlichen Haltung und seiner darauf beruhenden Geltung in der Welt. Dem deutschen Ansehen hat nichts so geschadet wie die grausame Verfolgung der Juden durch den Nationalsozialismus. Es besteht also ein entscheidendes Interesse daran, dass die

Welt gewiss sein kann, das deutsche Volk habe sich von dieser Geisteshaltung abgewandt und verurteile sie nicht aus politischen Opportunitätsgründen, sondern aus der durch eigene innere Umkehr gewonnenen Einsicht in ihre Verwerflichkeit."[262]

Ausdrücklich würdigte das Gericht in seiner Urteilsbegründung, dass Lüth bei „seiner Bewertung des Wiederauftretens Harlans im Einklang mit der Haltung angesehener Persönlichkeiten des In- und Auslandes" gehandelt habe und verwies u.a. auf eine Stellungnahme von 48 Göttinger Hochschullehrern[263] und eine Erklärung des SPD-Abgeordneten Dr. Carlo Schmid, der anlässlich der Vorführung des Harlan-Films *Immensee* in einem Bonner Kino vor dem Bundestag erklärt hatte:

„Es ist eine Schande, dass die Machwerke dieses Mannes in Deutschland überhaupt gezeigt und besucht werden können (...) eines Mannes (...), der zumindest indirekt mit dazu beigetragen hat, die massenpsychologischen Voraussetzungen für die Vergasungen von Auschwitz zu schaffen."[264]

So sehr sich das Gericht in diesem Urteil auch auf die Seite Lüths stellte, zu einer Verurteilung Harlans kam es nicht. Der aus dem Entnazifizierungsverfahren unbelastet hervorgegangene und von persönlicher Schuld zweimal freigesprochene Regisseur blieb gerichtlich letztlich unbehelligt. Auch eine Auseinandersetzung über die Ästhetik der Harlan-Filme, die später Filmkritik und Kinopublikum beschäftigen und spalten sollte, fand zunächst nicht statt.

Aber Lüth hatte etwas erreicht, das damals für die Republik womöglich wichtiger war. Dieser engagierte und unerschrockene Mann, der im Anschluß an die Veröffentlichung des *Tagebuchs der Anne Frank* (1957) ‚Erinnerungsfahrten' zu den Gräbern des ehemaligen Konzentrationslagers Bergen-Belsen organisierte und Anfang der fünfziger Jahre die Bewegung ‚Friede mit Israel' ins Leben rief, schrieb politische Protest- und Grundrechtsgeschichte für die frühe Bundesrepublik. Darin zeigt sich allerdings einmal mehr, wie sehr die Thematisierung der NS-Vergangenheit und das geschichtspolitische Interesse an ihr jeweils zeitgebunden sind. In dem Konflikt zwischen der Harlan-Gemeinde und den Lüth-Genossen und dem öffentlichen Interesse daran ging es weniger um eine kritische Auseinandersetzung mit dem NS-Unterhaltungsfilm, sondern mehr um die Schuld und moralische Kompromittierung des vormaligen NS-Starregisseurs. Im Mittelpunkt des Konflikts stand damals das für die junge Bundesrepublik grundlegende und – im Hinblick auf die Integration von NS-Belasteten – strittige Verhältnis von Wirtschafts- und Meinungsfreiheit.

Wenn heute über Harlan und den NS-Film gestritten wird, dann fließen in die Vergegenwärtigung der Vergangenheit ganz andere gegenwartsbezogene Interessen ein. Man fragt nach der Massenfaszination des NS-Films, seiner politischen Funktion im NS-Staat und – mit Blick auf Harlans Filme – nach der „faschistischen Metaphorik" und Melodramatik. Gestritten wird vor allem darüber, ob in Harlans Werk zwischen Propagandafilmen und Melodramen unterschieden werden sollte – wofür der Filmkritiker Norbert Grob plädiert.[265] Man wird den Harlan-Filmen wohl am ehesten gerecht, wie das auch die meisten Kritiker sehen, wenn man sie als Werke des erfolgreichen Unterhaltungskinos und zugleich als Medium politisch-ideologisch ausgemalter Geschichts- und Feindbilder in den Blick nimmt.[266] Aus Anlass des ersten Lesbisch-Schwulen-Filmfestes, in dem Harlan ausgerechnet mit dem Anti-Homosexuellen-Film *Anders als du und ich* eine „Art Rehabilitierung" erfuhr, hat der Hamburger Staatsanwalt und Filmkritiker Dietrich Kuhlbrodt schon vor Jahren darauf insistiert, dass Harlans Filme „deutsch" sind, und wir wissen sollten, warum.[267] Zumal dieses Deutschsein mit der Abwertung des Nicht-Deutschen einhergeht, ob nun gegen die Juden (*Jud Süß*) gerichtet, die Polen (*Reise nach Tilsit*), die Tschechen (*Die goldene Stadt*) oder eben die Homosexuellen.

Hakenkreuze am Heiligabend

Die fünfziger Jahre lassen sich nicht leicht auf einen Nenner bringen. Sie erscheinen uns heute facettenreich, auch widersprüchlich und erlauben sehr unterschiedliche Akzentuierungen. Wer vor allem auf die für mehr als ein Jahrzehnt dominierende Person des Kanzlers sieht, spricht von der ‚Ära Adenauer'.[268] Wer die Gesellschaft als Ganzes in den Blick nimmt und in übergreifenden Perspektiven von Kontinuität und Wandel aller Lebensbereiche denkt, für den sind die fünfziger Jahre das Jahrzehnt des ‚Wiederaufbaus'.[269] Wer dieses Jahrzehnts vor allem als posttotalitäres sieht, der mag die Überwindung einer extrem politisierten und auch kompromittierten Gesellschaft hervorheben und den Blick auf den Rückzug aus der Politik lenken, auf den Verzicht auf politische Abrechnung, auf die gelungene soziale Integration. Man wird erleichtert von den ‚unpolitischen‘ fünfziger Jahren[270] sprechen und die „gewisse Stille“[271] als Voraussetzung einer mehr oder weniger geräuschlosen Systemtransformation hervorheben. Man kann aber auch nach der Auseinandersetzung einer kompromittierten Gesellschaft mit sich selbst und ihrer Vergangenheit fragen, wird dann den Blick auf ihr politisch-gesellschaftliches Binnenleben richten, auf Mentalitäten und Einstellungen, öffentliche Meinungsbildung, Wählermobilisierung, soziale Bewegungen, Kampagnen und politische Skandale. In dieser Perspektive verlieren die fünfziger Jahre, was vor allem der verkürzte Blickwinkel der 68er Generation an ihnen sah und verachtete, alles Idyllische und Beschauliche, alles Verlogene und Restaurative. Und es überrascht kaum noch, dass sich dem abgeklärten Blick des Spätachtundsechzigers diese Jahre heute als ein Jahrzehnt der politischen Skandale und Kontroversen darstellen, wenn nicht des permanenten politischen Protestes. [272]

Tatsächlich erweist sich das Jahrzehnt bei näherem Hinsehen als bemerkenswert konfliktbetont, gerade auch was die Auseinandersetzung mit der NS-Erblast angeht. Der Konsens des diskreten Beschweigens erwies sich jedenfalls immer wieder als brüchig. Für jedes Jahr notiert der Chronist zahlreiche lokale und regionale Anlässe, kleinere oder größere antisemitische und neonazistische Vorfälle. Und in beinahe jedem Jahr gab es mindestens einen spektakulären Einzelfall, der die westdeutsche – und oft auch die internationale – Öffentlichkeit beschäftigte. Der Streitfall Harlan/Lüth war insofern nur einer von vielen, wenn er auch, was Dauer, Intensität und politische Bedeutung angeht, herausragt. Und immer wieder waren Politik und Justiz involviert. Nicht selten ging es um Meinungsdelikte, also um den strittigen moralischen und kommunikativen Umgang mit der NS-Vergangenheit.

Im Februar 1950 musste sich der Bundestagsabgeordnete Wolfgang Hedler (DP), frühes NSDAP- und Stahlhelm-Mitglied, vor dem Kieler Landgericht verantworten, u.a. wegen der Beleidigung und Verunglimpfung von NS-Opfern und Widerstandskämpfern während einer Kundgebung in Einfeld bei Neumünster im November 1949.[273] Als Nebenkläger beteiligten sich Angehörige von prominenten Widerstandskämpfern wie Carl Goerdeler, Julius Leber, Adolf Reichwein und Henning von Tresckow. Die Beweise waren zahlreich, aber sie beruhten auf der Zeugenaussage eines sozialdemokratischen Abgeordneten. Grund genug für die Richter, die teilweise als ehemalige NSDAP-Mitglieder selbst nicht unbefangen waren, den Zeugen für ‚befangen' zu halten und den Angeklagten wegen ‚Mangel an Beweisen' freizusprechen. Dessen Anhänger feierten ihren ‚Helden' nach dem politischen Sieg. Der Parteivorsitzende und Bundesminister Heinrich Hellwege schloss ihn zusammen mit mehreren untragbar gewordenen Kreisverbänden vorsorglich aus der Partei aus. Der Protest beruhigte sich nicht. Einen Tag später kam es im Bundestag zu einer heftigen Auseinandersetzung zwischen sozialdemokratischen und rechtskonservativen Abgeordneten. Auch die Basis der SPD reagierte. Ortsvereine protestierten in Briefen an Bundespräsident und Bundeskanzler gegen die „nachträgliche Anerkennung der Verbrechen des Dritten Reiches". Jüdische Gemeinden beschwerten sich bei Heuss wegen einer „Kollektivbeleidigung".

Als Hedler, dessen Immunität aufgehoben worden war, einige Wochen später im Parlament auftauchte, aus dem Plenum verwiesen wurde, aber in Nebenräumen der Presse Interviews gab, schritten Herbert Wehner und einige SPD-Abgeordnete selbst zur Tat. Sie prügelten den rechtsradikalen Parlamentskollegen aus dem Bundeshaus und riefen ihm hinterher: „Wir lassen uns nicht noch einmal im KZ die Knochen polieren!" *Der Spiegel* mochte sich in seiner Spottlust nicht zurückhalten und stellte die handgreiflichen Sozialdemokraten als „Knochenpolierer" vor. Hedler hatte sich beim Rausschmiß Verletzungen zugezogen, verstand es aber, daraus politisches Kapital zu schlagen. Auch für die SPD-Fraktion war der Fall nicht beendet. Während der rechtsradikale Politiker, der doch noch verurteilt worden war, eine neunmonatige Haftstrafe verbüßen musste, brachte die SPD das Gesetz gegen die Feinde der Demokratie und das Gesetz zur Wiedergutmachung nationalsozialistischen Unrechts in der Strafrechtspflege ein.[274] Beide Entwürfe fanden als Ausnahme- oder Sondergesetze keine parlamentarische Mehrheit.

Im folgenden Jahr wurde die Öffentlichkeit abermals mit den großen Schwierigkeiten gerichtlicher Vergangenheitsbewältigung konfrontiert. Das Münchener Landgericht sprach die beiden Vorsitzenden eines SS-Standgerichts, den SS-Standartenführer Walter Huppenkothen und den SS-Sturmbannführer und Richter Otto Thorbeck, vom Vorwurf des Mordes und der Folter frei, weil sie sich, so das Gericht, nach damaliger Rechtslage korrekt verhalten hätten, als sie einen Monat vor Kriegsende im KZ Flossenbürg drei Angehörige des Widerstands, Dietrich Bonhoeffer, Wilhelm Canaris und Hans von Dohnanyi, zum Tode verurteilten und dieses Urteil auch vollstrecken ließen. Nach einem jahrelangen Rechtsstreit zwischen BGH, Augsburger und Münchener Gerichten über die Rechtsqualität eines Standgerichts im Unrechtsstaat wurde im Sommer 1956 zwar der Anklagevertreter in jenem ‚Verfahren‘, Huppenkothen, wegen Beihilfe zum Mord zu sechs Jahren Zuchthaus verurteilt, Thorbeck aber wegen Mangels an Beweisen freigesprochen.[275]

Zu einer der spektakulärsten Aktionen in der öffentlichen Auseinandersetzung mit der NS-Vergangenheit kam es im Januar 1953, als auf Anweisung des britischen Hochkommissars Sir Ivone Kirkpatrick in Düsseldorf, Hamburg und Solingen sieben vormals ranghohe NSDAP-Mitglieder verhaftet wurden.[276] Unter ihnen befanden sich Dr. Werner Naumann, Staatssekretär in Goebbels‘ Propagandaministerium; Karl Kaufmann, Gauleiter und Reichsstatthalter von Hamburg, und Dr. Gustav Scheel, Reichsstudentenführer. Der Verhaftungscoup, über den die Bundesregierung durch die Briten zuvor informiert worden war, fand in der Öffentlichkeit keine Zustimmung. Auch die SPD verurteilte ihn als demokratiefeindlich. Die britische Militärregierung befürchtete zum einen eine Befreiungsaktion neonazistischer und soldatischer Verbände für ihre in den alliierten Gefängnissen als ‚Kriegsverbrecher‘ einsitzenden ‚Kameraden‘. Zum anderen wurden die genannten Personen verdächtigt, eine „Wiederergreifung der Macht in Westdeutschland“ zu planen, zumindest aber in Nordrhein-Westfalen, in dessen FDP-Landesverband um den rechtsnationalen Verleger Friedrich Middelhauve sie sich etabliert hatten. Zu diesem Kreis gehörten auch der FDP-Abgeordnete Dr. Ernst Achenbach, der das Essener Amnestie-Komitee gegründet hatte, und dessen Mitarbeiter Dr. Werner Best, vormals Reichskommissar in Dänemark, sowie der einstige SS-Obergruppenführer Professor Franz Alfred Six. Wenn auch keine unmittelbare Gefahr für die innere Sicherheit der Bundesrepublik unterstellt wurde, so befürchtete man doch, dass sich der „Crypto-Nazismus" im Netzwerk der soldatischen Verbände, nationalistischen Vereinigungen und Rechtsparteien zu einer sytemdestabilisierenden Kraft entwickeln könnte.

Nachdem Adenauer den britischen Hochkommissar um Übertragung der Strafverfolgung auf deutsche Gerichte gebeten hatte, erging gegen die Gruppe um Naumann Haftbefehl, und es begann eine Voruntersuchung wegen Gründung einer verfassungsfeindlichen Vereinigung. Schon bald zeichnete sich ab, dass es nicht zu einem Hauptverfahren kommen würde, nicht so sehr, weil das Belastungsmaterial nicht ausgereicht hätte, sondern weil es beim BGH erhebliche Widerstände und Vorbehalte gegen ein Verfahren gab. Im Sommer 1953 wurde die Naumann-Gruppe aus der Untersuchungshaft entlassen – zum Missvergnügen des Bundeskanzlers. Nach seinem großen Wahlsieg und der Schrumpfung der Rechtsparteien zur Bedeutungslosigkeit bei der zweiten Bundestagswahl im September 1953 war alle Aufregung um die Naumann-Affäre jedoch bald vergessen. Adenauer hatte den größten Anteil an diesem Wahlerfolg, und er brachte auch den integrationspolitischen Gewinn für das bürgerliche Lager auf den entscheidenden Begriff. Den großen Fortschritt gegenüber Weimar sah er darin, dass „wir (...) keine große deutschnationale Partei bekommen haben".[277]

Ein Jahr später wurde die Bundesrepublik durch die Affäre Otto John erschüttert und erneut mit ihrer jüngsten Vergangenheit konfrontiert.[278] Der Präsident des Bundesamtes für Verfassungsschutz, der zusammen mit seinem ermordeten Bruder zum militärischen Widerstand und zu den Vertrauten der Chefs der militärischen Abwehr, Admiral Canaris und General Hans Oster gehört hatte, setzte sich am 10. Jahrestag des gescheiterten Stauffenberg-Attentats auf Hitler in die DDR ab. Es war der Sommer, als das Nachkriegsdeutschland seinen bis dahin größten internationalen Erfolg errang und die Mannschaft Sepp Herbergers Fußballweltmeister wurde und sich die Bevölkerung in Siegesstimmung befand. Vor der internationalen Presse erklärte John, er sei freiwillig in die DDR übergewechselt, weil er glaube, nur hier für die Wiedervereinigung arbeiten zu können. In seinem früheren Amt hätten im Zuge einer schleichenden ‚Renazifizierung' ehemalige Nationalsozialisten seine Arbeit zunehmend beeinträchtigt.

Im Bundestag war von einer schockartigen Erschütterung in der deutschen Gesellschaft die Rede und der bis dahin größten Vertrauenskrise in der westdeutschen Politik.[279] Die Parlamentarier beschäftigten sich allerdings erst im September mit der Affäre. Der SPD-Abgeordnete Walter Menzel führte die „bittere und enttäuschende" Erfahrung, dass die innenpolitische Entwicklung noch nicht zu einer Festigung der Demokratie in der Bundesrepublik geführt habe, auf das fragwürdige Agieren der rechtskonservativen Parteien in der Bundesregierung zurück, deren Sprecher die „hitlerischen Greuel des Krieges" in der Öffentlichkeit „legalisieren" würden. Er forderte das Parlament auf, stärker als bisher den Finger auf „die offene Wunde" Nationalsozialismus zu legen. Der CDU-Abgeordnete Kurt Georg Kiesinger hielt ihm entgegen, dass das Parlament auch die Aufgabe habe, „Wunden zu heilen" und „aus diesem immer noch gespaltenen und blutenden, unsicheren und verwirrten Volk endlich wieder ein gesundes Volk zu machen." Und die öffentlichen Anschuldigungen gegen John, dass er während des Krieges für den englischen Geheimdienst gearbeitet und nach dem Krieg sich in mehreren Prozessen für die alliierten Ankläger als Zeuge zur Verfügung gestellt habe, kommentiert der DP-Abgeordnete Hans-Joachim von Merkatz mit dem Urteil, dass derjenige kein „öffentliches Amt" bekleiden könne, der „Verrat an seinem Volke" begangen habe.

Zehn Jahre nach Kriegsende stand die Unterzeichnung der Pariser Verträge, das Ende der Besatzungszeit und die Wiedererlangung der vollen Souveränität für die Bundesrepublik im Mittelpunkt des öffentlichen Interesses. Eine breite außerparlamentarische Bewegung hatte zuvor monatelang gegen die Verträge und die Wiederbewaffnung protestiert. Zahlreiche Demonstrationen erinnerten an das Vermächtnis des Zweiten Weltkrieges. Die Verabschiedung eines ,Deutschen Manifestes' auf einer von SPD und DGB veranstalteten Protestkundgebung in der Frankfurter Paulskirche im Januar 1955 zeigte, dass es dieser Bewegung vor allem um die Wiedervereinigung ging, um die Wiederherstellung der deutschen Einheit.

Auch in jenem Jahr kam es durch einen neonazistischen Politiker wieder zu einem politischen Skandal. Der rechtsradikale

Buchverleger Leonhard Schlüter (Göttinger Verlagsanstalt für Wissenschaft und Politik; Plesse Verlag), vormaliger niedersächsischer Spitzenkandidat der Deutschen Reichspartei, war nach seiner Wahl in den niedersächsischen Landtag zur FDP übergetreten und von dieser für ein Ministeramt vorgeschlagen worden. Gegen seine Ernennung protestierten zunächst Rektor, Akademischer Senat und ASTA der Universität Göttingen durch Niederlegung ihrer Ämter. Von dort ging eine Welle des Protestes durch bundesdeutsche Hochschulen. Auch zahlreiche renommierte, teilweise aus Deutschland emigrierte Professoren amerikanischer Universitäten unterstützten den Protest. Umfangreiche Berichterstattungen in der internationalen Presse verstärkten den Druck. Schließlich konnte Hellwege seinen Minister nicht mehr halten, und schon nach wenigen Wochen musste Schlüter zurücktreten.[280]

In der zweiten Hälfte der fünfziger Jahre häuften sich die antisemitischen Vorfälle, wobei schwer auszumachen ist, ob es sich nach Ende der Besatzungsherrschaft um eine quantitative Zunahme, eine schleichende Renazifizierung handelte, oder ob die öffentliche Meinung allmählich sensibler reagierte. Auffällig war jedenfalls, dass es nicht mehr nur um prominente Personen des öffentlichen Lebens ging.

Im Frühjahr 1957 hatte der Offenburger Studienrat und frühere SD-Angehörige Ludwig Zind einen jüdischen Textilkaufmann beleidigt und sich stolz dazu bekannt, während des Krieges mit seinen Leuten Hunderte von Juden erschlagen zu haben.[281] Der Vorfall erreichte allerdings erst Monate später eine größere Öffentlichkeit, als der *Spiegel* im Dezember desselben Jahres darüber berichtete. Die Sache kam im Landtag zur Sprache, der vor allem das zögerliche Verhalten des Kultusministeriums missbilligte. Im April 1958 wurde der vor dem Offenburger Landgericht angeklagte Studienrat wegen Beleidigung und Verunglimpfung des Andenkens Verstorbener zu einem Jahr Gefängnis verurteilt, für eine Beleidigungsklage ein ungewöhnlich hohes Strafmaß. Damit verlor er zugleich seinen Beamtenstatus. Ein Großaufgebot von Berichterstattern und Fotografen verfolgte die Verhandlung. Der Angeklagte gab nicht nur das ihm zur Last gelegte Vergehen zu, er bemühte sich auch, seine antisemitischen Ansichten zu rechtfertigen, bekannte sich vorbehaltlos zum Nationalsozialismus und zögerte nicht, dem Gericht zu erklären, angesichts der Bedrohung durch das „Weltjudentum" habe seinerzeit die „historische Notwendigkeit" bestanden, die Juden in Konzentrationslager zu bringen. Teile der Bevölkerung und der Zuschauer im Gerichtssaal zeigten unverhohlen ihre Sympathie für den Angeklagten. Der Anklagevertreter verwies auf den „großen Schaden" dieser Äußerungen für das mühsam zurückgewonnene „Ansehen des deutschen Volkes in der Welt". Das Gericht folgte dieser Sicht und betonte den generalpräventiven Zweck des Urteils, das „ähnlich Denkende" abschrecken sollte. Der BGH bestätigte Ende 1958 das Urteil, aber Zind hatte sich Tage zuvor ins Ausland abgesetzt.

Nun gerieten die Justiz ins Zwielicht und Staatsbedienstete in den Verdacht, dem verurteilten Studienrat zur Flucht verholfen zu haben, zumal sich im Juli 1958 der frühere Buchenwalder KZ-Arzt Dr. Hans Eisele durch Flucht nach Ägypten dem Zugriff der Justizorgane hatte entziehen können, nachdem er im Prozess gegen den Buchenwalder Arrestverwalter Gerhard Sommer schwer belastet worden war. „Noch sind die Mörder unter uns", schrieb die *Süddeutsche Zeitung* und bewertete den Vorfall als einen der „größten Justizskandale" der Nachkriegszeit. In dem Zusammenhang ist auch der Fall der ehemaligen Ravensbrücker KZ-Ärztin Hertha Oberhäuser zu sehen, die im Nürnberger Ärzteprozess verurteilt, vorzeitig aus der Haft entlassen worden war und sich wieder niedergelassen hatte. Der Innenminister Schleswig-Holsteins, Helmut Lemke, sah sich veranlasst, ihr die Approbation zu entziehen. [282]

Bereits 1956 war ein ehemaliger SS-Oberführer verhaftet worden, der 1941 als Polizeidirektor in Memel an Massenerschießungen von Juden beteiligt war. Er hatte unter falschem Namen nach dem Krieg ein Flüchtlingslager geleitet und war, nachdem man seine Identität aufgedeckt hatte, entlassen worden. Später klagte er auf Wiedereinstellung in den Staatsdienst. Im Verlauf dieses Verfahrens wurde er wiedererkannt und seine kriminelle SS-Vergangenheit publik. Das Schwurgericht Ulm verurteilte ihn 1958 wegen Beihilfe zum Mord zu zwölf Jahren Zuchthaus. Ernst Müller-Meinungen forderte nun, systematisch gegen die Verbrecher aus jener Zeit vorzugehen. [283] Tatsächlich beschlossen die Justizminister der Länder die Einrichtung einer Zentralen Stelle der Landesjustizverwaltungen zur Aufklärung nationalsozialistischer Verbrechen und beriefen den Anklagevertreter im Ulmer Prozess, Erwin Schüttle, zu ihrem ersten Leiter.[284]

Infolge der Skandalfälle Zind und Eisele wurde im Januar 1959 bundesweit auch bekannt, dass der Hamburger Kaufmann Friedrich Nieland, schon 1957 wegen der Verbreitung einer antisemitischen Broschüre angeklagt, vom Hamburger Land- und Oberlandesgericht freigesprochen worden war.[285] In dieser Sache hatte der Hamburger SPD-Abgeordnete Helmut Schmidt bereits am Tag der Beschlagnahme der Schrift eine Anfrage an den Bundesinnenminister gerichtet. Erst jetzt, Anfang 1959, ging Hamburgs Bürgermeister Max Brauer damit vor die internationale Presse und verurteilte die Freisprüche. Das oberste hanseatische Gericht wies den Tadel des Bürgermeisters zurück. Was faktisch nur eine Justizkrise war, nannte Brauer aus Sorge über die unzureichende justitielle Bekämpfung antisemitischer Vorfälle einen „Staatsnotstand".

Der Zentralrat der Juden in Deutschland forderte gesetzliche Maßnahmen. Mitte Januar 1959 verabschiedete die Bundesregierung den Entwurf eines Gesetzes gegen Volksverhetzung (§ 130 StGB). Und während in Hamburg aus dem antisemitischen Skandal Nieland ein Fall Budde wurde, durch den der Präsident des Hanseatischen Landgerichts wegen rassistischer Veröffentlichungen in den dreißiger Jahren ins Zwielicht geriet, fand im Bundestag am 22. Januar eine von der SPD-Fraktion initiierte große Justizdebatte statt. Die Opposition kritisierte nicht nur die Justiz, sondern auch maßgebliche Mitglieder der Bundesregierung wegen ihrer in Fragen der Rückerstattung und Wiedergutmachung vielfach zweifelhaften Äußerungen gegenüber Israel und internationalen jüdischen Organisationen.[286] Die SPD und die Gewerkschaften, der Zentralrat und der Koordinierungsrat der Gesellschaften für christlich-jüdische Zusammenarbeit sprachen von einer „Gefahr für die deutsche Demokratie". Die Konservativen wiegelten ab. Sie wollten die Vorfälle weder verharmlosen noch überdramatisieren.

In dieser Situation wandte sich die in New York erscheinende jüdische Wochenzeitung *Aufbau* an die Hamburger Wochenzeitung *Die Zeit* mit der Bitte um Analyse der antisemitischen Tendenzen. Eine Reihe prominenter Personen des öffentlichen Lebens wurden befragt. Bundestagspräsident Eugen Gerstenmaier

bezeichnete die antisemitischen Vorfälle als „Trotz-Reaktionen".
Der Prorektor der Hamburger Universität, Karl Schiller, sprach
von einem „gewissen Halbstarken-Rowdytum". Den weit über-
wiegenden Teil der jungen, zumal studentischen Generation sah
der renommierte Wirtschaftsprofessor „allen emotionalen Ver-
führungen und Verhetzungen ablehnend und kalt gegenüberstehen".[287]

Das ganze Jahr 1959 hindurch berichteten die Medien immer
wieder von antisemitischen Vorfällen. Im Januar beschmierten
Unbekannte die neue Synagoge in Düsseldorf mit Hakenkreuzen,
in Freiburg wurden Gräber des jüdischen Friedhofes mit SS-
Runen bemalt. Im Oktober verurteilte das Landgericht Hannover
den Kaufmann Arthur Götze wegen antisemitischer Äußerungen
zu einer mehrmonatigen Haftstrafe, und im gleichen Monat
mußten sich die sogenannten Köpperner Antisemiten vor dem
Frankfurter Amtsgericht verantworten. Sie hatten ein deutsch-
jüdisches Ehepaar, das 1956 aus Israel in die bei Bad Homburg
gelegene Gemeinde zurückgekehrt war, beleidigt, bedroht und
verfolgt.[288]

Ende der fünfziger Jahre war nicht mehr zu übersehen, dass es
in der Gesellschaft ein antisemitisches Protestpotential gab. Aufmerksame Beobachter konnten bereits erkennen, dass sich in der
Auseinandersetzung mit der NS-Vergangenheit ein Umbruch ab-
zeichnete.[289] Das Jahr 1959 werde in die Nachkriegsgeschichte
eingehen, prophezeite der Publizist Hans Georg von Studnitz,
weil über „das Problem des Antisemitismus" erstmals seit 1933 in
einer größeren Öffentlichkeit debattiert worden sei.[290] Unverse-
hens war die vermeintlich weit zurückliegende Geschichte gegenwärtig, wurde offenbar, dass sie Teil der eigenen Geschichte wieder ist, dass die Nazis Deutsche, und dass sehr viele Deutsche
Nazis gewesen waren.[291]

Vielleicht reagierte die Öffentlichkeit auf die Nachricht von der
Schändung der Kölner Synagoge am Weihnachtsabend 1959 gerade deshalb mit größerer Bestürzung und Empörung als auf die
vielen antisemitischen Aktivitäten zuvor. Die *Allgemeine Wochenzeitung der Juden* sprach gar von einem „Anschlag auf die
Demokratie".[292] Nicht nur die Kölner Jüdische Gemeinde zeigte
sich beunruhigt und schockiert. Die Empörung war allgemein und
parteiübergreifend. Sie war international und bemerkenswert

nachhaltig, nicht zuletzt wegen der zahlreichen antisemitischen Aktionen, die sich im In- und Ausland wellenartig ausbreiteten. Das Weißbuch der Bundesregierung zählte allein in Westdeutschland und Berlin rund 700 solcher Anschlusstaten bis Ende Januar 1960.[293] Die besondere Aufmerksamkeit für die judenfeindlichen und nazistischen Schmierereien an der Kölner Synagoge erklärt sich zunächst schon aus der Tatzeit und dem Tatort. Hakenkreuze am Heiligabend erschienen als eine besonders dreiste Provokation. Zudem war die Synagoge erst kurze Zeit zuvor in Anwesenheit von Adenauer eingeweiht worden. Der Zentralrat verwies auf die zuletzt zahlreich bekannt gewordenen Fälle von belasteten Personen aus Politik, Justiz und Gesundheitswesen, warnte aber vor einer allgemeinen Hysterie. Das SED-Zentralorgan hielt sich schadlos und diffamierte die Bundesrepublik in gewohnter Weise: „Im Osten Deutschlands ist die Barbarei mittelalterlicher Judenpogrome ein für allemal beseitigt. Im Staat Adenauers aber werden die Flammen brennender Synagogen erneut heraufbeschworen."[294]

Die Täter, zwei 25jährige Mitglieder der Deutschen Reichspartei, konnten innerhalb weniger Stunden gefunden und verhaftet werden – durch einen Hinweis des Kölner DRP-Kreisvorsitzenden. Damit war das Problem selbstverständlich nicht gelöst, im Gegenteil. Denn die Vorsitzenden der DRP, der in dieser Situation eine Parteiverbotsklage drohte, distanzierten sich sofort von den Tätern und vom Antisemitismus im allgemeinen. Die rechtsextremistische Bedrohung war dadurch nicht mehr ohne weiteres organisatorisch greifbar, weshalb schon das innenpolitische Vorgehen für die Bundesregierung schwieriger wurde. Zugleich stand sie angesichts der internationalen Aufmerksamkeit und mahnender Reaktionen seitens der früheren Besatzungsmächte, jüdischer Organisationen, Israels und Polens auch außenpolitisch unter gehörigem Druck. Wenn auch keine Gefährdung für den inneren Frieden und die innere Sicherheit der Bundesrepublik drohte, einen internationalen Imageverlust musste sie allemal befürchten.

Für Staat und Gesellschaft bestand also Handlungsbedarf, und es zeigte sich schnell, dass vielfältige Handlungsmöglichkeiten verfügbar waren und auch genutzt werden konnten: von der Verschärfung des Strafrechts durch Einführung des umstrittenen Volksverhetzungsparagraphen, über die Instrumentalisierung der im In- und Ausland geäußerten Vermutung einer kommunistischen Urheberschaft der weltweiten Antisemitismus-Welle, bis hin zur Intensivierung der schulischen und außerschulischen politischen Bildung, der Zeitgeschichtsforschung, Mediendarstellung und nicht zuletzt dem politisch-symbolischen Handeln. So besuchte Adenauer auf Anregung von Nahum Goldmann gemeinsam mit diesem Anfang Februar 1960 die KZ-Gedenkstätte Bergen-Belsen. In seiner kurzen Ansprache, die dem historischen Vermächtnis und dem aktuellen Umgang mit dem Antisemitismus galt, betonte er die Schutzbedürftigkeit der „jüdischen Mitbürger" und forderte zugleich verbesserte Erziehungs- und Bestrafungsmöglichkeiten.[295]

Politische Bildung, Wissenschaft und Medien griffen das Thema im Übergang von den fünfziger zu den sechziger Jahren ebenfalls verstärkt auf.[296] Die Schriftsteller Heinrich Böll und Paul Schallück gründeten Anfang 1959 den Verein Germania Judaica. Ein Jahr zuvor war auf der evangelischen Synode in Berlin-Spandau die ‚Aktion Sühnezeichen' zur praktischen Versöhnungsarbeit ins Leben gerufen worden. Auch mehrere Forschungseinrichtungen für die Geschichte und Kultur des Judentums in Deutschland entstanden. Hamburg richtete das Institut für die Erforschung der Geschichte der Juden ein – und wiederbelebte die bereits bald nach Kriegsende gegründete Forschungsstelle für die Geschichte des Nationalsozialismus, so dass die Elbstadt in der regionalen Zeitgeschichtsforschung einen führenden Rang beanspruchen konnte.[297] Welch große Bedeutung diese für Wissenschaft und Politik gleichermaßen wichtigen kulturpolitischen Akzente auch überregional gewinnen konnten, zeigte sich nachdrücklich in einer der ersten großen zeitgeschichtlichen Deutungskontroversen der Nachkriegszeit. Der Hamburger Historiker Fritz Fischer löste sie Anfang der sechziger Jahre durch seine provokante These von der deutschen Hauptverantwortung für den Ersten Weltkrieg aus.[298]

Film, Funk und Fernsehen standen in dieser zeithistorischen und geschichtspolitischen Offensive nicht zurück. Auch sie intensivierten ihre Auseinandersetzung mit der NS-Vergangenheit. Im September 1959 fand in Hamburg die Uraufführung des viel gelobten Films *Rosen für den Staatsanwalt* von Wolfgang Staudte statt, mit dem unvergesslichen Martin Held in der Hauptrolle des

Staatsanwalts Schramm. Der Film verarbeitet in der Figur des Studienrates Zirngiebel auch den Fall Zind.[299] Der nach dem Roman von Hans Scholz und unter der Regie von Fritz Umgelter produzierte WDR-Mehrteiler *Am Grünen Strand der Spree* (1960) zeigte erstmals in einem fiktionalen Fernsehfilm Bilder der Judenvernichtung in Polen. Von Oktober 1960 bis Mai 1961 lief an jedem Freitagabend zur besten Sendezeit die vom Süddeutschen und Westdeutschen Rundfunk gemeinsam produzierte, erste umfassende Fernsehdokumentation *Das Dritte Reich* über die Mattscheibe. Sie erreichte etwa 15 Millionen Zuschauer. Von Ende der fünfziger bis Ende der sechziger Jahre haben ZDF und ARD nicht weniger als rund 180 Sendungen über die Zeit des Nationalsozialismus ausgestrahlt.[300] Weite Verbreitung fand die mehrteilige Sendereihe *Juden, Christen, Deutsche*, die der Süddeutsche Rundfunk zur Jahreswende 1960/61 ausstrahlte.[301] Auch die Gesellschaften für Christlich-Jüdische Zusammenarbeit – in den späten vierziger Jahren auf Anregung der US-Militärregierung gegründet – engagierten sich nun verstärkt in der Bekämpfung antisemitischer Vorurteile, u.a. in der in vielen deutschen Städten alljährlich stattfindenden Woche der Brüderlichkeit.[302]

Im Bereich der Printmedien verlief die Entwicklung ähnlich. Buch- und Zeitschriftenverlage stellten sich auf das Thema ein. 1960 erreichte das 1955 im S. Fischer Verlag erschienene *Tagebuch* der Anne Frank bereits eine Auflage von 750000 Exemplaren. Im selben Jahr erschien *Der gelbe Stern*, jenes auch fotografisch eindringlich dokumentierte Buch von Gerhard Schoenberner über die Verfolgung und Ermordung der Juden. Es gehörte bald, zusammen mit den Dokumentensammlungen von Walter Hofer und Joseph Wulf, zu den wichtigsten Büchern für jene Nachkriegsgeneration, die nun in Familie, Schule, Universität und Öffentlichkeit Fragen stellte. Fragen, die sich im Generationenkonflikt der späten sechziger Jahre schließlich zur radikalen *Anfrage* (Chr. Geissler) verdichteten.

Doch wie reagierte die politische Führung auf die weihnachtlichen Hakenkreuzschmierereien? Die Bundesregierung setzte auf die Doppelstrategie von Aufklärung und Bestrafung, wobei die Auffassungen in Adenauers Kabinett über Ursache und Bewertung des Antisemitismus durchaus unterschiedlich waren. Der Kanzler selbst, der Mitte Januar zu den Ereignissen in Rundfunk und Fernsehen eine Erklärung abgab, nannte die Kölner Synago-gen-Schändung „eine Schande und ein Verbrechen", gegen das „die Organe der Justiz mit aller Schärfe" vorgehen sollten, während er die weiteren antisemitischen Aktionen zu „Flegeleien ohne politi-sche Grundlage" herunterspielte und seinen „deutschen Mitbür-gern" empfahl, einem solchen „Lümmel", sollten sie ihn erwi-schen, „eine Tracht Prügel" zu geben. Er hatte damit offensicht-lich die vox populi recht gut getroffen. Jedenfalls wies eine von Max Horkheimer initiierte Studie des Frankfurter Instituts für Sozialforschung nach, dass nach des Kanzlers Rede deutlich mehr der befragten Bundesbürger dieser handfesten Meinung waren.[303]

Umstritten war die Annahme einer kommunistisch gelenkten Aktion.[304] Vor allem Verteidigungsminister Franz Josef Strauß vertrat entschieden die Auffassung, dass kommunistische Staaten und Geheimdienste involviert waren, als Planer, als Anstifter, als Täter und als propagandistische Nutznießer der antisemitischen Ereignisse und verwies auf entsprechendes, nachrichtendienstli-ches Beweismaterial. Er fand mit dieser Position bei Kanzler und Kabinettsmehrheit Unterstützung. Auch ein Drittel der befragten Bundesbürger dachte im übrigen so, während Innenminister Ger-hard Schröder skeptisch blieb. Er hielt die These für wahrschein-lich, aber nicht für beweisbar. Es gab zahlreiche Anhaltspunkte für die kommunistische Lenkungsthese, die von der Bundesregie-rung auch in ihrem Weißbuch aufgeführt wurden.[305] Und immer-hin war der von dem SED-Politbüromitglied Albert Norden ge-leitete ‚Ausschuss für deutsche Einheit' seit Mitte der fünfziger Jahre unablässig damit beschäftigt, die Bundesrepublik zu ver-leumden, ob er nun ihre „Refaschisierung" oder die „Verfolgung kommunistischer Friedenskämpfer" anprangerte. Bereits im Feb-ruar 1959 hatte der Ausschuss die Hetzschrift *Hexenjagd gegen die Juden – Adenauer-Regierung fördert Antisemitismus* veröf-fentlicht. Die Kampagnen gegen Adenauers Staatssekretär und Kommentator der Nürnberger Gesetze Hans Globke,[306] gegen die ‚Blutrichter' in der westdeutschen Justiz,[307] gegen Wehrmachtsge-neräle und zuletzt gegen den ‚KZ-Baumeister' Heinrich Lübke er-reichten Anfang der sechziger Jahre ihren Höhepunkt, als sich die innenpolitische Krise der DDR zuspitzte und der Jerusalemer Eichmann-Prozess eine gute Möglichkeit bot, die Bundesrepublik international vorzuführen und zu verunglimpfen.[308]

Diese Diffamierungen suchten zudem davon abzulenken, dass manche der attackierten Personen und insbesondere der Chef des Kanzleramtes von Anfang an auch in der Bundesrepublik höchst umstritten waren. So hatte der SPD-Rechtspolitiker Adolf Arndt Globke bereits im ersten Bundestag scharf angegriffen und dessen Gesetzes-Kommentierung in der objektiven Wirkung als einen mit „Paragraphen verübten Mord" bezeichnet. Auch wenn er ihm subjektiv keine unlauteren Motive unterstellte, hielt Arndt Adenauers ‚rechte Hand' doch für eine zu große politische Belastung, zumal im Prozess der Wiedergutmachung und der Rückgewinnung von internationalem Vertrauen für den westdeutschen Teilstaat, und forderte später wiederholt Globkes Rücktritt.[309] Die Bundesregierung zog aus ihrer innen- und außenpolitischen Bedrängnis, in die sie durch die vielen Skandale und Kampagnen gebracht worden war, keine personalpolitische Konsequenz, sie versuchte Handlungsfähigkeit auf gesetzgeberischem Wege zu beweisen.

Das Gesetz gegen die ‚Auschwitz-Lüge'

Allerdings war auch die Frage einer Verschärfung des Strafrechts zur Bekämpfung des Antisemitismus zunächst keineswegs unumstritten. Zwar hatte die Bundesregierung als Reaktion auf den Fall Nieland bereits im Januar 1959 einen Gesetzentwurf gegen ‚Volksverhetzung' vorgelegt, nachdem Hamburgs Bürgermeister Max Brauer, aufgeschreckt durch das OLG-Urteil („Dynamit für das deutsche Ansehen im Ausland"), aus Hamburg nach Bonn gereist war und Adenauer zu entsprechendem Handeln gedrängt hatte. Aber von Anfang an bestanden erhebliche Zweifel, ob die durch antisemitische Äußerungen ausgelösten Justizskandale auf fehlenden strafrechtlichen Bestimmungen beruhten oder eher auf deren unzureichender Anwendung.[310]

„Es fehlen Richter, nicht Gesetze", argumentierte der SPD-Abgeordnete Adolf Arndt im Rechtsausschuss. Ausdrücklich warnte er davor, mit einem Sondergesetz gegen Rassismus ein *privilegium odiosum* zu schaffen, und lehnte das Volksverhetzungsgesetz als „Judensterngesetz" ab.[311] Stattdessen bemühte er sich um Zustimmung für seine Auffassung, dass jede Diskriminierung einer Minderheit die rechtliche Gleichheit an sich und damit die Würde jedes Menschen verletzte. Arndt setzte sich am Ende durch, denn das nach langem Hin und Her im Sommer 1960 verabschiedete Sechste Strafrechtsänderungsgesetz stellte nicht die Aufstachelung zum Hass gegen rassische Gruppen unter Strafandrohung, sondern den Angriff auf „die Menschenwürde anderer". Der führende Rechtspolitiker und Justitiar der SPD musste sich allerdings vorhalten lassen, dass er damit eine Kehrtwendung vollziehe gegenüber dem – seinerzeit gescheiterten – Gesetz zum Schutz gegen die Feinde der Demokratie aus dem Jahre 1950. Und er räumte ein, dass aus der „Befangenheit" der zeitlichen Nähe zum Nationalsozialismus der konkrete politische Zweck des Schutzes einer Minderheit im Vordergrund gestanden habe. Nun war der Blick freier, ging weiter und befand sich gewissermaßen auf einer abstrakten Bewusstseinshöhe, auf der Ebene der allgemeinen rechtsstaatlichen Norm. Unterstützung fand die Position insbesondere bei der Vertretung der Jüdischen Gemeinde in Deutschland. Hendrik G. van Dam, der Generalsekretär des Zentralrats, wunderte sich darüber, dass man gerade in Deutschland einen „strafrechtlichen Naturschutzpark" für Juden einrichten wolle.[312]

Als der Gesetzentwurf Anfang Dezember zur dritten Lesung in den Bundestag kam, wurde er allerdings von einem parteiübergreifenden Bündnis zu Fall gebracht. Der Berichterstatter des Rechtsausschusses, Ernst Benda (CDU), beantragte, die Schlussabstimmung auszusetzen. Unter dem Beifall aller Fraktionen vertrat der CDU-Abgeordnete Franz Böhm die Auffassung, die Lehre aus der NS-Vergangenheit zu ziehen, bedeute nicht, dass sich eine Nation „auf ihre Staatsanwälte und ihre Polizei verlassen darf"; sie müsse vielmehr „auf die Straße gehen, in die Hände spucken und sich zur Wehr setzen (...), wenn irgendwelche Leute eine gehässige Politik propagieren".[313] Kurz darauf setzte ‚die Straße' Akzente. Und sogleich wurde wieder nach einer Gesetzesverschärfung gerufen.

Nach der Synagogen-Schändung vom Weihnachtsabend und den anschließenden antisemitischen Aktivitäten forderte die Bundesregierung schon Anfang Januar den Bundestag dringlich auf, das gerade zurückgestellte ‚Gesetz gegen Volksverhetzung' nun so schnell wie möglich zu beschließen. Ende Mai 1960 wurde der neue Paragraph 130 StGB ohne Aussprache und einstimmig angenommen. Pikanterweise ersetzte der neue Tatbestand der ‚Volksverhetzung‘ den aus Weimarer Jahren stammenden der ‚Anreizung zum Klassenkampf‘:

„Wer in einer Weise, die geeignet ist, den öffentlichen Frieden zu stören, die Menschenwürde anderer dadurch angreift, dass er 1. zum Hass gegen Teile der Bevölkerung aufstachelt, 2. zu Gewalt- oder Willkürmaßnahmen gegen sie auffordert oder 3. sie beschimpft, böswillig verächtlich macht oder verleumdet, wird mit Freiheitsstrafe von drei Monaten bis zu fünf Jahren bestraft.“[314]

Um die positive Diskriminierung eines auf die jüdische Minderheit abstellenden Sonderstraftatbestands zu vermeiden, wählte der Gesetzgeber die allgemeine Umschreibung „Teile der Bevölkerung“. Außerdem wurde auf Anregung von FDP und SPD das Beleidigungsrecht modifiziert, und bei der Verunglimpfung des „Andenkens Verstorbener“ entfiel das Strafantragserfordernis, d. h. aus einem Antragsdelikt wurde ein Offizialdelikt. Dabei blieb es zunächst.

Unter dem Eindruck der Zunahme einer „neuen Welle pronazistischer Protestaktivitäten“[315] Ende der siebziger und Anfang der achtziger Jahre, insbesondere an Schulen, in Jugendfreizeitheimen und Fußballclubs, beschloss die Regierung der sozialliberalen Koalition, 1982 ein Strafgesetz gegen die ‚Auschwitz-Lüge‘ einzuführen, und zwar in der Form einer Erweiterung der bereits nach § 140 verbotenen Billigung von Straftaten. Die neue, unionsgeführte Bundesregierung übernahm den Entwurf, ließ ihn aber zunächst liegen, um ihn 1985 mit einigen Modifizierungen und einer bemerkenswerten Ergänzung zu verabschieden und durch das Parlament zu bringen. Aus der Sicht der CSU war das Gesetz gegen die ‚Auschwitz-Lüge‘ historisch einseitig; als wollte sie die Aufrechnungsmentalität und das Opferselbstbild ihrer politischen Klientel bedienen, sollte nun auch die Vertreibung der Deutschen aus den Ostgebieten unter Schutz gestellt werden, d. h. es wurde eine ‚Vertreibungslüge‘ konstruiert.[316]

Zu einer weiteren Novellierung – und erneuten Debatte um die Tauglichkeit – des seit den Anfängen der politischen Justiz in der Bundesrepublik umstrittenen § 130 kam es Anfang der neunziger Jahre. Zahlreiche fremdenfeindliche Mord- und Brandanschläge und höchst unterschiedliche Reaktionen der Polizei und Strafjustiz ließen wieder einmal den Ruf nach einer Verschärfung des

Strafrechts laut werden.[317] Des öfteren zeigte sich, dass die Kriterien für die Definition des Straftatbestands der Volksverhetzung weiterhin umstritten sind. Auf Kritik und Unverständnis stieß in der Öffentlichkeit vor allem die Aufhebung einer Verurteilung des NPD-Vorsitzenden Günter Deckert.[318] Dieser hatte auf einer nicht-öffentlichen neonazistischen Tagung im November 1991 mit dem US-Amerikaner Fred Leuchter als Referenten dessen Vortrag übersetzt und die Anwesenden aufgefordert, den „Gaskammermythos" und die „Gaskammerlüge" als Wahrheit zu verbreiten. Die Veranstaltung war durch den Südwestfunk Baden-Baden und die Vertreibung einer Video-Aufzeichnung publik geworden.

Deckert wurde vom Landgericht Mannheim im November 1992 wegen Volksverhetzung, Aufstachelung zum Rassenhass und der Verunglimpfung des Andenkens Verstorbener zu einer auf Bewährung ausgesetzten Freiheitsstrafe von einem Jahr verurteilt. Der Bundesgerichtshof hob den Schuldspruch der Mannheimer Richter auf. Die Öffentlichkeit reagierte empört. Die BGH-Richter unterschieden zwischen einer ‚einfachen‘ und einer ‚qualifizierten Auschwitzlüge‘ und erklärten, dass bloße Leugnen sei kein Angriff auf die Menschenwürde, also auch keine Volksverhetzung. Insbesondere das Bündnis 90/Die Grünen verlangte von der Bundesregierung, eine, wie sie meinten, immer noch bestehende Gesetzeslücke zu schließen. Die Leugnung des Holocaust dürfe nicht durch das Grundrecht der Meinungsfreiheit geschützt werden.

Kritiker einer Gesetzesverschärfung verwiesen auf Mängel in der Anwendung bestehender Strafrechtsnormen. Tatsächlich ist die Leugnung des Holocaust als Beleidigung nach § 185 strafbar und muß seit 1985 auch von Amts wegen verfolgt werden. Im übrigen hat der im Deckert-Revisionsverfahren zu Recht gescholtene BGH in einem viel gelobten Grundsatzurteil aus dem Jahre 1979 erklärt, dass die ‚Auschwitzlüge‘ eine „Kollektivbeleidigung" sei, weil durch das Leugnen des Verfolgungsschicksals die Ehre aller Juden verletzt werde.[319] Außerdem ist durch § 189 auch das Andenken der Ermordeten vor Verleumdung geschützt. Dadurch wird aber der Persönlichkeitsschutz für NS-Verfolgte und ihre Nachkommen weitgehend gewährleistet – jedenfalls „soweit dies durch Strafgesetze überhaupt möglich ist".[320] Alles, was an Verbotsnormen darüber hinausgeht, beeinträchtigt die Meinungsfreiheit. Gleichwohl ist dieser Weg beschritten worden. Am 1. Dezember 1994 verschärfte der Bundestag durch das Verbrechensbekämpfungsgesetz den Volksverhetzungsparagraphen:

„Mit Freiheitsstrafe bis zu fünf Jahren oder mit Geldstrafe wird bestraft, wer eine unter der Herrschaft des Nationalsozialismus begangene Handlung der in § 220a, 1 (Völkermord) bezeichneten Art in einer Weise, die geeignet ist, den öffentlichen Frieden zu stören, öffentlich oder in einer Versammlung billigt, leugnet oder verharmlost."[321] (§ 130, 3)

Die Neufassung ist aus der Sicht liberaler Rechtsstaatstheorie eine bedenkliche Beschränkung des Grundrechts der freien Meinungsäußerung, das bereits im Jugend- und Persönlichkeitsschutz eine grundrechtliche Schranke findet. Dieses für eine offene Gesellschaft elementare Recht, wird durch die Einführung eines Deliktes der „Lüge" bzw. der „Verharmlosung" zu Lasten der politischen Kommunikation empfindlich eingeschränkt. Das Bundesverfassungsgericht hat diese Tendenz in einem Urteil aus dem Jahre 1994 dadurch verstärkt, dass es die Unterscheidung zwischen Meinung (i.S. einer subjektiven Beziehung des Einzelnen zum Inhalt seiner Aussage) und wahrer/falscher Tatsachenbehauptung (i.S. ein objektiven Beziehung zwischen Meinungsäußerung und Realität) einführte. Erwiesene oder bewusst unwahre Tatsachenbehauptungen wie die der ‚Auschwitz-Lüge' genießen demnach nicht den Schutz von Art. 5, 1 GG.[322]

Meinungsfreiheit ist jedoch nicht nur ein individuelles, sondern darüber hinaus auch ein allgemeines Rechtsgut. Es liegt im öffentlichen Interesse einer pluralistischen Gesellschaft, die wesensmäßig durch die Rationalität kommunikativen Handelns geprägt ist, freie Meinungs- und Willensbildung nicht zu behindern. Die Leugnung des Holocaust ist zweifellos ein Grenz- und „Härtefall für das liberale Verständnis der Meinungsfreiheit".[323] An ihm wird deutlich, dass es auf die Frage nach historischer Wahrheit auch dann keine definitiven Antworten gibt, wenn wir dies aus moralischen und politischen Gründen wünschen. Rechtsgüterschutz kann sich nur auf die Ehre und das Andenken der NS-Verfolgten erstrecken, nicht aber auf ein ‚richtiges', vom Staat verwaltetes Geschichtsbild. Sobald Polizei und Justiz ermächtigt werden, eine wie auch immer definierte historische Wahrheit gegen Zweifel zu verteidigen, stehen demokratische Freiheitsrechte auf dem Spiel. Grund genug, sich an den vormärzlichen Ursprung dieser Rechte

zu erinnern, die als Abwehrrechte errungen wurden, gegen abso-
lutistische Willkür, gegen obrigkeitsstaatliche Zensur und Maul-
korberlasse.

8. Strafsache gegen Mulka u. a.
Der Auschwitz-Prozess

Vier Jahre nach den Hakenkreuzen am Heiligabend in Köln wurde die westdeutsche Bevölkerung erneut in vorweihnachtlicher Festfreude durch ihre Vergangenheit gestört. Am 20. Dezember 1963 begann in Frankfurt am Main die Hauptverhandlung im ersten Auschwitz-Prozess (Aktenzeichen 4 Ks 2/63).[324] So überraschend und unpassend dieser Prozessbeginn manchen auch erscheinen mochte, die Öffentlichkeit wurde nicht unvorbereitet mit dem Ereignis konfrontiert. Dafür hatten mehrere Ereignisse und Kampagnen gesorgt: Die Welle antisemitischer Vorfälle Ende der fünfziger Jahre, der mit großem öffentlichen Interesse verfolgte Jerusalemer Eichmann-Prozess und die Diffamierungen der DDR gegen westliche Politiker und Juristen, insbesondere aber gegen Adenauers auch in der Bundesrepublik nicht unumstrittenen Kanzleramtsminister Hans Globke. Weitgehend unbemerkt geblieben war allerdings, dass der erste Frankfurter Auschwitz-Prozess durch ein mehrjähriges, schwieriges und ungewöhnlich aufwendiges Ermittlungsverfahren vorbereitet worden war.[325] Kein Plan stand am Anfang, sondern der Zufall.

Im März 1958 hatte ein ehemaliger Auschwitz-Häftling, der wegen eines Betrugsdeliktes eine Gefängnisstrafe verbüßte, gegen einen gewissen Wilhelm Boger bei der Stuttgarter Staatsanwaltschaft Strafanzeige wegen Mordes gestellt. Die Angelegenheit wurde zunächst nicht als besonders wichtig angesehen. Der Antragsteller erschien wenig seriös. Auch das von ihm informierte Internationale Auschwitz-Komitee, mit seinem Vorsitzenden Hermann Langbein, konnte die Staatsanwaltschaft zunächst nicht von einem dringenden Tatverdacht überzeugen. Die Häftlingsorganisation galt als überwiegend kommunistisch orientiert. Erst ein halbes Jahr später wurde Haftbefehl gegen Boger erlassen, ehemals SS-Hauptsturmführer und Angehöriger der Politischen Abteilung im Lager Auschwitz.

Beschleunigt wurde das Verfahren indirekt durch den Ulmer

Einsatzgruppenprozess gegen ehemalige Angehörige der Gestapo und des SD in Tilsit.[326] Dieses Verfahren hatte der westdeutschen Öffentlichkeit schlagartig vor Augen geführt, dass die Strafverfolgung der NS-Gewaltverbrechen in der Bundesrepublik noch keineswegs abgeschlossen war, mochten das auch nach Begnadigung der Kriegsverbrecher, nach den Amnestiegesetzen, nach Beendigung der Entnazifizierung und nach den Nürnberger Prozessen nicht wenige Deutsche geglaubt haben. Die in der Konsequenz des Ulmer Prozesses eingerichtete Zentrale Stelle der Landesjustizverwaltungen zur Verfolgung nationalsozialistischer Gewaltverbrechen ermittelte ab Ende 1958 parallel zur Stuttgarter Staatsanwaltschaft. Die Ermittlung wurde bald auf weitere mutmaßliche Straftäter ausgedehnt und intensiviert. Auch Zufälle kamen den Staatsanwälten bei ihren Ermittlungen zu Hilfe. Anfang 1959 erhielt der Hessische Generalstaatsanwalt Fritz Bauer über einen Journalisten Dokumente eines Auschwitz-Überlebenden, zu denen u.a. ein Verzeichnis mit den Namen jener SS-Angehörigen gehörte, die im Lager Auschwitz Dienst getan hatten. Der von Bauer angerufene Bundesgerichtshof entschied, die Ermittlung gegen frühere Angehörige der Kommandantur des Konzentrationslagers Auschwitz dem Landgericht Frankfurt/Main zu übertragen.

Mit den weiteren Vorermittlungen beauftragte Bauer zwei junge Juristen, die Staatsanwälte Georg Friedrich Vogel und Joachim Kügler, beide Jahrgang 1926. Sie hatten ihre juristische Ausbildung nach 1945 erhalten, waren also nicht vorbelastet durch Zugehörigkeit zur NS-Justiz. Noch im gleichen Jahr glückte die Verhaftung von Oswald Kaduk, Rapportführer in Auschwitz, und von Dr. Victor Capesius, dem Lagerapotheker. Ein Jahr später konnten der letzte Lagerkommandant Richard Baer, der Sanitäter Josef Klehr und der Höß-Adjutant Robert Mulka festgenommen werden. Rund 350 Zeugen im In- und Ausland wurden allein bis Anfang 1960 befragt. Ein Jahr später beantragte die Staatsanwaltschaft beim Landgericht Frankfurt/Main die Eröffnung einer gerichtlichen Voruntersuchung. Nach einer fast vierjährigen Ermittlungstätigkeit, in der rd. 1300 Personen vernommen worden waren, darunter mehrere Hundert ehemalige Auschwitz-Häftlinge, legte die Staatsanwaltschaft zusammen mit ihrer 700 Seiten umfassenden Anklageschrift 128 Hauptakten-Bände mit 21000

Seiten vor, darunter u. a. Zeugenaussagen, Archivdokumente, Totenbücher, aber auch so wichtige Beweismittel wie die Fahrbefehle und Funksprüche der Kommandantur.

Die Anklageschrift beschuldigte 24 Personen, zwischen 1940 und 1945 allein und gemeinschaftlich Menschen in nicht genau bestimmbarer Zahl getötet zu haben. Es hieß, dass sie selbst wenig zur Aufklärung der ihnen zur Last gelegten Taten und Tatumstände beigetragen hatten. Die Anklage lautete auf Mord (nach § 211 StGB bzw. § 47 MStGB) und Beihilfe zum Mord (§§ 211, 27 StGB). Der Hauptangeklagte sollte ursprünglich der letzte Lagerkommandant Richard Baer sein, den die Ermittler im Dezember 1960 im Sachsenwald bei Hamburg als Holzfäller aufgespürt und verhaftet hatten. Baer starb jedoch noch vor Prozessbeginn in Untersuchungshaft. An seine Stelle rückte der frühere Adjutant des Lagerkommandanten Höß, der Hamburger Exportkaufmann und ehemalige SS-Hauptsturmführer Robert Mulka, der dem Prozess auch seinen Namen gab.[327]

Am 20. Dezember 1963 eröffnet Landgerichtsdirektor Hans Hofmeyer als Vorsitzender Richter die Hauptverhandlung.[328] Weil das Gericht über keinen geeigneten Sitzungssaal verfügt, kann es bis zum März 1964 im Frankfurter Römer tagen, dem Ort der Krönungsbankette der Kaiser des Heiligen Römischen Reiches deutscher Nation. Vom historisch-festlichen Flair ist allerdings wenig zu spüren – an den seitlichen Wänden hängen Karten vom Stammlager (Auschwitz I), vom Vernichtungslager Birkenau (Auschwitz II), von den Außenlagern und der Modellplan einer Gaskammer. Ab Anfang April wird der Prozess im Gallus-Haus in der Frankenallee fortgesetzt. In den verhandlungsfreien Tagen dieses Verfahrens findet am selben Ort der Prozess gegen die Eichmann-Mitarbeiter Krumey und Hunsche statt.

Zu den Prozessbeteiligten gehören neben dem Vorsitzenden das Schwurgericht mit den Beisitzern und Geschworenen, die Anklagevertretung mit den Staatsanwälten Hanns Großmann, Georg Friedrich Vogel, Joachim Kügler und Gerhard Wiese, als Vertreter der Nebenkläger die Rechtsanwälte Henry Ormond und Christian Raabe, sowie Friedrich Karl Kaul (für Nebenkläger aus der DDR) und eine größere Zahl von Verteidigern.

Die Täter sind unter uns

Das Medieninteresse ist riesengroß. Mehr als 200 Journalisten aus aller Welt drängen sich im übervollen Plenarsaal des Frankfurter Rathauses, dazu zahlreiche Fotografen und Fernsehteams aus europäischen Ländern. Gefilmt und fotografiert werden darf nur in der ersten Viertelstunde. Doch nicht Monster treten vor die Scheinwerfer und Kameraobjektive, sondern Menschen, die versuchen sich unsichtbar zu machen, indem sie ihr Gesicht hinter vorgehaltenen Notizbüchern und Akten verbergen. Einige von ihnen werden später auch die Aussage zur Sache verweigern. Gleichwohl werden die Namen und die Gesichter der Angeklagten Mulka, Boger, Kaduk und Capesius dank der kontinuierlichen Berichterstattung schnell bekannt. Die Gerichtswachtmeister führen unauffällige Personen in den Saal, bürgerlich gekleidet, in dunklem Anzug, manche mit silbergrauer Krawatte und dem damals modischen Nylonhemd – wie zu einer offiziellen Veranstaltung eben. Ein Unkundiger könnte sie auch für Mitglieder des Magistrats halten, der im Frankfurter Rathaussaal normalerweise tagt. Befremdlich und unverständlich mag manchem Zuschauer im Publikum erscheinen, dass sich immerhin noch dreizehn der zweiundzwanzig Angeklagten auf freiem Fuß befinden.

Die vielleicht wichtigste Frage, die den ganzen Prozess hindurch virulent bleibt, drängt sich dem Prozessbeobachter schon in den ersten Tagen auf, die Frage nämlich, „wieso zumeist unbescholtene Bürger – Akademiker, Beamte, Kaufleute, Handwerker – plötzlich zu unvorstellbaren Greueltaten fähig waren und nach Kriegsende wieder zu ,harmlosen' Bürgern wurden".[329] In Frankfurt stehen nicht, wie in den Nürnberger Prozessen, die Hauptverantwortlichen vor Gericht, auch nicht die Schreibtischtäter wie im Jerusalemer Eichmann-Prozess. In diesem Verfahren müssen sich die Verwalter und Exekutoren des organisierten Verbrechens aus dem Vernichtungslager Auschwitz-Birkenau verantworten. In den ersten vierzehn Verhandlungstagen werden sie zur Person und zur Sache vernommen.

Die Angeklagten sehen sich größtenteils selbst als Opfer des Nationalsozialismus, „als befehlsunterworfene Soldaten", wie sie gern sagen. Sie verweisen auf ihre nationalsozialistische Erziehung, auf fehlendes Unrechtsbewusstsein und reklamieren für ihre Entlastung immer wieder den Befehlsnotstand – eine Schutzbehauptung, wie Dr. Hans Buchheim vom Münchener Institut für Zeitgeschichte als Sachverständiger später nachweisen kann.[330] Um von ihrer Befragung, ihrem Verhalten, ihrem Persönlichkeitsprofil und ihrer Konfrontation zumindest einen gewissen Eindruck zu geben, seien vier der 22 Angeklagten, die vor Gericht standen, etwas näher vorgestellt. Sie stehen für verschiedene Funktionsbereiche in der arbeitsteiligen Lagerorganisation: Robert Mulka (Kommandantur), Oswald Kaduk (Schutzhaftlagerführung), Hans Stark (Politische Abteilung bzw. Lager-Gestapo) und Dr. Franz Lucas (Dienststelle SS-Standortarzt).

Der erste Angeklagte, der vernommen wird, ist Robert Mulka, der älteste von allen, 1895 als Sohn eines Postbeamten in Hamburg geboren.[331] Er absolvierte eine kaufmännische Lehre und meldete sich 1914 als Kriegsfreiwilliger. Nach Fronteinsätzen in Frankreich, Russland und in der Türkei wurde er bei Kriegsende zum Leutnant befördert, schloß sich dann – einem allgemeinen Aufruf von Hindenburgs folgend – der Baltischen Landwehr an, „um das Vordringen des Bolschewismus in den Westen zu verhindern", und kehrte 1920 nach Hamburg zurück. Wegen einer Unterschlagung wurde er zu einer Gefängnisstrafe verurteilt, aber auf Bewährung entlassen. Mulka, der sich vor dem Schwurgericht selbstbewusst als einen „überzeugt national denkenden Deutschen" bezeichnete, schloss sich Ende der zwanziger Jahre dem Stahlhelm an, gründete später eine Im- und Exportfirma, fand schließlich zur Wehrmacht, wurde zum Oberleutnant befördert – dann aber aus dem Reserveoffizierskorps ausgeschlossen, als seine verschwiegene Vorstrafe bekannt geworden war. 1941 meldete er sich zur Waffen-SS. Zunächst wurde er zu einem Pionierbataillon kommandiert, kam dann nach Auschwitz, wurde im Sommer 1942 Adjutant von Höß und bald zum Hauptsturmführer befördert. Eine kritische Äußerung über eine Goebbels-Rede hatte seine kurzzeitige Verhaftung zur Folge. Nach einem bald wieder eingestellten Verfahren beurlaubte man ihn im Frühjahr 1944 nach Hamburg, wo er einem norddeutschen SS-Kommando unterstellt und bei Kriegsende interniert wurde. Nachdem ihn die Spruchkammer als Entlasteten eingestuft hatte, nahm Mulka 1948 seine Tätigkeit im Im- und Export-Geschäft wieder auf.

Die Anklage wirft ihm vor, in seiner Funktion als Adjutant des Lagerkommandanten „bei der massenweisen Tötung der sog. RSHA-Juden mitgewirkt" zu haben.[332] Mulka bestreitet dies und bringt seine Tätigkeit im Lager auf die prägnante Formel, er habe wenig gesehen und nichts befohlen. Auf die Frage des Vorsitzenden, ob er sich nie darum gekümmert habe, wie die Menschen hinter dem elektrisch geladenen Stacheldrahtzaun untergebracht und versorgt waren, antwortet er: „Ich habe darüber keine Klagen bekommen." Und als Landgerichtsdirektor Hofmeyer wissen will: „Wussten sie nicht, dass dort Gaskammern waren?" erwidert der Angeklagte nach längerer Pause: „Ja, aber ich hatte keine Veranlassung, danach zu fragen." Mulka verschanzt sich hinter einer gewundenen Sprache und seiner angeblich nur bürokratischen Tätigkeit. Er will im Lager vor allem Personalakten bearbeitet, Arbeitskräfte eingeteilt, Preise kalkuliert und den Kommandanten gelegentlich bei der Begrüßung von Besuchern begleitet haben. Immer wieder verwickelt er sich in Widersprüche, die ihm der Vorsitzende nachweisen kann. Er weiß nichts von der „Sonderbehandlung", aber auf die insistierende Nachfrage des Vorsitzenden antwortet er erregt: „Sonderbehandlung war Mord." Er weiß angeblich kaum etwas von den ankommenden Transporten und der Selektion der nicht arbeitsfähigen Juden für die sofortige Vergasung, muß aber zugestehen: „Man sprach darüber", und besteht zugleich darauf, selbst „niemals Dienst auf der Rampe gemacht" zu haben.

Das Gericht sieht es jedoch als erwiesen an, dass er an einer unbestimmten Zahl von Selektionen mitgewirkt hat. Es stützt sich dabei auf Aussagen von Zeugen, von Mitangeklagten und auf die Tatsache, dass er Adjutant des Kommandanten war, dessen häufige Anwesenheit auf der Rampe bei der Ankunft der Deportationszüge nachgewiesen ist. Die Richter legen als Mindestzahl drei Selektionen zugrunde, bei denen je wenigstens 750 Menschen zur Vernichtung bestimmt wurden. Mulka wird einerseits zugute gehalten, dass er den Massenmord in Auschwitz, den er während des Prozesses selbst als „himmelschreiendes Unrecht" bezeichnet, nicht bestreitet, sondern bestätigt. Für ihn scheint auch zu sprechen, dass er nicht alles billigte, was im Lager geschah, und dass er schließlich beurlaubt wurde. Andererseits deuten seine Beförderung und seine leitende Stellung darauf hin, dass er seine Aufgaben während seiner dortigen Tätigkeit zufriedenstellend erfüllte. Das Gericht sieht seine Taten hart an Mittäterschaft grenzen. Es befindet Mulka in vier Fällen der gemeinschaftlichen Beihilfe zum gemeinschaftlichen Mord schuldig und verurteilt ihn zu 14 Jahren Gefängnis.

Der Angeklagte Oswald Kaduk wurde 1906 im oberschlesischen Königshütte als Sohn eines Hufschmiedes geboren, war nach Volksschulbesuch und Metzgerlehre zunächst im städtischen Schlachthof tätig und nach kurzzeitiger Arbeitslosigkeit bei verschiedenen örtlichen Feuerwehren.[333] Bei Kriegsbeginn meldete er sich freiwillig zur Waffen-SS und wurde nach einem längeren Lazarettaufenthalt nach Auschwitz versetzt. Dort war er die meiste Zeit als Rapportführer eingesetzt, blieb bis zur Räumung des Lagers, tauchte unter, wurde von einem sowjetischen Militärgericht erst zum Tode, dann aber in der DDR zu 25 Jahren Zwangsarbeit verurteilt und bereits im Frühjahr 1956 aus der Haft in Bautzen entlassen. Bis zu seiner Festnahme im Sommer 1959 war Kaduk in einem Berliner Hospital als Krankenpfleger beschäftigt, von seinen Patienten liebevoll „Papa Kaduk" genannt.

Die neuerliche Verhaftung empfindet er als „Racheakt"; die „Strafklage" ist für ihn „durch die sowjetische Verurteilung schon verbraucht". Als Kaduk aufgerufen wird, erklärt er: „Herr Vorsitzender, ich verweigere hier die Aussage zur Sache". Bevor er sich setzt, prüft er durch einen kurzen Seitenblick ins Publikum die Wirkung seines Auftritts. Das wiederholt sich des öfteren. Hermann Langbein und Bernd Naumann, denen wir zwei eindringliche, sich ergänzende, in vielen Beobachtungen und Bewertungen auch übereinstimmende Berichte vom Prozess verdanken, beschreiben Kaduk als einen derben Mann mit groben Händen und schmalen Lippen, prahlerisch, eitel und auch wehleidig. Ein Angeklagter, der durch seine ungelenke, harte Sprache ebenso auffällt wie durch sein überbetontes, provozierendes militärisches Auftreten, der die Aussage verweigert und dann doch redet, wenn er mit belastenden Zeugenaussagen konfrontiert wird, und der über ein erstaunlich präzises Gedächtnis verfügt, wenn er sich erinnern will. Dieser so sehr an Gehorsam und Befehl gewöhnte, untersetzte Sechziger steht stramm, wenn er vor den Richtertisch tritt, schlägt die Hacken zusammen und hält die Hände an die Hosennaht.

Die Beschuldigungen, die gegen ihn vorgebracht werden, sind vielfältig und schockierend; sie bleiben auch dann letztlich unverständlich, wenn man sie im Laufe von Jahren wieder und wieder liest. Kaduk galt im Lager – so die Zeugen übereinstimmend – als einer der brutalsten und besonders sadistischen SS-Männer. Kaduk war „der Schrecken des Lagers", so der Zeuge Friedrich Eder: „Ich kann nicht sagen, ob das noch ein Mensch war. Er schlug fürchterlich", beispielsweise, wenn man nicht schnell genug die Mütze vor ihm zog, und oft, betonen die Zeugen, sei er betrunken gewesen. Aus geringsten Anlässen habe er die Häftlinge gequält und misshandelt. Besonders gefürchtet waren das ‚Sportmachen', das ‚Mützewerfen' oder das ‚Krawattelegen' – so hießen seine extremen Misshandlungen, die nicht selten mit dem Tode der Gefangenen endeten. ‚Sport' trieb er mit ihnen beispielsweise, wenn ihm die zumeist barfüßigen und geschwächten Häftlinge beim Steineschleppen wegen ihrer Fußbeschwerden nicht schnell genug waren und er sie im Laufschritt wie Frösche springen und sich niederfallen ließ, bis manche von ihnen zusammenbrachen und einige unter den Schlägen und Stiefeltritten des Rapportführers auch starben. Mehrere Zeugen berichten von ihren Verletzungen durch Kaduks Schläge und davon, dass diese Misshandlungen bei anderen Häftlingen wiederholt zum Tode geführt hätten. „Ich gebe zu", so Kaduk, „ich habe eine feste Hand, und wenn ich da geschlagen habe, dann war bald einer weg." Der Zeuge Józéf Kral beschreibt dem Gericht, welche Art von Tötung sich hinter dem Ausdruck ‚Krawattelegen' verbirgt. Der Angeklagte hatte einmal einen Häftling erwischt, der sich, was natürlich verboten war, Kartoffeln gebraten hatte. Er schlug ihn zu Boden, legte eine Eisenstange über seinen Hals, trat darauf und befahl einem Häftling sich auf das andere Ende zu stellen. Als dieser davon lief, schoß Kaduk ihm nach und erwürgte den am Boden liegenden Gefangenen allein.

Mehrere Zeugen bestätigen, dass der Rapportführer auch bei den sogenannten Lagerselektionen beteiligt war, also wenn aus den Arbeitskommandos die Kranken oder schlecht Aussehenden zur Vergasung herausgeholt wurden. Zuvor wurden die Häftlinge ins Bad geschickt. „Wir mussten in einer Reihe an ihm vorbei", so ein Zeuge, „und er holte mit dem Stock diejenigen am Hals heraus, die er ausgesucht hatte. Diese Leute erschienen nie wieder in unserem Kommando oder Block." Doch immer wieder beteuert der Angeklagte, dass er „persönlich keine Entscheidung über Leben und Tod in Auschwitz getroffen" habe.

Die Massentötungen im Lager bestreitet auch er nicht. Kaduk gibt am Ende zu, dass in Auschwitz „ein großes Verbrechen geschehen" ist, und spricht schließlich auch von der „Tat, die wir begangen haben". Aber die Schuld haben die anderen. Es geht ihm vor allem darum, „dass die Herren, die uns tatsächlich in das Unglück gestoßen haben, die meisten jetzt frei herumlaufen. Globke zum Beispiel. Und gerade wir sitzen auf der Anklagebank, und das tut uns furchtbar weh." Kaduk, so urteilt das Gericht, habe sich aus nachgewiesener Mordlust in Täterschaft oder in Mittäterschaft in zwölf erwiesenen Fällen des Mordes schuldig gemacht, bei denen mindesten 1012 Menschen ums Leben gekommen seien. Er wird unter Aberkennung der bürgerlichen Ehrenrechte mit zwölfmal lebenslangem Zuchthaus bestraft.

Der einzige Angeklagte an diesen ersten Verhandlungstagen, der sich auch persönlich unmittelbar als Beteiligter zu erkennen gibt, den Fragen des Vorsitzenden nicht ausweicht, der an dem, was er getan und gesehen hat, erkennbar schwer trägt, der nach Erklärung sucht, ist der landwirtschaftliche Assessor Hans Stark.[334] Er ist der jüngste von allen, wurde 1921 als Sohn eines Polizeibeamten geboren, erhielt eine, wie er sagt, „typisch preußische Erziehung". Er sollte es weiter bringen als der Vater, der bald mit den Leistungen des Gymnasiasten unzufrieden wurde und den Zögling in die Zucht eines Artillerie-Regiments bringen wollte. Aber die Wehrmacht nahm damals noch keine Kinder auf. Anders war es bei der SS, und mit 16 Jahren wurde er dort einer der jüngsten Rekruten, in der 2. SS-Totenkopfstandarte Brandenburg in Oranienburg. Über Buchenwald und Dachau kam er Ende 1940 nach Auschwitz. Dem 19jährigen wurde zunächst die Registratur der Toten übertragen, dann kam er zur Politischen Abteilung. Zwischenzeitlich durfte Stark nach Hause fahren, um die Reifeprüfung abzulegen. Später kam er zu einem SS-Panzergrenadierregiment, wurde verwundet, geriet im Mai 1945 während der Kämpfe um Berlin in sowjetische Gefangenschaft, konnte aber wieder fliehen. Die Spruchkammer stufte ihn als Minderbelasteten ein. Stark studierte Landwirtschaft, wurde Lehrer an Landwirtschaftsschulen und im Frühjahr 1959 verhaftet. Er ist verheiratet und Vater von zwei Kindern.

Stark, der sich wie kein anderer der Angeklagten aussagewillig und schuldbewußt zeigt, schildert dem Vorsitzenden u.a., dass und wie er bei der Liquidierung sowjetischer Kommissare durch Genickschuß beteiligt war und ebenso bei der Vergasung von 150 bis 200 Juden und Polen, die vom Standgericht zum Tode verurteilt worden waren. In einem Fall musste er beim Einfüllen des Zyklon B helfen. Der Vorsitzende will von ihm eine genaue Schilderung des Vorgangs und fragt, ob er nicht gehört habe, was sich in dem Raum unter ihm abspielte.

> „Die haben geschrien", antwortet Stark.
> „Wie lange?"
> „Zehn bis fünfzehn Minuten."
> „Wer hat den Raum geöffnet?"
> „Der Sanitäter."
> „Was haben sie dann gesehen?"
> Der Angeklagte Stark schweigt, dann sagt er leise:
> „Es war ein furchtbarer Anblick."

Stark fügt hinzu, dass er sich heute schäme, diese und andere Befehle damals für unausweichlich gehalten zu haben. Damals sei für ihn das Parteiprogramm der NSDAP wichtiger gewesen als die Zehn Gebote. Er habe aus Auschwitz wegkommen wollen, versichert er. So entsteht in den Befragungen durch den Staatsanwalt und den Vorsitzenden zunächst ein vorteilhaftes Bild des Angeklagten. In den Zeugenaussagen verwandelt es sich allerdings in das eines arroganten, sadistischen SS-Mannes, der den anderen an Brutalität kaum nachstand. Insbesondere der Zeuge Kazimierz Smolen, zum Zeitpunkt des Prozesses Direktor des Museums der Gedenkstätte Auschwitz, belastet Stark erheblich, indem er von mehreren Erschießungen berichtet, bei denen der Angeklagte allein oder gemeinschaftlich gehandelt habe. Mehrfach verweigert Stark die Aussage dazu oder bestreitet die Richtigkeit des geschilderten Sachverhalts.

Der medizinische Sachverständige, der prüfen muss, ob auf Stark, der neunzehnjährig nach Auschwitz kam, das Jugendstrafrecht anzuwenden ist, beschreibt ihn als ein „Beispiel für die Anfälligkeit des Menschen, sich zum Werkzeug totalitärer Machthaber pervertieren zu lassen". Starks Gewissen sei durch „ein Führerbewusstsein ersetzt" worden. Damals, so der Gutachter, seien „auch normale Menschen nicht fähig (gewesen, d. Verf.),

Recht und Unrecht zu unterscheiden". Das Gericht sieht Stark in 44 Fällen des Mordes und der Mittäterschaft überführt und verurteilt ihn zu der Höchststrafe, die das Jugendrecht vorsieht, zu 10 Jahren Gefängnis. Als einziger Angeklagter lässt er in seinem Schlusswort erkennen, dass er Reue empfindet. Eine Antwort auf die ihn seit Kriegsende bedrängende Frage, ob er in Auschwitz „ein Verbrecher geworden" sei, habe er nicht gefunden, gesteht er. Er weiß nur, dass er „an den Führer geglaubt" hat und „von der Richtigkeit" seines Tuns überzeugt war. Und er weiß heute auch, „dass diese Ideen falsch sind." Er schließt mit dem Satz: „Ich bedauere meinen Irrweg sehr, aber ich kann ihn nicht ungeschehen machen."

Der Angeklagte Dr. Franz Lucas wurde 1911 als Sohn eines Schlachtermeisters in Osnabrück geboren.[335] Er studierte an den Universitäten Münster, Rostock und Danzig Medizin, wurde 1937 Mitglied der NSDAP und der SS, promovierte 1942 zum Dr. med., erhielt eine zusätzliche Ausbildung an der ärztlichen Akademie der Waffen-SS in Graz und war danach im medizinischen Dienst verschiedener SS-Einheiten und Konzentrationslager tätig, 1943/44 auch einige Monate in Auschwitz. Weil er sich nach eigener Aussage wiederholt weigerte, bei der Ermordung von Häftlingen mitzumachen, wurde er mehrfach strafversetzt. Bei Kriegsende konnte er sich einem militärgerichtlichen Verfahren durch Flucht entziehen, wurde zunächst leitender Arzt für Geburtshilfe und Gynäkologie am Krankenhaus in Elmshorn und war, nachdem seine von ihm unterschlagene Tätigkeit als KZ-Arzt bekannt wurde, bis zu seiner Verhaftung im März 1965, also im fortgeschrittenen Stadium des Prozesses, als niedergelassener Arzt tätig. Dr. Lucas ist verheiratet und hat zwei Kinder.

Er gibt bereitwillig Auskunft auf die Fragen des Vorsitzenden, gesteht auch zu, mit den Standortärzten Dr. Wirths und Dr. Mengele mehrmals auf der Rampe gewesen zu sein, ist dort aber nach eigener Aussage „nicht im geringsten aktiv geworden". Sein „passiver Widerstand" sei auch der Grund gewesen, dass er bald nach Mauthausen, dann nach Stutthof, Ravensbrück und Sachsenhausen versetzt worden sei. Die Zeugen, die zunächst auftreten, können sich entweder nicht an Dr. Lucas erinnern oder ihre extrem belastenden Aussagen erscheinen nicht zuverlässig. In dieser Phase entsteht – auch in der Presse – der Eindruck, dass Dr. Lucas eine Art ‚weißer Rabe‘ in Auschwitz gewesen ist. Mehrere Zeugen, die Dr. Lucas in den letzten Kriegsmonaten im Konzentrationslager Ravensbrück erlebt haben, beschreiben ihn als „Einzelgänger", als „Bruder, Vater, Kamerad und Freund zugleich".[336]

Dass es sich womöglich nur um die halbe Wahrheit handelt, wird erkennbar, als der Zeuge Stefan Baretzki aussagt. Er beschuldigt den Angeklagten, u.a. bei der Liquidierung des Theresienstädter Familienlagers mitgewirkt zu haben. Im März 1965 nimmt die schon mehr als ein Jahr andauernde Hauptverhandlung eine überraschende Wende. Dr. Lucas gesteht nun ein, dass er durch den Kommandanten Kramer unter Androhung einer Verhaftung gezwungen wurde, „drei- bis viermal an den Selektionen an der Rampe" teilzunehmen. Der Staatsanwalt plädiert auf lebenslänglich, der Vertreter der Nebenklage fordert nur zwölf Jahre Zuchthaus. Das Gericht kommt zu einem anderen Urteil. Dass der Angeklagte zum Rampendienst, den er spät zugegeben habe, gezwungen worden sei, hält es für eine Schutzbehauptung. Andererseits hat er nachweislich kranken Häftlingen auch geholfen und zumindest in Ravensbrück Selektionen abgelehnt. Zwar erklärt ihn das Gericht für schuldig, während der Ungarntransporte an mindestens vier Selektionen mitgewirkt zu haben, bei denen jeweils wenigstens 1 000 Menschen den Tod fanden, es hält dem Angeklagten aber zugute, dass er geständig und einsichtig war, geht deshalb jeweils von der Mindeststrafe für Beihilfe zum Mord aus und zieht sie zu einer Gesamtstrafe von 3 Jahren und 3 Monaten Zuchthaus zusammen.

Es erscheint bezeichnend für den Fall Dr. Lucas, dass lediglich dessen Revision Erfolg hatte. Während die Urteile der anderen Angeklagten bestätigt wurden, hob der Bundesgerichtshof das Lucas-Urteil auf und gab die Sache zur Neuverhandlung an das Frankfurter Landgericht zurück, das dem Verurteilten nun Putativnotstand zubilligte und ihn freisprach. Eine Entschädigung für die Untersuchungshaft mochte das Gericht dem Freigesprochen aber nicht zugestehen, denn trotz „aller strafrechtlich schuldlosen Verstrickung des Angeklagten" sei „sein Verhalten vom allgemeinen sittlichen Standpunkt aus doch verurteilenswert."[337]

Dass es sich bei den Exekutoren der ‚Endlösung‘ im allgemeinen nicht um Monstergestalten handelte, war bereits in Nürnberg sichtbar geworden. Dort stand auch der ehemalige Auschwitz-

Kommandant Rudolf Höß vor Gericht – allerdings nur als Zeuge der Verteidigung. Er wurde wenig später in Polen zum Tode verurteilt und im April 1947 in Auschwitz gehenkt. Schon dem Gericht fiel seine autoritätsfixierte Sachlichkeit auf. Taylor berichtet, Höß habe dem Gericht – bereitwillig und ungerührt – mitgeteilt, dass er die Zahl aller in Auschwitz vernichteten Menschen auf etwa 3 Millionen schätze. Der Gerichtspsychologe Gustave M. Gilbert beschreibt den Lagerkommandanten als einen geistig normalen Mann „mit einer schizoiden Apathie" und einem auffälligen „Mangel an Einfühlungsvermögen".[338]

Davon zeugen auch seine autobiographischen Aufzeichnungen, die der langjährige Leiter des Münchener Instituts für Zeitgeschichte, Martin Broszat, bereits 1958 veröffentlichte. Sie erschienen dem Gericht als Zeugnis so wichtig, dass sie im Rahmen der Beweisaufnahme am 6. und 9. Juli 1964, dem 62. und 63. Verhandlungstag, verlesen wurden.[339] Diese Selbstdarstellung, im Bewusstsein des bevorstehenden Todes geschrieben, gilt zu Recht als ein Schlüsseltext für das Verständnis von SS-Karrieren und Täter-Biographien. Höß, 1900 geboren, stammte aus einer katholischen Kaufmannsfamilie, wurde als Kriegsfreiwilliger mit 17 Jahren der jüngste Unteroffizier des Kaiserreichs, schloss sich nach der Niederlage einem Freikorps an, war 1923 an einem Fememord beteiligt, was ihm eine zehnjährige Zuchthausstrafe einbrachte, die für ihn, wie er schreibt, zu einer besonders lehrreichen Zeit wurde. Er beschäftigte sich nicht nur mit der Gefängnisorganisation und dem Verhalten der Häftlinge, sondern auch mit Rassenkunde und Vererbungslehre, lernte Englisch und spielte Schach. Er wurde vorzeitig entlassen, dachte an Auswanderung und den Aufbau eines Bauernhofes, kam mit dem Artamanenbund in Verbindung und schließlich mit der SS. 1934 begann seine Karriere im KZ Dachau, die ihn über Sachsenhausen nach Auschwitz führte.

Höß beschreibt sich als einen distanzierten, leidenschaftslosen und schon als Kind weitgehend isolierten Menschen, ohne emotionale Nähe zu den Eltern, die Natur und Tiere liebend. Später geht er ganz und gar in seiner neuen Aufgabe auf, dem Auf- und Ausbau des Lagers, der Überwachung der Lagerorganisation und der Organisation der Massenvernichtung. Er will Vorbild sein für seine Untergebenen und bemüht sich im Vollzug seiner Tätigkeit, die ihn immer wieder emotional aufwühlt, jene Härte und Kälte aufzubringen, die von ihm, dem verantwortlichen Lagerführer verlangt wird. Innere Spannungen aus der Gleichzeitigkeit von Dienst- und Familienpflichten kompensiert er durch Alkohol, Unzufriedenheit mit seinen Mitarbeitern durch zunehmende Distanz. Er bewährt sich als leitender Ingenieur des Häftlings- und Vernichtungslagers. Er ist ehrgeizig, pflichtbesessen, autoritätsgläubig und verfügt über beachtliche organisatorisch-technische Kompetenz, die ihm schließlich noch den Sprung in die Leitung der Inspektion der Konzentrationslager einbringt. Und bis zuletzt glaubt er an seine Aufgabe wie an eine soziale Utopie. Ob die „Massenvernichtung der Juden notwendig war oder nicht", darüber mochte er sich kein Urteil erlauben. Aber nicht ohne Stolz schrieb er, dass Auschwitz „nach dem Willen" Himmlers unter seiner Leitung „die größte Menschen-Vernichtungs-Anlage aller Zeiten" wurde.

Kein politischer Prozess, aber ein politisches Ereignis

Die Vernehmung der Angeklagten zur Person und zur Sache stehen in den ersten Wochen im Vordergrund. Aber nicht sie geben den Verhandlungen Gewicht. Zur Wahrheitsfindung tragen sie wenig bei. Zunächst können oder wollen sich die meisten von ihnen nicht erinnern oder nicht zur Sache äußern. Manche widerrufen gar Aussagen, die sie in der Voruntersuchung bereits gemacht haben. Im Laufe des Verfahrens wird erkennbar, dass die Verteidigung hier offenbar kräftig Regie geführt hat. Die Vernehmung der Angeklagten ist jedenfalls früher beendet, als man zuvor angenommen hat. Dann tragen die wissenschaftlichen Sachverständigen ihre gutachterlichen Stellungnahmen vor, um den zeithistorischen Gesamtzusammenhang verständlich zu machen. Die Historiker Dr. Hans Buchheim, Dr. Helmut Krausnick und Dr. Martin Broszat vom Münchener Institut für Zeitgeschichte sowie Dr. Hans-Adolf Jacobsen von der Universität Bonn sprechen über die Organisation der SS, der Polizei und der Konzentrationslager, sie äußern sich zum Kommissarbefehl und zur nationalsozialistischen Polen- und Judenpolitik.[340]

Im Zentrum des Verfahrens stehen allerdings die Zeugenbefragungen, die dem Prozess sein eigentliches Profil geben. Sie beginnen Ende Februar 1964 und dauern bis Anfang Mai 1965. Wenn überhaupt, dann können die Auschwitz-Überlebenden mit ihren eigenen, leidvollen Erfahrungen, ihren subjektiven Wahrnehmungen und Erinnerungen eine gewisse Vorstellung von dem so schwer verständlichen Geschehen vermitteln. Mehr als 350 Zeugen werden gehört, einige von ihnen mehrmals. Die ‚Auschwitzer‘ kommen aus 19 verschiedenen europäischen und außereuropäischen Ländern und sind vielfach gesundheitlich gezeichnet. Neue psychische Belastungen kommen durch die Reise nach Deutschland hinzu und steigern sich noch, wenn sie ihren einstigen Peinigern vor Gericht gegenübertreten müssen. Die ersten Überlebenden von Auschwitz, die hier, stellvertretend für die zahlreichen anderen Zeugen, einmal namentlich genannt seien, die Österreicher Hermann Langbein, vormals Häftlingsschreiber beim SS-Standortarzt, sowie die beiden ehemaligen Häftlingsärzte Dr. Ella Lingens und Dr. Otto Wolken, geben einen die Gutachten ergänzenden Überblick über die organisatorischen Strukturen in den verschiedenen Lagern. Das zahlenmäßig größte Zeugenkontingent stellen die polnischen Auschwitz-Überlebenden, vielfach politisch Verfolgte, die nicht selten als Häftlingsschreiber eingesetzt waren und hinsichtlich der verschiedenen Funktionsbereiche des Lagers ebenfalls über große Kenntnisse verfügen.

Die Beobachter des Prozesses stimmen in dem Urteil überein, dass die Vielzahl der Zeugenaussagen, die sich ergänzen und durch Wiederholung bestätigen, mehr und mehr zur Versachlichung einer emotional höchst angespannten Atmosphäre beitragen, so extrem und schwer erträglich im konkreten Einzelfall auch ist, worüber die ‚Auschwitzer‘ sprechen. Sträubte sich mancher Richter anfangs gegen den zynisch-euphemistischen Lagerjargon, werden ‚Rampe‘ und ‚Selektion‘ oder ‚Muselmann‘ und ‚Spritzen‘ schnell geläufige Begriffe. Und wenn ein ehemaliger Häftling von ‚Kanada‘ und ‚Mexiko‘ spricht, so weiß das Publikum bald, dass damit Sonderlager gemeint sind. In den Effekten-Depots war, wie man so sagte, „alles zu haben". Dort wurden die Wertsachen gesammelt, die man den Opfern bei ihrer Ankunft in Auschwitz abgenommen hatte. Im zweiten, nicht ganz ausgebauten Lagerabschnitt III in Birkenau befanden sich jene unglücklichen Häftlinge, denen nicht einmal ihre Kleidung gelassen wurde, die sich Decken umhängten, wodurch ein recht buntes Bild entstand.

Auf Antrag eines Vertreters der Nebenkläger, Rechtsanwalt Henry Ormond, jetzt britischer Staatsbürger, wird Anfang Oktober eine Gruppe überlebender Häftlinge befragt, die in den ‚Sonderkommandos' Dienst tun mussten, also unmittelbar in den Krematorien und Gaskammern. Vor allem ihm, dem ehemaligen Mannheimer Amtsrichter, den die Nazis als Hans Ludwig Oettinger 1933 aus Deutschland vertrieben hatten, ist es auch zu verdanken, dass Anfang Dezember in Auschwitz eine Ortsbesichtigung stattfindet.[341] Unter Leitung des damit beauftragten Richters Walter Hotz nehmen an der Reise nach Polen mehrere Staatsanwälte und Verteidiger teil, aber nur ein Angeklagter, Dr. Lucas, der sich zu diesem Zeitpunkt noch in Freiheit befindet. Der Ortstermin hat auf alle Beteiligten, wie sie später erklären, eine nachhaltige Wirkung. Lobend hervorgehoben wird auch das entgegenkommende Verhalten der polnischen Regierung und des Museum Auschwitz.

In der Schlussphase des Prozesses erscheinen die Entlastungszeugen für die Angeklagten. Immer wieder hat die Verteidigung im bisherigen Verfahren die Glaubwürdigkeit von ehemaligen Auschwitz-Häftlingen in Zweifel gezogen. Jetzt erweist sich der Nutzen der eigenen Zeugen gelegentlich als zweifelhaft. Es gehört zur Ironie dieses Verfahrens, dass die beiden letzten Zeugen, die von der Verteidigung nach Frankfurt gerufen werden, gegen mehrere Angeklagte neue Anschuldigungen vorbringen. Abermals spielt der Zufall der Staatsanwaltschaft in die Hände. Anfang Mai 1965 wird die Beweisaufnahme abgeschlossen. Den ganzen Sommer hindurch halten Anklagevertretung und Verteidigung ihre Schlussplädoyers. Vor allem letztere brauchen viel Zeit. Dabei hat Staatsanwalt Kügler, der u.a. zu Mulka und Dr. Lucas plädiert, zuvor ein Fazit gezogen, dem bis auf das Urteil und die Urteilsbegründung kaum noch etwas hinzuzufügen ist:

„Die Beweisaufnahme hat mit glasklarer Härte ergeben, dass wir es mit Auschwitz mit einem Mordzentrum von unvorstellbarer Entsetzlichkeit zu tun haben und dass dessen Funktionieren von dem bewussten und gewollten Zusammenwirken der Angeklagten und Tausender anderer abhing. Ihre Untaten waren von so ungezügelter und zugleich sachlich-bürokratisch organisierter Lieblosigkeit, Bosheit und Mordgier, dass niemand sie ohne tiefe Scham darüber, dass Menschen zu dergleichen fähig sind, überdenken kann. (...) So wie diese Angeklagten in Auschwitz tätig geworden sind, haben sie nicht nur ein mörderisches Ende und ein in Worte nicht mehr fassbares Elend über Zehntausende Männer und Frauen und ungezählte Kinder gebracht, sie gehören auch zur untersten Garnitur jener, welche die Jugend unseres Volkes, des ganzen Deutschlands, den Weg in eine freie und glücklichere Zukunft bis zur Unmöglichkeit erschwert haben."[342]

Anfang August sprechen die Angeklagten ihre Schlussworte. Der Vorsitzende macht sie darauf aufmerksam, dass dies keine Pflicht, sondern ein Recht sei. In der ihm eigenen noblen Art, mit der er Monate lang souverän, sachlich und verständig die Verhandlungen geleitet hat, rügt Senatspräsident Hofmeyer die Angeklagten und bittet sie zugleich, sich am Ende zu einem einsichtsvollen Wort durchzuringen:

„Wir wären der Wahrheit ein gutes Stück näher gekommen, wenn Sie nicht so hartnäckig eine Mauer des Schweigens um sich errichtet hätten. Vielleicht ist es dem einen oder anderen von Ihnen während des Verfahrens deutlich geworden, dass es hier nicht um Rache geht, sondern um Sühne."[343]

Aber die meisten Angeklagten erreichen die beschwörenden Worte des Richters nicht. Es ist fast so wie zu Beginn des Prozesses: Sie bestreiten nicht, dass im Lager tagtäglich gemordet, selektiert und vergast wurde, aber sie bestreiten, eine persönliche Schuld auf sich geladen zu haben. Gewiss, einige von ihnen finden ein Wort des Mitleids für die Opfer, aber noch mehr bemitleiden sie sich selbst und das Schicksal ihrer unglücklichen Familien. Einige distanzieren sich auch von der nationalsozialistischen Idee, aber sie verweisen zugleich darauf, dass sie nicht freiwillig nach Auschwitz gekommen wären und als befehlsunterworfene Soldaten gehandelt hätten. Nur zwei von ihnen fallen aus diesem Chor der Unschuldsbeteuerungen und des Selbstmitleids heraus. Der ehemalige Lagerarzt Dr. Franz Lucas, der das Gericht bezüglich seiner Mitwirkung beim Selektieren, wohl auch auf Anraten der Verteidigung, zunächst belogen, sich aber schließlich durchgerungen hat, dem Gericht die Wahrheit zu sagen, bittet dasselbe um ein Urteil, das ihm hilft, sich „von der Verstrickung zu lösen". Der zweite, der seine Schuld eingesteht, „als gläubiger Nationalsozialist Menschen umgebracht" zu haben, und der seinen „damaligen Irrweg" bedauert, ist Hans Stark, der sechzehnjährig vom Vater zur SS gegeben wurde. Dieser hat sich, wie der Sohn aussagt, aus Verzweiflung darüber nach dem Krieg das Leben genommen.

Am 19./20. August verkündet und begründet Senatspräsident Hofmeyer das Urteil.[344] Sechs der bei Prozessende noch zwanzig Angeklagten werden zu lebenslanger Zuchthausstrafe verurteilt, elf erhalten Zeitstrafen, und drei werden freigesprochen. Zunächst geht der Vorsitzende Richter noch einmal auf die Zielsetzung des Prozesses ein. Das Schwurgericht sei nicht berufen gewesen, „die Vergangenheit zu bewältigen". Es wollte, was manche erwartet und andere befürchtet hatten, weder einen „politischen Prozess" führen, noch konnte es den zeitgeschichtlichen Zusammenhang, in dem die von den Angeklagten in Auschwitz verübten Verbrechen stehen, umfassend darstellen und würdigen. In der ‚Strafsache gegen Mulka und andere' sei es einzig und allein darum gegangen, die Schuld der Angeklagten zu ermitteln und zu bewerten. Und weil das Strafgesetzbuch den Straftatbestand des Massenverbrechens nicht kenne, habe das Gericht nach konkreten einzelnen strafbaren Handlungen der Angeklagten fragen müssen, die als gesichert gelten können. Insofern konnte sich das Gericht auch nur mit der kriminellen Schuld befassen, so Hofmeyer weiter in Anspielung auf die Schuldbegriffe von Karl Jaspers. Die Frage der politischen, moralischen und ethischen Schuld sei nicht Gegenstand seiner Erörterung und Prüfung gewesen.

Gegen das prinzipielle Argument der Verteidigung, dass ein Nachfolger-Staat nicht bestrafen könne, was sein Vorgänger befohlen habe, macht der Vorsitzende dezidiert seine Rechtsauffassung geltend, wonach sich die Bundesrepublik auch in der rechtsstaatlichen Kontinuität des Deutschen Reiches von 1871 befinde und der NS-Unrechtsstaat aus Mord und Beihilfe zum Mord nicht rechtmäßiges Handeln habe machen können. Allerdings der NS-Staat die Strafverfolgung beschränkt; von der ‚gefesselten Justiz' wird in dieser euphemistischen Sicht zumeist gesprochen. Der Vorsitzende folgert aus diesen Annahmen, dass „Tötungen", die sich „im Einklang befanden mit den gegebenen Befehlen, rechtswidrig, aber nicht verfolgbar" waren.

Senatspräsident Hofmeyer geht in seiner Urteilsbegründung allerdings nicht nur auf schwierige und strittige Rechtsprobleme ein. Er findet am Ende bemerkenswert eindringliche Worte, die dem Gedächtnis der Nachlebenden die Erinnerung an die Verfolgten, Gequälten und Getöteten in der Form eines Gerichtsurteils einschreiben. Robert W. Kempner nannte es das beste und abgewogenste Urteil aller bisherigen NS-Prozesse. Der Ost-Berliner Anwalt Friedrich Kaul nutzte es zur Diffamierung der westdeutschen Justiz und sprach von einer „Verhöhnung aller Opfer des Faschismus". Eugen Kogon hat es zu Recht das „großartige Dokument" eines nach Tatsachen fragenden und Taten abwägenden Richters genannt, das wegen aller richterlichen Selbstbeschränkung das Allgemeine in der konkreten menschenverachtenden und menschenvernichtenden Lagerorganisation deutlich werden lässt:

„Über dem Lagertor waren die Worte zu lesen: ‚Arbeit macht frei'. Unsichtbar aber stand geschrieben: ‚Ihr, die Ihr hier eingeht, lasst alle Hoffnung fahren.' Denn hinter diesem Tor begann eine Hölle, die für das normale menschliche Gehirn nicht auszudenken ist und die zu schildern die Worte fehlen. Den armen Menschen, die man hier hineingetrieben hat, nahm man nicht nur Hab und Gut ab, man schnitt ihnen (die) Haare, Männern, Frauen und Kindern, man gab ihnen ein paar Lumpen als Kleidung (...) Tag und Nacht gepeinigt von Ungeziefer, mit Schwären bedeckt, ausgeliefert den zynischen Kapos, den Blockältesten, den Blockführern, den Rapport- und Lagerführern, in grauenvoller Angst vor dem nächsten Tag, der ihnen neue Qualen bringen würde. Mit schweren Holzschuhen an den zerschundenen Füßen trieb man sie schlimmer als das Vieh zu ungewohnter schwerer Arbeit und machte sich eine Freude daraus, mit den völlig erschöpften und halbverhungerten Menschen sogenannten ‚Sport' zu machen, bis die gequälte Kreatur ohnmächtig zusammenbrach. Aber das war dann Grund genug, sie halb oder ganz totzuschlagen. Das alles war angeblich dem Angeklagten *Mulka* nicht bekannt. Physisch und psychisch gebrochen, der Menschenwürde entkleidet, hauchten dann diese Opfer unter den Händen des (Sanitätsgrades) *Klehr* oder in den Gaskammern in Birkenau ihr jämmerliches Leben aus – Juden und Christen, Polen und Deutsche, russische Kriegsgefangene und Zigeuner, Menschen aus ganz Europa, die auch von einer Mutter geboren waren und Menschenantlitz trugen."

So zutreffend die Feststellung von Hans Hofmeyer ist, dass er keinen Schauprozess geführt hat, und so klug er ist, am Schluss noch einmal zu betonen, dass das Schwurgericht nicht berufen war, die NS-Vergangenheit zu bewältigen, er hat dem Prozess politisches Gewicht gegeben, gerade weil er ihn nicht zu einer politischen Abrechnung benutzt hat. Es ging ja nicht nur um einzelne Straftaten, so sehr diese auch im Mittelpunkt des Verfahrens standen. Erstmals wurde von einem deutschen Gericht festgestellt, wie die Vernichtungsmaschinerie Auschwitz funktionierte. Die

Angeklagten hatten sich allesamt als Rädchen dieser Maschinerie dargestellt, deren Existenz keiner von ihnen bestritt. Von der täglichen Vergasung sprachen sie wie selbstverständlich. Was Hannah Arendt über den Eichmann-Prozess schrieb, gelang auch den Frankfurter Richtern, Staatsanwälten und Zeugen: die „Rückverwandlung" dieser Rädchen in „Menschen".[345] „Keinem System, nicht der Geschichte", sondern Personen wurde der Prozess gemacht, aber an ihren Biographien begann die Geschichte anschaulich und der Nationalsozialismus begreifbar zu werden, von den gesellschaftlichen Bedingungen seiner Entstehung und seiner Mobilisierungserfolge her und im Hinblick auf das Funktionieren eines verbrecherischen Regimes. Dazu hat auch die Berichterstattung durch die großen Tageszeitungen einen wesentlichen Beitrag geleistet. *Die Welt* stellte die Angeklagten in Kurzbiographien ihrer bürgerlichen Lebensgeschichten vor, auch die *Frankfurter Rundschau* unterstrich, dass es sich bei den Angeklagten um Personen handelt, die erst unter den besonderen Verhältnissen des NS-Regimes zu Mittätern eines staatlich organisierten und legitimierten Gewaltverbrechens geworden seien.

Zu dieser für die sechziger Jahre neuen Sicht auf den Völkermord haben auch zeithistorische Gutachter wesentliche Beiträge geleistet. Zusammen mit den Urkundenbeweisen und Zeugenaussagen sollten sie nicht nur zur Wahrheitsfindung der den Angeklagten zur Last gelegten Straftaten beitragen.[346] Tatsächlich wollte ihnen die Staatsanwaltschaft ein sehr viel größeres Gewicht geben, als ihnen die Richter im Verfahren zugestehen mochten. Ein Jahr vor Prozessbeginn versammelte Fritz Bauer, der den Auschwitz-Prozess zusammen mit anderen NS-Verfahren vorbereitete, mehrere Staatsanwälte und Zeithistoriker, um seine weitreichenden Absichten mit ihnen abzustimmen. Aus der Sicht des Hessischen Generalstaatsanwaltes sollte der Prozess nicht nur der abschreckenden Aufklärung über Verbrechen und der Bestrafung von Schuldigen dienen. Bauer dachte nicht nur an Generalprävention und Sühne, er wollte auch zur „Bewältigung der Vergangenheit" beitragen, insbesondere zur Verbesserung des allgemeinen Geschichtsbewusstseins und zur Intensivierung der zeithistorischen Forschung in Deutschland.[347] In früheren NS-Prozessen sei es der Verteidigung gelegentlich gelungen, durch „prozessuale Argumente" den Sinn der Verfahren zu verfälschen und die Straftaten der Täter isoliert zu betrachten und zu bewerten, weil der historisch-politische Kontext nicht in den Prozess einbezogen gewesen sei.[348] Das sollte sich nicht wiederholen.

Das Gericht verhielt sich indessen defensiv und wollte sich seine Kompetenz durch die Gutachter nicht streitig machen lassen. Deutungen komplexer Sachverhalte vorzunehmen und Schlussfolgerungen aus widersprüchlichen Aussagen und Bewertungen zu ziehen, sei ausschließlich Sache des Gerichts. Die Verteidigung mochte auf einen diffamierenden Seitenhieb nicht verzichten, nannte derartige Gutachten im allgemeinen „wertlos", weil sich das Gericht nicht mit zeithistorischer Forschung beschäftige, und warnte vor einer „gefährlichen Ausweitung" des Verfahrens.[349] Dieser restriktiven Auffassung folgte auch der Vorsitzende, als er in seiner abschließenden Urteilsbegründung noch einmal daran erinnerte, dass das Gericht ausschließlich die Anschuldigungen der Staatsanwaltschaft zu prüfen habe sowie die Begründungen bzw. Umstände, auf die sich die Anschuldigungen stützten, andernfalls geriete das Gericht „in eine Uferlosigkeit", die jede „Entscheidung unmöglich machen würde".[350]

Michael Stolleis hat in erhellenden Thesen über Differenz und Identität von Historikern und Juristen darauf aufmerksam gemacht, dass ihr Verhältnis zur Geschichte der staatlichen Gewaltkriminalität dreifach zu definieren ist. Beide arbeiten an der Ermittlung oder Rekonstruktion von historischen Ereignissen und stützen sich dabei auf „Fakten" oder „Tatsachen", wobei diese eben nicht unmittelbar, sondern nur mittelbar zur Verfügung stehen, in mündlicher (Zeugenbefragung) oder verschriftlichter sprachlicher Form. Beide gehen von einer Hypothese aus, sie bewerten das ermittelte Geschehen. Der Richter tut dies im Hinblick auf eine (Straf-) Norm, der Historiker folgt seiner Überzeugung, dem Zeitgeist usw. Beide entscheiden. Der Richter verhängt gegen den Beschuldigten Sanktionen (Freiheits-, Geldstrafen); seine Urteile sind verbindlich, werden „im Namen des Volkes" verkündet, ihre Revision ist einem strengen Verfahren unterworfen und begrenzt. Die Urteile des Historikers sind in diesem Sinne folgenlos und unverbindlich und unterliegen zeitlich unbegrenzter Revision.[351]

Tatsächlich hat sich das Gericht in dieser Arbeitsteilung etwas verheddert und durchaus widersprüchlich verhalten. Die Zurückweisung der Gutachten als Beweismittel hinderte es nämlich nicht, sich den „überzeugenden und fundierten Darlegungen" der Historiker, wie es im allgemeinen Teil der Urteilsbegründung hieß, „in vollem Umfang" anzuschließen. Aber nicht so sehr dieser Widerspruch ist bedeutsam. Aufschlussreich ist vielmehr, dass und warum das Gericht gerade dem von Buchheim vorgelegten Gutachten über den ‚Befehlsnotstand' nicht folgte.[352] Dieses Gutachten war notwendig geworden, weil die Verteidigung die Frage in den Vordergrund gespielt hatte, ob die Beschuldigten als Mittäter oder nur als Gehilfen angeklagt waren und verurteilt werden sollten. Aufschlussreich und von grundsätzlicher rechts- und vergangenheitspolitischer Bedeutung ist dieser Sachverhalt insofern, weil sich hier zwei für die Strafverfolgung von NS-Verbrechen relevante, aber unvereinbare Rechtsauffassungen begegnen. Die herrschende Meinung in Justiz und Politik geht davon aus, dass der zivile Rechtsstaat im NS-Regime im wesentlichen in seinen normativen und institutionellen Strukturen intakt geblieben ist und seine Organe durch die Haupttäter Hitler und Himmler lediglich ‚politisch gefesselt' waren. Diese Sichtweise entlastet die Mittäter und macht sie tendenziell zu Opfern. Dem steht die Auffassung gegenüber, dass der NS-Unrechtsstaat in der Verfolgung seiner rassen- und vernichtungspolitischen Ziele den Rechtsstaat weitgehend beseitigt und ein rechtsstaatliches Bewusstsein – soweit in der Bevölkerung gefestigt vorhanden – im Sinne der nationalsozialistischen Rassenideologie ausgehöhlt bzw. überformt hat.

Hans Buchheim hat in seinem Gutachten keinen Zweifel daran gelassen, dass die Mordparagraphen des zivilen und militärischen Strafgesetzbuches durch den Führerbefehl zum Vollzug der ‚Endlösung der Judenfrage' im Rahmen des nationalsozialistischen Weltanschauungskrieges außer Kraft gesetzt waren. Daraus folgerte er, dass die an den Verbrechen beteiligten Personen, zumal die in besonderer Treuepflicht zum ‚Führer' stehenden ‚politischen Soldaten' der SS zumindest ein „partiell *suspendiertes Unrechtsbewusstsein*" besaßen.[353] Mit dieser Sicht war die herrschende, auch vom Frankfurter Schwurgericht im Auschwitz-Prozess geteilte Rechtsauffassung unvereinbar, dass die Angeklagten lediglich – damals wie später – geltendes Strafrecht verletzt hatten, und dass ihnen das Unrecht ihres von der Staatsführung befohlenen Handelns im Grunde auch bewusst gewesen sei.

Bei der Frage, ob die in Auschwitz und anderen Vernichtungslagern verübten Verbrechen unter die Mordparagraphen des zivilen und militärischen Strafgesetzbuches subsumiert werden können oder sollen, geht es allerdings nicht primär um Tötungen einzelner Personen, die ohne weiteres einzelnen Tätern zurechenbar sind und insoweit die Tatbestandsmerkmale des § 211 StGB erfüllen. Das eigentliche Charakteristikum des Tatortes Auschwitz ist, dass dort ein staatlich organisiertes Verbrechen stattfand, ein „Verwaltungsmassenmord" (H. Arendt), ein gigantisches, industriell und militärisch organisiertes Zentrum der rationellen Menschenvernichtung und Menschenverwertung, mit Zwangsarbeit und Völkermord, medizinischen Versuchen einschließlich der Verwertung des Vermögens und der körperlichen Überreste der Ermordeten. In dieses Tötungszentrum sind in etwa 30 Monaten mit mehr als 600 Deportationszügen aus nahezu allen von Hitler-Deutschland besetzten europäischen Ländern ungefähr eine Million Juden gebracht worden.

Das ist der eigentliche Angelpunkt der Kritik an der in der Bundesrepublik herrschenden Rechtsauffassung und NS-Strafverfolgungspraxis.[354] Sie stützt sich somit auf zwei Argumente. Zum einen lehnt sie die Anwendung von § 211 StGB deshalb ab, weil die herrschende Meinung einen Konflikt zwischen dem NS-Recht und dem Recht der Bundesrepublik verneint und eine Kontinuität rechtsstaatlicher Entwicklung vom Deutschen Reich zu seinem Rechtsnachfolger unterstellt. Ausdrücklich weist auch das Frankfurter Auschwitz-Urteil darauf hin, dass selbst ein Führer-Befehl „aus Unrecht niemals Recht" machen konnte und ein „gewisser Kernbereich des Rechts" von „keiner obrigkeitlichen Maßnahme verletzt werden darf". Über dieses – historisch-politisch naive – Vertrauen in die faktische Kraft des Normativen hat sich die normative Kraft des faktischen Unrechtsregimes mühelos hinweggesetzt. Zum anderen, so lautet im Kern das zweite Argument, sind die Menschlichkeitsverbrechen des staatlich organisierten Völkermords nur ex post und auch nur auf der Grundlage von Sondergesetzen und neuen völkerrechtlichen Straftatbeständen zu ahnden, so wie dies die Alliierten in den Nürnberger Prozessen und im Kontrollratsgesetz Nr. 10 vorgemacht und vorgegeben haben.

Die Bundesrepublik hat diesen Weg nicht fortsetzen mögen, sich vielmehr im Aufbau eines demokratischen Rechtsstaates für das Rückwirkungsverbot (103,2 GG) entschieden, weshalb der 1954 in das Strafgesetzbuch aufgenommene Völkermord-Straftatbestand (§ 220a) bei der Ahndung von NS-Gewaltverbrechen nicht wirksam werden konnte. Die bundesdeutschen Gerichte waren somit an Strafnormen aus der Zeit vor dem Holocaust gebunden. Sie mussten die Täter also im wesentlichen wegen Mordes nach § 211 StGB (bzw. § 47 MStGB) oder Beihilfe zum Mord nach §§ 211, 27 StGB anklagen und verurteilen. Kaum einer hat gegen diese Tendenz, das Gesamtgeschehen der Ermordung der europäischen Juden auf diese Weise zu atomisieren, zu „privatisieren und damit zu entschärfen", früher und entschiedener protestiert als Fritz Bauer, der in den ausgehenden fünfziger Jahren so viel für die Intensivierung der NS-Prozesse getan hat. Mit Spott und Zorn bedachte er den Gesetzgeber, den BGH und die strafrechtliche Bewältigung durch die westdeutschen Gerichte, dass sie sich der politischen „Wunschvorstellung" hingegeben hätten,

„im totalitären Staat der Nazizeit habe es nur wenige Verantwortliche gegeben, es seien nur Hitler und ein paar seiner Allernächsten gewesen, während alle übrigen lediglich vergewaltigte, terrorisierte Mitläufer oder depersonalisierte und dehumanisierte Existenzen waren, die veranlasst wurden, Dinge zu tun, die ihnen völlig wesensfremd gewesen sind. Deutschland war sozusagen nicht ein weitgehend besessenes, auf den Nazismus versessenes, sondern ein vom Feind besetztes Land."[355]

Diese Kritik schloss den Auschwitz-Prozess ein, dessen Sach- und Rechtslage, so Bauer „ungewöhnlich einfach" war und der deshalb nur kurze Zeit in Anspruch hätte nehmen dürfen. Dass er einer der längsten und aufwendigsten der deutschen Strafrechtsgeschichte wurde, mochte Bauer nur aus „sozialpädagogischen Gründen" akzeptieren. Die demoskopischen Daten der Zeit legen diesbezüglich eine eher skeptische Einschätzung nahe: Die Öffentlichkeit verfolgte den Prozess mit großer Aufmerksamkeit. Er hat ihre Einstellung aber negativ beeinflusst. Noch im August 1958, also während der antisemitischen Vorfälle, sprach sich mehr als die Hälfte der Befragten für eine weitere Strafverfolgung aus. In den Umfragen von 1963 und 1965 votierten die Befragten mehrheitlich für einen Schlussstrich, dafür, dass die Deutschen „endlich aufhören sollten", ihr „eigenes Nest zu beschmutzen". Eine deutliche Minderheit (30–40%) verlangte allerdings die Fortführung der Verfolgung von NS-Tätern.[356]

9. Die Verjährungsdebatten des Bundestages

Der Bundestag hat sich zwischen 1949 und 1999 wiederholt mit Fragen der nationalsozialistischen Erblast auseinandergesetzt.[357] Zuletzt ging es um das nationale Holocaust-Mahnmal in Berlin und die Errichtung einer nationalen Stiftung für die Entschädigung der Zwangsarbeiter. Im Jahr seiner Konstituierung setzten die programmatischen Gründungsreden von Konrad Adenauer, Theodor Heuss, Kurt Schumacher und Paul Löbe auch in ihrem Vergangenheitsbezug Akzente. Der Alterspräsident des Bundestages sprach einerseits von dem „Riesenmaß" der Schuld, „das ein verbrecherisches System auf die Schultern des deutschen Volkes geladen hat", um andererseits dessen „zwiefache Geißelung" durch die „eigenen Tyrannen" und die „fremden Mächte zur Überwindung der Naziherrschaft" hervorzuheben. Und nachdem Adenauer ebenfalls vor allem die Kriegsopfer, Kriegshinterbliebenen, Kriegsgefangenen und andere Opfergruppen in den Mittelpunkt seiner Regierungserklärung gestellt hatte, blieb es dem Oppositionsführer vorbehalten, die Erinnerung an „die deutschen Kräfte des Widerstandes und die deutschen Opfer des Faschismus" zu würdigen. Nachdrücklich kritisierte Schumacher, dass „die furchtbare Tragödie der Juden im Dritten Reich" kaum erwähnt worden sei. Und der gerade zum ersten Bundespräsidenten gewählte Theodor Heuss sprach einerseits von der „Gnade, vergessen zu können" und verwies andererseits zugleich auf die Notwendigkeit, zu erinnern.[358] Wenig später standen die Wiedergutmachung und das Verhältnis zu Israel auf der Tagesordnung. Mehrfach musste sich der Bundestag in den fünfziger Jahren mit der strittigen Frage des öffentlichen Umgangs mit Orden und anderen NS-Symbolen beschäftigen. Im Zuge der Westintegration und der Wiederbewaffnung rückte die Kriegsverbrecherfrage in den Vordergrund. Wiederholt wurde der Bundestag mit der belasteten Vergangenheit prominenter Politiker konfrontiert. Dann suchte er auf die antisemitische Welle mit der Novellierung des Volksverhetzungs-Paragraphen eine wirksame Antwort zu finden.

Zum beherrschenden Problem der sechziger Jahre geriet die Frage der Verjährung von Straftaten, die während der Zeit des Nationalsozialismus begangen worden waren. Mit keinem anderen Thema hat sich das Parlament so schwer getan, mit keinem anderen Thema hat es sich aber auch so sehr profiliert wie mit diesem.

Zu diesen Debatten wäre es wohl nicht gekommen, wenn bereits der Parlamentarische Rat oder der erste Deutsche Bundestag – den normativen Vorgaben der Alliierten und den Nürnberger Prozessen folgend – zur Ahndung von NS-Straftaten Sondergesetze in die Verfassung bzw. das Strafgesetzbuch aufgenommen und diese ausdrücklich vom Rückwirkungsverbot ausgenommen hätten. Zwar wurde das alliierte Kontrollratsgesetz Nr. 10 zur Verfolgung von NS-Gewalttaten erst im Mai 1956 mit der Aufhebung des Besatzungsrechts außer Kraft gesetzt, zwar haben deutsche Gerichte noch 1950/51 in etwa 700 Fällen Urteile nach diesem Gesetz gesprochen, aber im wesentlichen waren das in die Verfassung aufgenommene Rückwirkungsverbot (103, 2 GG) und das überkommene deutsche Strafrecht maßgebend für die Ahndung der NS-Verbrechen, insbesondere
- der mit lebenslanger Freiheitsstrafe bedrohte Mord (§ 211 StGB; verjährt nach 20 Jahren),
- der ebenfalls mit lebenslänglicher Freiheitsstrafe bedrohte Totschlag in schweren Fällen (§ 212, 2; verjährt ebenfalls nach 20 Jahren),
- der im Höchstfall mit fünfzehn Jahren Freiheitsentzug bedrohte einfache Totschlag (§ 212, 1), definiert als Körperverletzung bzw. Freiheitsberaubung mit Todesfolge (§§ 227, 239, 4 StGB), sowie einfacher und schwerer Raub (§§ 249, 250 StGB; verjährt nach 15 Jahren) und
- die im Höchstmaß mit zehn Jahren Freiheitsentzug bedrohten Delikte wie schwere Körperverletzung und Freiheitsberaubung von mehr als einer Woche Dauer (§§ 226, 239, 3 StGB; verjähren nach zehn Jahren).[359]

In der unmittelbaren Nachkriegszeit wurde ein Großteil der von den alliierten Gerichten durchgeführten Verfahren durch Anzeigen von befreiten NS-Verfolgten ausgelöst. 1948 und 1949 erreichten die rechtskräftigen Verurteilungen mit jeweils über 1 500 Verfahren ihren Höchststand. Danach waren die Zahlen stark rückläufig. Sei es, weil viele der ehemaligen Häftlinge in ihre

Heimatländer zurückkehren konnten, sei es, weil ein politisches Interesse an einer intensiven Strafverfolgung nicht bestand, sei es, weil nach der deutschen Strafprozessordnung zunächst kein Staatsanwalt verpflichtet war, wegen eines außerhalb der Bundesrepublik begangenen NS-Verbrechens ein Ermittlungsverfahren einzuleiten.

Während der Verjährungsdebatte im Mai 1960 hat die Bundestagsabgeordnete Dr. Elisabeth Schwarzhaupt daran erinnert, daß bereits 1952 zwischen dem Bundesjustizminister und den Landesjustizverwaltungen die Einrichtung einer zentralen Koordinierungsstelle für „aktive Verfolgungs- und Nachforschungsmaßnahmen" von NS-Straftaten erwogen wurde,[360] zu einer Zeit also, als die Ermittlungsverfahren vorübergehend wieder leicht anstiegen. Dafür hatte das ‚Bundesergänzungsgesetz zur Entschädigung für Opfer der nationalsozialistischen Verfolgung' gesorgt. Im Ausland lebende, bisher nicht bekannte NS-Verfolgte meldeten ihre Entschädigungsansprüche an – und machten damit vielfach auch auf neue NS-Straftaten aufmerksam. Die politische Tendenz ging allerdings – wie zuvor dargelegt – mit der Beendigung der Entnazifizierung, den Begnadigungen der ‚Kriegsverbrecher', dem 131er Gesetz und den Amnestiegesetzen von 1949 und 1954 (‚Endphasedelikte') in die entgegengesetzte Richtung.

Für jene Verbrechen, die mit einer Freiheitsstrafe im Höchstfall von zehn Jahren bedroht waren, lief die – zehnjährige – Verjährungsfrist im Frühjahr 1955 ab, ohne dass dies eine Debatte ausgelöst hätte. Eine Veränderung zeichnete sich ab, als mit der Rückkehr von etwa 15000 deutschen Kriegsgefangenen, Internierten und verschleppten Zivilpersonen, die Bundeskanzler Adenauer anlässlich seines Moskau-Besuchs im September 1955 mit der sowjetischen Regierung vereinbart hatte, auch zahlreiche Personen in die Bundesrepublik zurückkamen, die wegen ihrer Mitwirkung an KZ-Verbrechen von deutschen Staatsanwälten gesucht wurden oder als Zeugen aussagen konnten, auch, weil sie Täter wiedererkannten. So ist der Ulmer ‚Einsatzgruppen-Prozess' zustande gekommen, der wiederum unmittelbar die Einrichtung der Ludwigsburger Zentralen Stelle zur Aufklärung nationalsozialistischer Verbrechen zur Folge hatte.[361]

Nach einer Sternstunde nur ein Kompromiss

Die Zentrale Stelle, die im Dezember 1958 ihre Arbeit aufnahm, leitete eine „Umkehrung" der bisherigen Strafverfolgungspraxis ein. Diese Behörde ist nicht nur auf Anzeigen gegen Tatverdächtige angewiesen. Sie konnte und kann von sich aus Ermittlungen beginnen. Bereits im ersten Jahr ihres Bestehens wurden etwa 400 Vorermittlungen eingeleitet; sie betrafen vor allem die Einsatzgruppen der Sicherheitspolizei und des SD in der Sowjetunion sowie die Massentötungen in den Vernichtungslagern Auschwitz, Belzec, Chelmno, Sobibor und Treblinka.[362] Kurz bevor die fünfzehnjährige Verjährungsfrist für Totschlagsdelikte ablief, erhielt die Zentrale Stelle Dokumente aus Polen, die in Hunderten von Fällen zu neuen Vorermittlungsverfahren führten, nachdem der BGH in der Bundesrepublik einen Gerichtsstand für diese Straftaten begründet hatte. In einem dringenden Appell wandte sich das Internationale Auschwitz-Komitee an die Bundesregierung und die Bundestagsfraktionen und forderte sie auf, dafür zu sorgen, dass auch zukünftig SS-Männer für Misshandlungen von Häftlingen mit Todesfolge strafrechtlich belangt werden können.

Nun war auch die Politik alarmiert, jedenfalls die Opposition: Im März 1960 legte die SPD-Bundestagsfraktion einen Gesetzesentwurf vor, der vorsah, die Verjährungsfrist für Totschlagsdelikte erst im September 1949 beginnen zu lassen, weil es zuvor einen gewissen „Stillstand in der Rechtspflege" gegeben habe, die Länder sich seit 1952 „zögerlich verhalten hätten" und auch in der Zukunft damit zu rechnen sei, dass neue Straftaten und Straftäter bekannt würden. Am Tag der Parlamentsdebatte, dem 24. Mai 1960, meldete die internationale Presse, dass der frühere SS-Obersturmbannführer Adolf Eichmann, im Reichssicherheitshauptamt verantwortlich für die Deportation von Millionen Juden, verhaftet und vom israelischen Geheimdienst aus Argentinien entführt worden war.[363]

Die Mehrheit des Bundestages lehnte den Antrag der SPD allerdings ab. Er war auch in der sozialdemokratischen Fraktion nicht unumstritten. Vor allem Adolf Arndt mochte ihm nicht zustimmen, weil er seiner Auffassung nach gegen das Rückwirkungsverbot verstieß. Die Fraktion respektierte schließlich, dass ihr rechtspolitischer Sprecher mit der Mehrheit des Parlaments gegen das Gesetz stimmte.[364] Die Abstimmung wäre vielleicht anders ausgefallen, hätten die Abgeordneten gewusst, dass ihre beiden Ablehnungsgründe nicht stichhaltig oder sogar falsch waren.

Das Bundesverfassungsgericht hatte schon im September 1952 und hat später noch einmal die Veränderungen von Verjährungsfristen bzw. ihrer Berechnung ausdrücklich mit dem Grundgesetz für vereinbar erklärt, weil eine Verjährungsvorschrift lediglich die Verfolgbarkeit einer Tat betrifft, nicht aber auch die Strafbarkeit. „Eine Verlängerung oder Aufhebung von Verjährungsfristen kann deshalb nicht", so die Verfassungsrichter, gegen den rechtsstaatlichen Grundsatz des Rückwirkungsverbots verstoßen.[365] Das zweite Argument gegen die Gesetzesinitiative der SPD machte geltend, dass alle wesentlichen Verbrechenskomplexe inzwischen der Verjährung durch Ermittlungsverfahren entzogen seien. Ausdrücklich berief sich der Bundesjustizminister auf die Zentrale Stelle, der zufolge „alle bedeutsamen Massenvernichtungsaktionen der Kriegszeit systematisch erfasst und weitgehend erforscht sind".[366] Der Irrtum dieser Behauptung wurde ebenfalls erst später in seinem ganzen Umfang erkennbar. Zwar waren bis dahin alle größeren Tötungsverbrechen bekannt geworden, aber keineswegs die Namen aller Tatbeteiligten.[367] So unübersichtlich die Lage 1960 sein mochte und so unbefriedigend der Parlamentsbeschluss schon damals manchem erschien, die erste Verjährungsdebatte schaffte in zweifacher Hinsicht Klarheit. Totschlagsdelikte konnten nun nicht mehr geahndet werden – und es würde in naher Zukunft eine zweite Verjährungsdebatte geben müssen.

Im Frühsommer 1965 lief die zwanzigjährige Verjährungsfrist für Mordtaten ab, die während der Zeit des Nationalsozialismus begangen worden waren. Die Zentrale Stelle intensivierte ihre Vorermittlungstätigkeit, um noch möglichst viele Straftaten der Verjährung zu entziehen. Auch in der deutschen und internationalen Öffentlichkeit nahm das Interesse spürbar zu. Das Wiener Dokumentationszentrum Simon Wiesenthals veranstaltete unter prominenten Personen des politischen und kulturellen Lebens in Österreich und der Bundesrepublik eine Umfrage, derzufolge die drohende Verjährung weit überwiegend abgelehnt wurde. Die Bevölkerung zeigte sich bereits im Vorfeld über die Verjährungsfrage gut informiert, votierte aber – mit einer knappen Mehrheit der Befragten – für eine Beendigung der Strafverfolgung.[368]

Nachdem der Leiter der Zentralen Stelle wiederholt öffentlich erklärt hatte, dass es nicht erforderlich sei, die Verfolgungsfrist für Mord zu verlängern, weil die Verjährung aller größeren Verbrechenskomplexe inzwischen unterbrochen und nicht damit zu rechnen sei, dass neue Straftaten bekannt würden, verzichtete die Bundesregierung im Herbst 1964 auf eine entsprechende Gesetzesinitiative. Unterstützt von den beiden großen Fraktionen richtete sie allerdings gleichzeitig einen öffentlichen Aufruf an alle ,Regierungen, Organisationen und Einzelpersonen im In- und Ausland', relevantes Material über NS-Gewaltverbrechen an die Zentrale Stelle zu geben. Zudem beschloss sie, deren Zuständigkeit auf die im Ausland begangenen NS-Verbrechen auszudehnen. Die DDR, Polen und die Tschechoslowakei reagierten umgehend und stellten umfangreiche Dokumente zur Verfügung oder in Aussicht. Schon dieses Material ließ erkennen, dass die Annahme der Bundesregierung, alle wesentlichen NS-Mordtaten rechtzeitig der Verjährung zu entziehen, unrealistisch war. Der Ende Februar 1965 vom Bundesjustizminister vorgelegte Bericht über die bisherige Verfolgung nationalsozialistischer Straftaten bestätigte dies. Einerseits, so hieß es, sei „ein großer Teil der Tatkomplexe vollständig aufgeklärt", andererseits könne aber „nicht ausgeschlossen werden, dass noch unbekannte Taten von Bedeutung oder unbekannte Täter in maßgebenden Stellungen" nach dem 8. Mai 1965 bekannt würden.[369]

Anfang 1965 wurden im Bundestag und im Bundesrat mehrere Gesetzesinitiativen eingebracht: Der von dem CDU-Abgeordneten Ernst Benda und weiteren Fraktionskollegen gestellte Antrag forderte zunächst, die zwanzigjährige Verfolgungsfrist für Mord auf dreißig Jahre zu verlängern. Als der Bericht des Bundesjustizministers vorlag, änderten die Abgeordneten ihren Antrag, der nun für Verbrechen, die mit lebenslangem Zuchthaus bedroht sind (Mord und Totschlag in besonders schweren Fällen), überhaupt keine Verjährungsfrist mehr vorsah. Er entsprach damit weitgehend den Gesetzesentwürfen der SPD, die ebenfalls eine Nichtverjährung für Mord *und* Völkermord vorschlug und diese darüber hinaus auch im Grundgesetz verankern wollte.

Die erste Aussprache über den Regierungsbericht und die Gesetzesvorschläge fand am 10. März 1965 statt.[370] Dieser lange, bewegte und bewegende Debattentag, dem Carlo Schmid als Vizepräsident in den Abendstunden bescheinigte, dass er dem Parlament „zur Ehre gereicht" habe, gilt längst als eine Sternstunde des Parlaments. Die Reden der Abgeordneten Adolf Arndt (SPD), Ernst Benda (CDU) und Thomas Dehler (FDP) gehören zu den Höhepunkten des deutschen Nachkriegsparlaments. Im wesentlich standen sich zwei rechtspolitische Positionen gegenüber: Jener auch im Umgang mit den Tätern und ihren Gehilfen rechtsstaatlich-puristische Standpunkt, der jedes Sondergesetz ebenso ablehnt wie nachträgliche Veränderungen von Verjährungsfristen, und auf der anderen Seite die weitergehende und weitersehende Auffassung, die vor allem nach Gerechtigkeit und moralischer Wiedergutmachung für die Opfer fragt. Die Debatte gewann ihre symbolische Bedeutung und Ausstrahlungskraft von Anfang an indes nicht allein aus der Rationalität der Argumente und den formalen Erörterungen über die Grundlagen und Grenzen des Rechtsstaates. Im Gespräch zwischen den Generationen gaben vor allem der junge Ernst Benda und die älteren Abgeordneten Thomas Dehler und Adolf Arndt der Auseinandersetzung um die Vergangenheit auch jenen notwendigen emotionalen Ausdruck – durch eine im Parlament eher seltene selbstkritische Eindringlichkeit.

Die Bundesregierung hatte sich nicht auf eine Position für oder gegen eine Fristverlängerung festlegen wollen oder können, wenngleich eine Reihe von Kabinettsmitgliedern die zwanzigjährige Verfolgungsverjährung für Mord im Jahr 1965 wirksam werden lassen wollte. Der Bundesjustizminister erläuterte diesen Standpunkt und begründete den Verzicht auf eine Vorlage durch die Regierungsmehrheit mit dem Hinweis, dass es sich in der Verjährungsfrage um eine Gewissensentscheidung handeln würde, die jeder Abgeordnete individuell treffen müsse. Bucher machte allerdings später in der Debatte keinen Hehl daraus, dass er aus rechtsstaatlichen Bedenken gegen die Aufhebung bzw. Verlängerung der Verjährungsfrist stimmen werde.

Gegen die von ihm herausgestellte Rechtsgleichheit und Rechtssicherheit, die auch für den Gesetzesbrecher gelten müsse, machte der CDU-Abgeordnete Benda, der für eine generelle Verjährungsaufhebung eintrat, geltend, dass es in dieser Frage um mehr gehe, nämlich um Gerechtigkeit und das allgemeine „Rechtsgefühl". Dieses, so Benda, werde in „unerträglicher Weise korrumpiert", wenn „Morde ungesühnt bleiben müssten, obwohl sie gesühnt werden könnten". Wohl wissend, dass es im Parlament ebenso wie in der Gesellschaft nicht wenige und durchaus redliche Personen gebe, die „um der Ehre der Nation willen mit diesen Prozessen Schluss machen" wollten, erklärte er am Ende seiner Rede, dass das deutsche Volk „um seiner selbst willen" dafür sorgen müsse, dass es mit den Mördern nicht identifiziert wird, sondern sich von ihnen selbst befreit.

Thomas Dehler ging in seinem nicht minder persönlich akzentuierten Beitrag – in Anspielung an den seines jüngeren Vorredners – von dem, wie er meinte, glücklichen Umstand aus, dass dieser nicht zu jenen Deutschen gehöre, die durch die NS-Zeit so oder so belastet seien. Für die älteren gebe es aus der Erbschaft von Schuld und Scham kein Entrinnen. Aber, so fragte er seine Kollegen in beschwörendem Ton:

„Was können wir tun, um im Einklang mit der Stimmung, mit dem Willen der Welt zu sein? Sollen wir mit ihr hassen, verfluchen, Schuld und Sühne verewigen? Können wir dadurch Schaden von unserem Volke wenden? Nein, wir können der Welt nur schlicht und fest unseren Willen zum Recht dartun. Ein Mehr gibt es nicht. *(Beifall bei der FDP und bei Abgeordneten der CDU/ CSU.)*
Zum Recht, zu unserem Recht gehört auch, dass Schuld, dass jede Schuld verjährt. Auch das gehört zu den Erfahrungen meines Lebens, dass der Mangel an Recht, der Mangel an Rechtsstaatlichkeit Schaden bringt. Der Weg zum Staat des Unrechts ist dadurch gebahnt worden, dass der Wille zur unbedingten Rechtsstaatlichkeit nicht lebendig genug war."[371]

Die bis dahin schon ungewöhnlich eindringliche, offene und auf hohem Niveau geführte Debatte erreichte ihren Höhepunkt, als Adolf Arndt das Wort ergriff.[372]

Obwohl der SPD-Rechtspolitiker – krankheitsbedingt – bereits begonnen hatte, sich aus den vorderen Reihen der parlamentarischen und parteipolitischen Arbeit zurückzuziehen, wollte und konnte die Fraktion in dieser Debatte und an diesem Tage nicht auf ihn verzichten. Für Arndt war es in besonderer Weise eine Anschlussdebatte. 1960 hatte er in der Kontroverse mit seinem Freund Walter Menzel die von seiner Fraktion tolerierte Minderheitenposition vertreten, dass eine nachträgliche Veränderung der Verjährbarkeit eines Verbrechens mit dem grundgesetzlichen

Rückwirkungsverbot nicht vereinbar ist. An dieser Auffassung hielt er fest, allerdings mit einer bemerkenswerten Differenzierung.

Eine Verlängerung der Verjährungsfrist durch eine Strafrechtsnovelle, also durch einfaches Gesetz, lehnte Arndt weiter ab, dem verfassungsändernden Gesetzgeber gestand er aber eine solche Veränderung durchaus zu. Er orientierte sich dabei an der Menschenrechtskonvention von 1950, welche die rückwirkende Bestrafung von Tätern dann nicht ausschloß, wenn deren Taten zum „Zeitpunkt ihrer Begehung nach den allgemeinen von den zivilisierten Völkern anerkannten Rechtsgrundsätzen strafbar war". Eindringlich erinnerte Arndt seine Kollegen daran, dass es sich bei den Straftaten, über deren Verfolgungsverjährung zu entscheiden sei, weder um gewöhnliche Straftaten noch um Kriegsverbrechen, sondern um nationalsozialistische Gewaltverbrechen handeln würde. Nachdem er sich – unter großer Zustimmung des Hauses – von dem Vorwurf einer Kollektivschuld des deutschen Volkes distanziert, zugleich aber, ohne Jaspers ausdrücklich zu nennen, von geschichtlicher und moralischer Schuld gesprochen hatte, nahm sein Beitrag schließlich eine sehr persönliche Wendung.

„Ich weiß mich mit in der Schuld", bekannte Arndt am Ende, „denn sehen Sie, ich bin nicht auf die Straße gegangen und habe geschrien, als ich sah, dass die Juden aus unserer Mitte lastkraftwagenweise abtransportiert wurden. Ich habe mir nicht den gelben Stern umgemacht und gesagt: Ich auch! (...) Ich kann nicht sagen, daß ich genug getan hätte. Ich weiß nicht, wer das von sich sagen will.
Aber das verpflichtet uns, das ist ein Erbe(...) Da hat man die Türen zugemacht und hat die Mitschuld auf sich geladen für Zehntausende von Menschen, die hätten gerettet werden können, wenn die gesittete Welt gesagt hätte: Kommt, ihr könnt bei uns Asyl finden! – Auch das will ich hier zum Ausdruck bringen. Wir alle haben dieses Erbe."

So sehr bis dahin auch die Gewaltverbrechen, die Täter und die fortdauernde Strafverfolgung im Mittelpunkt standen, Arndt vergaß am Schluss nicht, auch von den Ermordeten zu sprechen:

„Wir haben nicht nur daran zu denken, dass der Gerechtigkeit wegen, auf die wir uns berufen, die überführten Mörder abgeurteilt werden sollen, sondern wir haben auch den Opfern Recht zuteil werden zu lassen, schon allein durch den richterlichen Ausspruch, dass das hier ein Mord war. Schon dieser Ausspruch ist ein Tropfen, ein winziger Tropfen Gerechtigkeit (...) Nicht, dass wir Jüngstes Gericht spielen wollen; das steht uns nicht zu (...) Es geht darum, eine sehr schwere und im Augenblick leider noch ganz unpopuläre Last und Bürde auf uns zu nehmen. Es geht darum, dass wir dem Gebirge an Schuld und Unheil, das hinter uns liegt, nicht den Rücken kehren."[373]

Der anhaltende Beifall aus den Reihen der SPD- und der CDU/ CSU-Fraktion, den das Protokoll vermerkt, die ausdrückliche Anerkennung und der Dank durch den Bundestagspräsidenten, unterstreichen nur, was jeder im Saal, am Radio oder vor dem Fernsehen an diesem Tag spürte: in einer Frage von nationaler Bedeutung war es dem Parlament wie nur selten gelungen, seiner staatspolitischen Aufgabe gerecht zu werden, repräsentatives und richtungweisendes Forum der Gesellschaft zu sein. Die Volksvertreter debattierten über die moralische Last der Vergangenheit, sie sprachen offen und mutig über die Schuld der Täter und Mittäter, über die Folgen des Unrechtsregimes für die Gegenwart, über Gerechtigkeit für die Opfer und über die Verpflichtungen für die weitere Zukunft. Der überfällige Dialog zwischen den gesellschaftlichen Großgruppen und den Generationen – hier fand er statt.

Angesichts dieses Ereignisses hat das Ergebnis aber dann doch etwas enttäuscht – die Abgeordneten brachten am Ende nur einen Verfahrenskompromiss zustande. Dadurch blieb das Thema der Strafverfolgung von NS-Verbrechen allerdings ein Jahrzehnt auf der Tagesordnung. Der Bundestag konnte sich nicht entschließen, die zwanzigjährige Verjährungsfrist für Mord ganz aufzuheben, noch nicht einmal dafür, sie um zehn Jahre zu verlängern. Man behalf sich mit einer Rechenoperation und ließ die Verjährungsfrist erst im Jahre Eins der Bundesrepublik beginnen, also 1949, was 1969 eine dritte Debatte zur Folge hatte.

Dank der Initiativen der Bundesregierung, der Beschlüsse der Landesjustizminister, der verstärkten Aktivitäten der Zentralen Stelle und der Bereitschaft der osteuropäischen Länder, belastendes Material zur Verfügung zu stellen, verbesserte sich die Situation in der Strafverfolgung von NS-Tätern spürbar. Die Zahl der Ermittlungsverfahren und gerichtlichen Entscheidungen stieg an. Allein zwischen 1965 und 1969 wurden in mehr als einhundert Verfahren rd. 360 Personen wegen Beteiligung an NS-Tötungsverbrechen angeklagt, 63 zu lebenslanger und 160 zu zeitigen Freiheitsstrafen verurteilt, darunter auch die Angeklagten im Frankfurter Auschwitzprozess. Diese Entwicklung fand indes nicht nur Zustimmung. Wiederholt wurden die ,zu milden' Strafen kritisiert. Schon Anfang der sechziger Jahre hatte der Rat der EKD zu bedenken gegeben, ob nicht „ein Missverhältnis zwischen einigen Urteilen über Verbrechen aus der NS-Zeit und Urteilen über Verbrechen aus unserer Zeit besteht". Auch der Koordinierungsrat der Gesellschaften für christlich-jüdische Zusammenarbeit monierte eine solche Ungleichbehandlung.[374] Die ständige Deputation des Deutschen Juristentages versammelte im Frühjahr 1966 in Königstein im Taunus Richter, Staatsanwälte, Rechtsanwälte, Rechtsprofessoren und Sozialwissenschaftler. In einer gemeinsamen Resolution erklärten sie: „Die Mitverantwortung der Gesellschaft für die geschehenen Verbrechen darf nicht dazu führen, dass gegenüber diesen Taten unangebrachte Milde geübt wird."[375]

Während das Interesse der Öffentlichkeit und die Sensibilität für die schwierige strafrechtliche Verfolgung und Bewertung der NS-Verbrechen zunahm, blieb nahezu unbemerkt, dass ihre Ahndung zur selben Zeit durch eine strafrechtliche Novellierung erheblich verschlechtert wurde. Das geschah allerdings an einem Ort, wo das nicht unbedingt zu vermuten war. Eine Änderung des Ordnungswidrigkeiten-Gesetzes (§ 50, 2) führte ab dem 1. Oktober 1968 und rückwirkend zum 8. Mai 1960 zu einer „Amnestie über die Hintertür", denn nun war auch Beihilfe zum Mord verjährt.[376] Ein auf Befehl handelnder Mittäter ist jetzt nicht mehr mit einer lebenslangen, sondern nur noch im Höchstfall mit einer fünfzehnjährigen Freiheitsstrafe bedroht, sofern ihm nicht niedere Beweggründe nachzuweisen sind. Insofern man aber diese Straftaten aus der NS-Zeit am 8. Mai 1960 hatte verjähren lassen, konnten und können NS-Mordgehilfen nicht mehr angeklagt werden. Ob es sich angesichts des hohen Sachverstands im Justizministerium und in der Großen Strafrechtskommission um ein – kaum glaubhaftes – strafrechtspolitisches ,Versehen' gehandelt hat oder um eine verdeckte amnestiepolitische Aktion, wie mancher Kritiker argwöhnte, ist bisher nicht eindeutig geklärt.[377]

Tatsächlich wurden durch diesen gesetzgeberischen ,Irrtum' nicht nur zahlreiche ehemalige Angehörige des Reichssicherheitshauptamtes begünstigt. Gegen das RSHA hatte der Generalstaatsanwalt des Berliner Kammer-Gerichts seit 1963 ermittelt. Der mit 18 Verfahren gegen 300 Beschuldigte und 2700 Zeugen bis dahin größte geplante NS-Prozess war bis zur Anklagereife vorbereitet, als der BGH in einem Grundsatzurteil am 20. Mai 1969 ein vergleichbares anderes Verfahren einstellte, weil die Verfolgung verjährt war. Der BGH kassierte das Urteil des Kieler Schwurgerichts, durch das ein ehemaliger SS-Angehöriger, der befehlsgemäß und im Bewusstsein seines verbrecherischen Tuns, aber ohne niedere Beweggründe gehandelt hatte, wegen seiner Beteiligung an Juden-Vernichtungsaktionen verurteilt worden war.

Über Auschwitz aber wächst kein Gras

Das 1965 vom Bundestag beschlossene Berechnungsgesetz über die strafrechtlichen Verjährungsfristen machte 1969, noch am Ende der Großen Koalition, eine dritte Verjährungsdebatte und eine weitere Entscheidung in der Frage der Verfolgungsverjährung von Mord erforderlich. In dem zurückliegenden Jahrzehnt hatten zahlreiche NS-Prozesse stattgefunden und die beiden Großverfahren, der Jerusalemer Eichmann- sowie der Frankfurter Auschwitz-Prozess internationale Beachtung gefunden. Über ein Jahrzehnt ermittelte nun bereits die Ludwigsburger Zentrale Stelle. Bevor der Bundestag gesetzgeberisch aktiv wurde, hörten die Fraktionen der SPD und der CDU/CSU den damaligen Leiter der Zentralen Stelle, Oberstaatsanwalt Adalbert Rückerl, über den bisherigen Stand und die zukünftigen Perspektiven der Verbrechensaufklärung und weiteren Strafverfolgung. Rückerls Urteil war so eindeutig wie das seines Vorgängers, aber die inhaltliche Aussage hatte sich ins Gegenteil verkehrt. Zwar schloß er mit „ziemlicher Sicherheit" aus, dass noch neue „große Tatkomplexe" entdeckt werden könnten, aber auch nach 1969 sei noch damit zu rechnen, dass neue NS-Verbrechen und NS-Verbrecher bekannt würden. Im übrigen sei angesichts des immensen Aktenmaterials nicht einmal eine fristgerechte Unterbrechung der Verjährung aller bekannten Straftaten zu erreichen.

Im Frühjahr 1969 brachten die Bundesregierung im Bundestag und die Freie und Hansestadt Hamburg im Bundesrat zwei ähnlich lautende Gesetzesentwürfe ein, die sich für die völlige Aufhebung der Verjährung von Mord und Völkermord aussprachen. Die beiden Regierungsfraktionen stellten einen Tag vor der Ersten

Lesung von der Regierungsvorlage abweichende Anträge, und im Verlauf der Debatte am 10. Juni 1969 wurde der Entwurf dann auch abgeändert. Das am 26. Juni 1969 mit mehr als zwei Drittel aller abgegebenen Stimmen beschlossene 9. Strafrechtsänderungsgesetz hob die Verjährungsfrist für Völkermord (Verbrechen nach § 220a StGB, für die Verfolgung von NS-Verbrechen allerdings nicht relevant, weil erst *ex post factum* ins Strafgesetzbuch aufgenommen) auf und verlängerte die Strafverfolgung von Mord von zwanzig auf dreißig Jahre. Dieser Beschluss sollte 1979 eine vierte Verjährungsdebatte zur Folge haben.

Bis Ende der siebziger Jahre leitete die Zentrale Stelle weitere mehr als zweitausend Vorermittlungsverfahren ein. In den meisten Fällen kam das belastende Beweismaterial von der Polnischen Hauptkommission zur Untersuchung nationalsozialistischer Gewaltverbrechen. Gegen rd. 13 600 Personen eröffneten die Staatsanwaltschaften in der Bundesrepublik Ermittlungsverfahren. In rd. 120 Hauptverhandlungen mussten sich rd. 220 Angeklagte vor Gericht verantworten, von denen 137 verurteilt wurden, 32 zu lebenslanger Freiheitsstrafe.[378]

Zum längsten Verfahren kam es im Majdanek-Prozess vor dem Düsseldorfer Schwurgericht. Bereits 1960 hatte die Zentrale Stelle mit ersten Ermittlungen wegen der Massenverbrechen im Vernichtungslager Majdanek begonnen. Im Sommer 1975 wurde Anklage erhoben gegen 17 frühere Angehörige des Lagerpersonals wegen Mordes und Beihilfe zum Mord. Das Verfahren ist in der Öffentlichkeit wegen seiner Länge, seines Aufwandes und schließlich auch wegen seiner ‚milden Urteile' vielfach auf Kritik gestoßen. Nachdem zwei Angeklagte durch Krankheit bzw. Tod ausgeschieden waren, wurden Anfang 1979 vier freigesprochen; in den übrigen Fällen gab es im Sommer 1981 – mehr als zwanzig Jahre nach Beginn der Vorermittlung – einmal Freispruch, siebenmal eher niedrige Zeitstrafen und einmal lebenslänglich.[379] Der *ZEIT*-Redakteur Dietrich Strothmann, dem wir zahlreiche eindringliche Prozess-Berichte und andere wichtige publizistische Beiträge zur Judenvernichtung verdanken, fragte damals mit einer am Sinn solcher Verfahren zweifelnden Öffentlichkeit: „Hat die Justiz versagt?"[380] Für ihn war es eine nur vordergründig berechtigte Frage, denn der erfahrene Prozessbeobachter wusste nur zu gut, dass die Richter und Staatsanwälte in dieser Frage die eigentlichen Lehrer der Nation waren. Sie, nicht die politischen Repräsentanten der ersten Stunde, auch nicht die Historiker der frühen Nachkriegsjahre, hatten die Geschichte „zum erstenmal ans Licht" gebracht, die Geschichte von einem „Volk und seinen Mördern".

Sie haben das in vielen Verfahren getan und diese Prozesse auf der Grundlage des herkömmlichen Strafrechts führen müssen. Daran sei noch einmal erinnert. Es gab nach 1945 eine Alternative. Nicht nur Hannah Arendt konnte in der frühen Nachkriegszeit erkennen, dass die zivilgesellschaftlichen Strafrechtsnormen aus der Zeit vor dem Genozid „völlig inadäquat" sind gegenüber dem Ungeheuerlichen dieser Tat, der neuartigen Verbindung von Mord und Moral, von Verbrechen und ‚deutschen Sekundärtugenden'. Aber weder die Väter und Mütter des Grundgesetzes noch der spätere Gesetzgeber haben sich entschließen können, für die Ahndung der nationalsozialistischen Gewaltverbrechen durch westdeutsche Gerichte zumindest die strafrechtlichen Vorgaben der alliierten Militärgerichte zu übernehmen, insbesondere den völkerrechtlichen Straftatbestand der Verbrechen gegen die Menschlichkeit. Gleichwohl, so darf und muss man das allgemeine Urteil über die NS-Prozesse und die Ermittlungstätigkeit der Ludwigsburger Zentralen Stelle einmal zusammenfassen, haben die Richter und Staatsanwälte in diesen Verfahren zur Aufklärung über die nationalsozialistischen Gewaltverbrechen und – juristisch gesprochen – zur Generalprävention Bemerkenswertes geleistet.

Davon waren wohl auch die Abgeordneten der ausgehenden siebziger Jahre überzeugt. Manche von ihnen ließen in der vierten Verjährungsdebatte im Juli 1979 unmittelbar erkennen, dass sie der Majdanek-Prozess in ihrer Entscheidungsbildung beeinflusst hatte. Andere außerparlamentarische Einflüsse kamen hinzu. Das Europäische Parlament hatte im Februar an die Europäische Konvention über die Unverjährbarkeit von Kriegsverbrechen und von Verbrechen gegen die Menschlichkeit erinnert. Und nicht zuletzt die Ausstrahlung der im Vorfeld so heftig umstrittenen US-Fernsehserie *Holocaust* zwischen dem 22. und 26. Januar 1979 dürfte die Debatte und die Entscheidung des Bundestages beeinflusst haben, nun auch die Verjährung für Mord aufzuheben. Jedenfalls nahm der Anteil der Verjährungsgegner nach dem Film deutlich zu. Mehrere Zeitungen schrieben, dass *Holocaust* die anstehende

Verjährungsdebatte beeinflussen würde, was den Verjährungsbefürwortern natürlich missfiel; sie beklagten prompt die Emotionalisierung der Debatte.[381]

Den Beratungen im Bundestag lagen zwei ähnlich lautende Gesetzesentwürfe der Regierungsfraktionen und der CDU/CSU zugrunde, welche nun auch die Unverjährbarkeit von Mord festschreiben wollten. Beide Entwürfe waren innerhalb der jeweiligen Fraktion nicht unumstritten. Die Grenze zwischen den Befürwortern und Gegnern einer Aufhebung der Verjährungsfrist für Mord verlief im Parlament quer durch die Fraktionen. Die politisch obsiegenden Befürworter einer Unverjährbarkeit hatten die Mehrheit der öffentlichen Meinung hinter sich. Andererseits konnten sie sich nun – anders als zehn Jahre zuvor – nicht mehr ohne weiteres auf die Zentrale Stelle berufen. Ihr Leiter Adalbert Rückerl erklärte ihnen, dass zukünftig nur noch in wenigen Fällen mit der Entdeckung bisher unbekannter Straftaten zu rechnen sei. Der parlamentarisch akzeptierte Eintritt der Verjährung von Mord hätte aber, so befürchteten sie, als ein symbolisches ‚Schlussstrichziehen‘ politisch missverstanden werden können, was sie unbedingt vermeiden wollten. Demgegenüber bestanden die Gegner einer Unverjährbarkeit auf den herkömmlichen Grundsätzen der Strafverfolgung, der Rechtssicherheit und Rechtsgleichheit.

Den argumentativ interessantesten Debattenbeitrag leistete der vormalige Bundesinnenminister und Bielefelder Rechtsprofessor, der FDP-Abgeordnete Werner Maihofer. Wie kein anderer verknüpfte er strafrechtliche Erwägungen mit zeithistorisch-politischen Argumenten.[382] Zunächst erinnerte er daran, dass die Debatte an diesem Tage ausschließlich aus einem Grund geführt werden müsse: Anlass sei die zum 31. Dezember 1979 drohende Verjährung aller durch Mord begangenen nationalsozialistischen Gewaltverbrechen.

In der Klarheit einer systematischen Strafrechtsvorlesung setzte sich Maihofer zunächst mit den, seiner Meinung nach, vier entscheidenden Rechtsgründen auseinander, die mit einem Ablauf der Verjährungsfrist nicht zu vereinbaren sind. Zunächst sei auch nach 1979 noch mit neuen Verfahren zu rechnen, wobei die nicht abschätzbare Zahl keine Rolle spielen dürfe. Dann widerspreche auch die Verjährungsentscheidung des Bundesverfassungsgerichts dem Ablauf der Verfolgungsfrist für Mord. Das Gericht hatte

1969 erklärt, dass alle rechtsstaatlichen Bedenken gegen einen späteren Eingriff in die Verjährungsvorschriften angesichts „schwerster Taten" und ihrer „außergewöhnlichen Häufung nicht durchschlagen". Das dritte Argument beziehe sich auf eine Entscheidung des Bundestages selbst, der 1969 die Nichtverjährbarkeit von Völkermord beschlossen habe. Darunter würden aber auch früher begangene Mordtaten fallen, „welche die Voraussetzungen des Völkermordes erfüllen". Und schließlich würde auch der in § 220a StGB in deutsches Recht übernommene Völkermordtatbestand, wie er nach dem Holocaust in der Genozid-Konvention der UNO von 1948 kodifiziert wurde, seiner Natur nach als unverjährbar angesehen.

So sehr Maihofer sich damit gegen einen Verjährungsablauf der „durch Mord begangenen Völkermordverbrechen der NS-Zeit" aussprach, so entschieden argumentierte er zugleich gegen die Mehrheitsmeinung „die Mordverjährung überhaupt aufzuheben". Er plädierte vielmehr für eine „differenzierte Anwendung der Nichtverjährbarkeit", weil es einen qualitativen Unterschied zwischen Völkermord und Mord gebe. Mord, so Maihofer, sei eben nicht gleich Mord. Und auf anhaltende Zwischenrufe fand er den denkwürdigen Schlusssatz: „Über Mord wächst irgendwann einmal Gras, und zwar im Regelfall schon nach einer Generation. Über Auschwitz aber wächst kein Gras, noch nicht einmal in 100 Generationen". Die Mehrheit des Parlaments folgte ihm allerdings nicht und hob nun auch die Verjährbarkeit von Mord auf, nachdem die Unverjährbarkeit von Völkermord bereits 1969 beschlossen worden war.

Eine Chance wurde vertan, durch Parlamentsbeschluss dem nationalen Gedächtnis dauerhaft einzuschreiben – und womöglich nachhaltiger als dies je ein Holocaust-Mahnmal tun könnte –, dass allein Mordtaten im Zusammenhang von Menschlichkeitsverbrechen wie der Holocaust unverjährbar sind. 1960 – also fast zwanzig Jahre zuvor und fünfzehn Jahre nach Ende des NS-Staates –, als die Verjährung der Totschlagsdelikte zu entscheiden war, zeigte sich der Bundestag mehrheitlich noch nicht auf der Höhe des Problems und in der Lage, eine politische Entscheidung für die Strafverfolgung der NS-Gewaltverbrechen in ihrer ganzen Komplexität zu treffen. Fünf Jahre später konnten sich die Abgeordneten abermals nicht zu einer politischen Grundsatzentscheidung durchringen; sie begnügten sich mit einem Verfahrenskompromiss, obwohl die Ermittlungstätigkeit der Zentralen Stelle, der Eichmann- und der Auschwitz-Prozess ihr Problembewusstsein erheblich erweitert und einige von ihnen in ihren Redebeiträgen Zeichen gesetzt hatten, in denen sich das Parlament nun als vergangenheitspolitisch kompetentes Forum und repräsentativer Sprecher der Nation erwies. Ende der sechziger Jahre wurde die vertagte Entscheidung nachgeholt und im 9. Strafrechtsänderungsgesetz eine angemessen differenzierte Lösung gefunden. Der Bundestag verlängerte die Verjährungsfrist für Mord von zwanzig auf dreißig Jahre und hob die Verfolgungsverjährung für Völkermord auf, um zehn Jahre später nicht zuletzt unter dem Druck der durch den amerikanischen *Holocaust*-Film hochemotionalisierten Öffentlichkeit wieder hinter das bereits erreichte differenzierte Problembewußtsein zurückzufallen.

10. Erinnern und Gedenken: Ein Schlusswort

Aus der seit Jahrzehnten anhaltenden Auseinandersetzung mit der NS-Diktatur und ihren Gewaltverbrechen ist längst eine eigene, facettenreiche Geschichte geworden. Es ist die zweite Geschichte des Nationalsozialismus. Sie ist kaum noch überschaubar und bisher jedenfalls nicht in all ihren Handlungsfeldern, Akteuren, Themen, zeitlichen Entwicklungsphasen und international-vergleichenden Bezügen systematisch dargestellt worden. Dieser Mangel erscheint allerdings wenig verwunderlich, wenn man bedenkt, wie lange es gedauert hat, bis die ersten gehaltvollen Gesamtdarstellungen des sehr viel kürzeren ‚tausendjährigen Dritten Reiches' vorlagen. Immerhin ist die zweite Geschichte des Nationalsozialismus inzwischen um ein Vielfaches länger als die erste. Und sie dauert an. Immer wieder ist ihr absehbares Ende vorausgesagt, befürchtet oder auch vehement gefordert worden. Den von Fall zu Fall ungeduldig, bisweilen auch aggressiv auftrumpfenden Sprechern der Schlussstrichpartei treten jedoch insbesondere jene entgegen, die als Verfolgte nicht vergessen können und als politisch Verantwortliche nicht vergessen dürfen. Sie müssen dafür Sorge tragen, dass die NS-Vergangenheit auf der politischen Tagesordnung der Nation bleibt und die übernommene Schuld- und Schuldenlast im Gedächtnis der Nation aufgehoben wird – in der mehrfachen Bedeutung des Wortes. Das geschieht in der politischen Sphäre vor allem durch Strafverfolgung, Entschädigung, politische Neuordnung und öffentliches Totengedenken, d.h. also durch Überwindung des Unrechtsstaates, die zugleich an das Unrecht erinnert, durch Demokratisierung der politischen Verhältnisse, die das antidemokratische Gegenbild gegenwärtig hält, durch Entschädigung der Verfolgten, die um die Vergeblichkeit aller Wiedergutmachung weiß, und schließlich auch durch den Aufbau und die Pflege einer den Opfern gewidmeten Memorialkultur.

Immer wieder hat der öffentliche Umgang mit den Folgen der Hitler-Diktatur für Konfliktstoff gesorgt. Ob es um die Schuld und die Bestrafung der Täter und Mittäter ging, um die Bestattung und ehrende Erinnerung an die Toten, um die Wiedergutmachung für die Verfolgten, um Begnadigungen, Amnestien und Verjährungsfristen für die Verfolgung der NS-Straftaten; ob Politiker und Publizisten über die politische Bekämpfung oder die wissenschaftliche Bewertung des Antisemitismus debattierten; ob schließlich auch über die Verfilmung und Trivialisierung des Holocaust gestritten wurde, um die in öffentlichen Ausstellungen präsentierten Deutungen des deutschen Widerstands oder der Wehrmacht und ihre Beteiligung an den nationalsozialistischen Gewaltverbrechen oder um das Ob und Wie der Errichtung von nationalen Mahn- und Denkmälern für die Opfer der nationalsozialistischen Gewaltherrschaft – stets engagierte sich eine große, mehrstimmige Öffentlichkeit.

Bezeichnenderweise ist die politisch-justitielle, die künstlerische, die wissenschaftliche und die memorialkulturelle Auseinandersetzung mit der NS-Vergangenheit im geteilten Deutschland von Anfang an ein fester und zentraler Bestandteil des öffentlichen Lebens gewesen, und sie ist es nach der Wiedervereinigung geblieben. Parlamente und Parteien, Gerichte, Ermittlungs- und Wiedergutmachungsbehörden, KZ-Gedenkstätten und Geschichtswerkstätten, Museen und Massenmedien, Forschungsinstitute, Dokumentationszentren und Einrichtungen der politischen Bildung kooperieren und konkurrieren in diesem geschichtspolitischen Feld miteinander. Vielfältig und zahlreich sind auch die individuellen Akteure, die sich in Politik und Justiz, in der Geschichtswissenschaft und in den Gedenkstätten, in der Denkmalkunst, der Malerei und Musik, in der Literatur, auf der Leinwand und auf der Bühne mit der NS-Vergangenheit auseinandersetzen und in je eigener Weise zur Erinnerung an diese Zeit beitragen, in der objektivierenden Ermittlung von Straftatbeständen oder in subjektiven Erinnerungskonstruktionen, versachlichend, distanzierend und theoretisch abstrakt oder in der emotionalen Hinwendung zu den Toten und ihren individuellen Leidensgeschichten.

Dieser weitläufige Zusammenhang konnte hier nicht in seiner ganzen Breite, Vielfalt und Widersprüchlichkeit dargestellt werden. Im Mittelpunkt dieses Buches steht allerdings durchaus ein Kernproblem der zweiten Geschichte des Nationalsozialismus, vielleicht die zentrale politische Frage überhaupt, zumal sie im geteilten Deutschland höchst konträr beantwortet wurde. Es ist die Auseinandersetzung mit der deutschen Schuld, einer politischen, kriminellen und moralischen Schuld, um noch einmal an die von Karl Jaspers früh eingeführte, differenzierte Begrifflichkeit zu erinnern. Wegen dieses Schuldkomplexes wird seit Jahrzehnten vor Gericht ermittelt und verhandelt, in Parlamenten, Parteien, Kirchen und anderen gesellschaftlichen Institutionen und kulturellen Medien debattiert – und wurde eben auch im innerdeutschen Verhältnis gestritten. Die Konfrontation zwischen einer antifaschistisch legitimierten Diktatur und einer antitotalitär ausgerichteten parteienstaatlichen Demokratie hat auf beiden Seiten zu einer je eigenen Auseinandersetzung mit der NS-Erblast geführt, eingebunden in eine systemspezifische Ideologisierung und Instrumentalisierung der deutschen Geschichte vor 1945. Dadurch waren à la longue Korrekturen und Blickerweiterungen keineswegs ausgeschlossen, wenn diese sich auch systemgemäß im Westen sehr viel leichter durchsetzen konnten als im Osten. Man würde die Entwicklung in der Bundesrepublik allerdings missverstehen, wollte man sie als einen kumulativen Fortschritt deuten und als einen Weg beschreiben, der vom Dunkel einer fragwürdigen Vergangenheitsverschwiegenheit und Schuldverdrängung ins Licht einer vorbildlichen Vergangenheitsaufklärung und florierenden Erinnerungskultur geführt hat. So war es eben auch nicht.

*

In beiden deutschen Staaten waren der Nationalsozialismus und seine Gewaltverbrechen für die Legitimation der neuen politischen Verhältnisse in West- und Ostdeutschland unentbehrlich. In beiden deutschen Staaten diente der Nationalsozialismus in je eigener Weise als negativer Kontrast zur Legitimation der neuen politischen Ordnung. Sie sollte das NS-Regime vergessen machen und doch zugleich an dessen Opfer erinnern. Die SED-Führung hat dabei zunächst vor allem die politische Diskontinuität und sozialistisch-revolutionäre Umwälzung betont. Sie sah sich an der Spitze eines neuen, antifaschistischen Deutschland, das an der Seite der Sowjetunion und der Roten Armee nach opfervoll-heroischem Kampf den Hitler-Faschismus besiegt hatte und sich für dessen Folgen und Verbindlichkeiten gegenüber den Gläubigerstaaten und Verfolgten insofern als nicht zuständig erklärte. Hilfe wurde im wesentlichen nur jenen NS-Opfern zuteil, die sich als antifaschistische Widerstandskämpfer aktiv hervorgetan hatten, insbesondere die kommunistischen KZ-Häftlinge. Sie passten in das heroische Geschichtsbild. Darüber hinausgehende Entschädigungsforderungen, insbesondere von jüdischen Organisationen, wies die DDR ab. Sie, deren moskauorientierte Führung sich Anfang der fünfziger Jahre an den stalinistischen Judenverfolgungen und politischen Säuberungen beteiligte, bestritt das Problem eines fortbestehenden Antisemitismus. Dessen gesellschaftliche Wurzeln hatte sie wie auch den „deutschen Militarismus und Nazismus" dem Wortlaut ihrer Verfassung zufolge ein für allemal ausgerottet. Zumal der Nationalsozialismus auf der Grundlage der materialistischen Faschismustheorie als Ausgeburt der überwundenen kapitalistischen Gesellschaftsordnung begriffen wurde. Im gängigen Begriff des Faschismus wurde der Nationalsozialismus zu einem gleichsam universalen Problem gemacht und insoweit auch externalisiert. Erst spät, erst kurz vor ihrer Selbstauflösung brachte die nun demokratisch legitimierte DDR-Führung die Kraft auf, in einer denkwürdigen Erklärung der Volkskammer die systempolitischen Grundlagen der bisherigen Vergangenheits- und Erinnerungspolitik der DDR zu widerrufen, sie als verhängnisvoll zu bewerten und sich zur Mitverantwortung für die Folgen der NS-Diktatur zu bekennen.

Demgegenüber sah sich die Bundesrepublik als Rechtsnachfolger des von den Siegermächten aufgelösten Deutschen Reiches von 1871 mit der ungeteilten Erblast der NS-Diktatur konfrontiert. Auch sie orientierte sich an einem polarisierten Geschichtsbild. Dessen eine dunkle Hälfte bestand aus einem dämonischen Diktator, samt totalitärem Machtapparat, Propaganda, Polizeiterror und Gewaltverbrechen, während sich auf der helleren Seite die idealisierten Ansichten eines „heroisch-standhaften Widerstands"[383] und eines vorgeblich weitgehend intakt gebliebenen Rechtsstaates befanden. Auf die Übernahme der von den Alliierten eingeführten Sondergesetze und neu definierten Straftaten glaubten Bundesregierung und Parlament insoweit verzichten zu können. Andererseits diente und dient der Nationalsozialismus im antitotalitären Geschichts- und Gesellschaftsbild durchaus als abschreckender Negativbezug für den als unumkehrbar angesehenen Systemwechsel hin zur parlamentarisch-föderalen, sozial- und rechtsstaatlichen Demokratie. Ihre Repräsentanten haben sich unter ausdrücklichem Bezug auf vornazistische und intakt gebliebene Traditionsbestände um die Wahrung bzw. Wiederherstellung der in Frage gestellten historisch-politischen Kontinuität bemüht und damit zugleich jenem für viele Jahre ebenso populären wie nützlichen Geschichtsbild zugearbeitet, das den Nationalsozialismus zu einem ‚Betriebsunfall‘ der deutschen Geschichte verkleinerte und aus ihren Zusammenhängen herauslöste.

Die Wahrnehmung der Zeitgenossen war in der frühen Nachkriegszeit weit überwiegend geprägt durch das Chaos der Zerstörungen und des umfassend erlebten Zusammenbruchs. Diese Erfahrung hat sich zum Bewusstsein einer „deutschen Katastrophe"[384] verdichtet, in dem die Ermordung der europäischen Juden ein Randproblem blieb. Verbreitet war die Einstellung, dass Deutschland durch den Nationalsozialismus gleichsam von außen besetzt und seine Zivilbevölkerung ebenso wie seine Soldaten durch einen übermächtigen Diktator und seine verbrecherische Clique manipuliert und missbraucht worden waren. Namhafte Sprecher der großen Volksparteien sahen die Deutschen zu einem Großteil selbst als erstes Opfer des Nationalsozialismus. Dieses Opferselbstbild wurde durch die leidvolle Erfahrung des Krieges und der frühen Nachkriegszeit noch verstärkt.

Die öffentlich inszenierten Erinnerungen dieser Jahre galten – ob in Denkmälern, Friedhofsanlagen, Gedächtniskirchen oder Gedenkveranstaltungen – vor allem den eigenen Toten, den Soldaten und zivilen Kriegsopfern, während sich im Osten Deutschlands das Opfergedenken auf die im Kampf gegen den Hitler-Faschismus gestorbenen antifaschistischen Widerstandskämpfer konzentrierte und seinen Ort in den ehemaligen Konzentrationslagern gefunden hat. Diese wurden früher als im Westen als Erinnerungsorte genutzt und nach Beseitigung der Spuren, die an ihre zwischenzeitliche Funktion als sowjetische ‚Speziallager‘ mit Zehntausenden Toten hätten erinnern können, zu nationalen Mahn-, Gedenk- und Weihestätten ausgebaut.

So war angesichts von weit über 50 Millionen Toten des Weltkrieges, die zu beklagen waren, und angesichts der vielen Verbrechen des Krieges, die nach und nach bekannt wurden, der Judenmord anfangs nur eines unter vielen. Für ihn gab es zunächst noch kein sensibilisiertes Bewusstsein, keinen eigenen Begriff. Gelegentlich vergaß man sogar, die jüdischen Opfer in der Toten-Statistik mitzuzählen. Noch bis in die sechziger Jahre wurde im Behördendeutsch nicht zwischen den Kriegs- und den Menschlichkeitsverbrechen unterschieden. Jene Unterscheidung hatten die Alliierten im Nürnberger Prozess gegen die Hauptkriegsverbrecher eingeführt, dann aber im Verfahren nur halbherzig befolgt. Das überragende politische Interesse, vor allem der Amerikaner, galt nicht Auschwitz, sondern der völkerstrafrechtlichen Ächtung des Angriffskrieges. Aber selbst die ‚Kriegsverbrecher‘ galten bald nur noch als ‚Kriegsverurteilte‘ – eine Umdeutung, die sie als kriminelle Straftäter unkenntlich machte und nur mehr als Kriegsgefangene erscheinen ließ.

Auch die jahrelange Auseinandersetzung um Rückerstattung und Wiedergutmachung, die von wiederauflebenden antisemitischen Ressentiments begleitet wurde, hat diese Blickverengung nicht aufgebrochen. Jedenfalls ist in der frühen Bundesrepublik einer breiteren Öffentlichkeit kaum bewusst geworden, dass die nach dem Territorialprinzip gleichsam exclusiv definierten Entschädigungsberechtigten des Luxemburger Abkommens und des Bundesentschädigungsgesetzes nur einen Bruchteil der – geschätzten – bis zu 20 Millionen NS-Verfolgten ausmachten, und dass sich die Entrechtung, Vertreibung, Deportation und Ermordung keineswegs auf die deutschen Juden beschränkte, sondern auf die jüdische Bevölkerung ganz Europas erstreckte.

Bereits in der zweiten Hälfte der fünfziger Jahre gab es allerdings eine Reihe von Anstößen, nach Art und Ausmaß der nationalsozialistischen Gewaltverbrechen zu fragen. Unter dem Druck zunehmender antisemitischer Aktionen, der Enttarnung belasteter Biographien mehr oder minder prominenter Personen aus Politik, Justiz und Gesundheitswesen und der Hinweise auf bisher unbekannte Straftatkomplexe im Osten durch zurückkehrende Kriegsgefangene wurde die Ermittlung und Strafverfolgung der nationalsozialistischen Verbrechen mit der Einrichtung einer Zentralen Stelle der Landesjustizverwaltungen in Ludwigsburg koordiniert und intensiviert. Gleichwohl versäumte es der Bundestag noch in seiner ersten Verjährungsdebatte im Jahre 1960, die Totschlagsdelikte der Verfolgungsverjährung zu entziehen. Ungezählte in den Ghettos und Konzentrationslagern verübte Verbrechen konnten so später nicht mehr verfolgt werden. Vor allem der Eichmann- und der Auschwitz-Prozess haben die allgemeine Kenntnis über den Genozid erweitert und das Bewusstsein einer größeren Öffentlichkeit für das Ausmaß der verübten Verbrechen allmählich sensibilisiert. Hinzu kam, dass mit dem Sechstagekrieg (1967) und dem Jom-Kippur-Krieg (1973) Israel nun auch in seiner aktuellen Gefährdung verstärkt wahrgenommen wurde.

In diesem Zusammenhang gesehen markiert die umstrittene Ausstrahlung des mehrteiligen amerikanischen *Holocaust*-Fernsehfilms nicht so sehr einen Wendepunkt, sondern vielmehr einen ersten Höhepunkt der Auseinandersetzung mit der NS-Vergangenheit, die sich im Generationenwechsel auch thematisch veränderte. Die überaus publikumswirksame, melodramatische Darstellung individueller Schicksale – der jüdischen Familie Weiss und des SS-Offiziers Dorf – vernachlässigte allerdings den politischen Gesamtzusammenhang. Immerhin begann sich die Gesellschaft nun zunehmend für den Holocaust zu interessieren. So jedenfalls wurde die Ermordung der europäischen Juden seitdem umgangssprachlich genannt wird, ungeachtet des wiederholten Einwandes, dass dieser Begriff ebenso irreführend wie unangemessen ist, weil er in seinem griechisch-lateinischen Ursprung ‚Brandopfer‘ bedeutet und in einem christlichen Traditionszusammenhang steht. Die Definitionsmacht des Fernsehens erwies sich schon damals subtiler Sprachkritik überlegen.

Im Übergang von den sechziger zu den siebziger Jahren gelang es auch an den authentischen Leidensorten, zögerlich zunächst und zumeist nur auf beharrlichen Druck der internationalen Häftlingsorganisationen, die Erinnerung an das grauenhafte Geschehen in das kulturelle Gedächtnis zurückzuholen und die Konzentrationslager nach und nach in Dokumentations- und Gedenkstätten umzugestalten. Dabei blieb es nicht. Bald kamen weitere Denkmäler zur Erinnerung an die vertriebenen und ermordeten Juden hinzu, insbesondere am Standort von Synagogen, Deportationssammelstellen und Bahnhöfen. Die Auseinandersetzung um die ästhetische Repräsentation des Holocaust hat zahlreiche, international renommierte Bildhauer interessiert und nicht wenige der zeitgenössischen Denkmalkünstler dazu gebracht, die Erinnerung an den Holocaust als Leerstelle, als Lücke und als ephemere Denkmalinstallation zu konkretisieren. Genannt seien nur Chritian Boltanski, Karol Broniatowski, Esther und Jochen Gerz, Hans Haacke, Horst Hoheisl, Dani Karavan und Micha Ullmann. Ihre Werke verweisen den Betrachter nicht mehr direkt und umstandslos auf die Vergangenheit. Sie konfrontieren ihn vielmehr mit dem dialektischen Verhältnis von Vergessen und Erinnern, inszenieren ihr eigenes Verschwinden, thematisieren also das Vergangene als unwiederbringlich und die Vergesslichkeit im Unsichtbarwerden.

Dieses Niveau ist bei den beiden künstlerisch wie politisch heftig umstrittenen nationalen Denkmalsetzungen des vereinten Deutschland nicht durchgehalten worden.[385] Zunächst wurde bald nach der Vereinigung auf eiliges Betreiben des Bundeskanzlers die Berliner Neue Wache zur Zentralen Gedenkstätte umgestaltet. Sie hatte diese Funktion zuvor schon in drei verschiedenen politischen Systemen gehabt. Daran erinnert dort nichts mehr. Dem Anfang der dreißiger Jahre von Heinrich Tessenow neu gestalteten klassizistischen Schinkel-Bau wurde Selbstreflexivität weder zugetraut noch zugemutet. Umstands- und bedenkenlos hat man die stark vergrößerte Plastik *Mutter mit totem Sohn* in den kargen, kappellenartigen Innenraum gestellt, jene Pietà also, die Käthe Kollwitz 1937 zur Erinnerung an ihren im Ersten Weltkrieg gefallenen Sohn modelliert hatte. Kritiker warnten vergeblich vor einem fahrlässig vergesslichen Erinnerungszeichen. Denn das Denkmal schließt alles aus, was danach kam, die große Zahl von Frauen unter den Toten der Flucht und der Bomben des Zweiten Weltkrieges, vor allem aber den gewiss nicht unerheblichen Umstand, dass ungefähr soviel Juden ermordet wurden wie deutsche Soldaten starben. Wo kein Sieg und keine Helden mehr gefeiert werden, wo die Trauer angesichts des millionenfachen Todes ins Leere fällt, und auf die Fragen nach Trost und Sinn kaum noch Antworten zu finden sind, erscheint es fast aussichtslos, so schrieb der Bielefelder Historiker Reinhart Koselleck damals, „ein Mahnmal zu finden, das die Wahrheit aushält, ohne daran zu scheitern".[386]

Dass zumindest die Einweihung der missglückten Denkmalstiftung nicht scheiterte, konnte nur durch eine Tafel mit der Aufzählung aller gewaltsam Gestorbenen außerhalb der Gedenkstätte verhindert werden, die Ignatz Bubis forderte, als Korrektur zu der innerhalb der Gedenkstätte summarischen und das heißt ja auch egalisierenden Zusammenfassung aller Toten in der pauschalen Gedenkformel „Den Opfern von Krieg und Gewaltherrschaft". Als eigentlich provozierend wurde empfunden, dass die Pietà auf die Deutschen auch als Leidende verweist und Täter und Opfer im Gedenken vereint. Zumindest Teile der Gesellschaft akzeptieren weiterhin nicht, dass an alle gewaltsam Gestorbenen aus der Zeit des Nationalsozialismus im passiven Opferbegriff gemeinsam erinnert wird, an das in Bergen-Belsen ermordete jüdische Mädchen Anne Frank ebenso wie an den Nazi-‚Blutrichter' Roland Freisler, der bei einem Bombenangriff ums Leben kam.

Umstritten blieb auch das nach jahrelanger Auseinandersetzung beschlossene Berliner Holocaust-Mahnmal. Mit ihm wollen seine zunächst privaten Initiatoren und späteren prominenten Befürworter aus Politik, Wirtschaft und Kultur an zentraler Stelle der Hauptstadt des wiedervereinten Deutschland zweierlei zum Ausdruck bringen. Zum einen, dass sich auch das wiedervereinte Deutschland zur historischen Schuld Deutschlands bekennt, und zum anderen, dass daraus die Verpflichtung erwächst, dauerhaft öffentlich an die nationalsozialistischen Gewaltverbrechen zu erinnern. In diesem Sinne fand das Holocaust-Mahnmal auch im Parlament mehrheitlich Zustimmung. Aussprache und Beschlussfassung durch den Bundestag waren schließlich unvermeidlich geworden, nachdem das wiederholt vom Scheitern bedrohte Mahnmalsprojekt zu einer nationalen Angelegenheit geworden war. Im Verlauf dieser langen Debatte dürften auch anfängliche Gegner eines Holocaust-Mahnmals die Überzeugung gewonnen haben – das wurde im Bundestag deutlich –, dass im vereinten Deutschland ein solches Mahnmal unverzichtbar ist. Andernfalls würde sich die längst begonnene Wiedergewinnung von Tiefe im nationalgeschichtlichen Bewusstsein der Gegenwart dem Verdacht einer revisionistischen Sicht auf die Vergangenheit und einer Verharmlosung der Gewaltverbrechen Hitler-Deutschlands aussetzen.

Kritiker sehen in dem Mahnmal gleichwohl eine Anbiederung an die Holocaust-Überlebenden und einen Fall von anmaßender Selbstentsühnung. Ein zentrales Holocaust-Trauermal als ein für die Nation repräsentatives, öffentliches Erinnerungszeichen müsste ein Schandmal sein, so argumentierte der Münchner Historiker Christian Meier, oder es gerate zu einer verlogenen Geste.

Der ursprüngliche Entwurf des im Sommer 1999 vom Bundestag mit einem ergänzenden ‚Ort der Information' beschlossenen Modells erinnert an einen jüdischen Friedhof. Für sich genommen vereinnahmt das monumentale Stelen-Feld die Opfer und abstrahiert von den Tätern, zumal in seinem ursprünglichen, noch nicht kompromisslerisch verwässerten Entwurf. In einem Akt der Selbstentsühnung haben sich, so hat die Bremer Soziologin Sybille Tönnies unter Verweis auf Elias Canetti dieses Zeichen gedeutet, die Nachkommen der Verfolger in eine „Klagemeute" verwandelt. Darin kommt eine anmaßende, aufdringliche und erschlichene Annäherung an die Toten zum Ausdruck. Denn Trauer kann man nicht nachholen. Sie setzt die emotionale Bindung der lebenden Deutschen an die ermordeten Juden voraus, die auch vor Auschwitz kaum bestand. Eine solidarische Annäherung an die vertriebenen, verfolgten und ermordeten europäischen Juden aber verlangt, dass die heute Lebenden die einstige Todfeindschaft zwischen den deutschen Verfolgern und den Verfolgten anerkennen und in ihren komplexen Ursachen verstehen. Der Ort dafür sind die zahlreich vorhandenen KZ-Gedenkstätten, Dokumentationen und Museen, mit ihrem Kernstück, der ‚Topographie des Terrors', als dem zentralen ‚Ort der Täter'. Diese Dokumentation, die erst nach großen Anstrengungen zustande kam und lange nicht mehr als ein Dauerprovisorium war, ist in ihrer Ende der neunziger Jahre nach einem Entwurf des Schweizer Architekten Peter Zumthor begonnenen architektonischen Neugestaltung immer wieder politisch und finanziell unter Druck geraten. Das dritte Element, das in diesen erinnerungskulturellen Zusammenhang gehört und die deutsch-jüdische Katastrophe denkmalästhetisch, dokumentarisch und museal vergegenwärtigt, ist das Jüdische Museum in Berlin. Es hat zunächst vor allem durch die spektakuläre äußere Form des Libeskind-Baus Beachtung gefunden. Die innere Deutung und museale Inszenierung dieser „negativen Symbiose" steht noch dahin. Die Zukunft wird zeigen müssen, ob und inwieweit diese drei zentralen nationalen Erinnerungszeichen zu jener spannungsreichen Einheit zusammenfinden, die das Bewusstsein bewahrt, dass sich der Holocaust weder zufällig noch zwangsläufig in Deutschland ereignet hat, aber eben doch Teil des deutschen Weges in die Moderne ist. Dem stehen in der Gegenwart allerdings gewichtige Tendenzen entgegen.

In den neunziger Jahren haben massenmediale und kommerzielle Großereignisse wie der Film *Schindlers Liste* oder die *Klemperer Tagebücher* die Fixierung auf die jüdische Katastrophe verstärkt. Die unspektakuläre Einführung des Auschwitz-Gedenktages im Großgedenkjahr 1995 unterstreicht diese Entwicklung. Damit geht die Tendenz einher, den Nationalsozialismus abermals aus der deutschen Geschichte herauszulösen, nun allerdings nicht mehr als ein von außen gekommenes Ereignis, sondern als einen Vorgang, der von seinem Ende, seiner Überwindung her gesehen wird, bei dem man an die Befreiung der Lager und die Rückkehr Deutschlands in die westliche Zivilgesellschaft erinnert.

Dies alles ereignet sich in einer Zeit, in der der Holocaust internationalisiert wird und aus Oswiecim, der einstmals unbekannten Ortschaft im Osten, der ortlose Erinnerungsort Auschwitz geworden ist, den viele Nationen und Konfessionen für sich in Anspruch nehmen für welche politischen Zwecke auch immer. Die größte deutsche Todesfabrik und der größte jüdische Friedhof sind in Oswiecim selbst seit langem dem Konflikt zwischen einer Polonisierung und einer Judaisierung dieses Erinnerungsortes ausgesetzt. Dabei ist es nicht geblieben. Vor allem die Amerikanisierung des Holocaust der letzten beiden Jahrzehnte, die es den US-Bürgern ermöglicht, das Böse der Welt zu externalisieren und zugleich ihr eigenes heroisch-patriotisches Geschichtsbild zu bestätigen,[387] war ein Meilenstein auf dem Weg der Globalisierung der Erinnerungskultur. Sie hat aus dem Holocaust eine allgemeine, international verfügbare Katastrophen-Chiffre gemacht. Längst gilt Auschwitz als Metapher für das Böse der modernen Welt schlechthin. Alle jüngeren Erfahrungen von vorgeblicher oder tatsächlicher rechtsextremistischer Gefahr, von Gewalt und Völkermord werden auf diese Chiffren bezogen, wenn sie öffentliche Aufmerksamkeit mobilisieren sollen und politisches Handeln unter Legitimationsdruck steht, wie zuletzt im Kosovo-Krieg oder bei dem Versuch, das von der rechtskonservativen ÖVP/FPÖ-Koalition regierte Österreich zu isolieren.

Der mit ‚Auschwitz‘ umschriebene Genozid ist dem multinationalen und multikonfessionellen Zugriff ausgesetzt, Auschwitz wird rekonstruiert und dokumentiert, es wird politisch instrumentalisiert und auch fiktionalisiert. Zumal in den Erinnerungserfindungen der ästhetischen Kultur wird Auschwitz sinnlich vergegenwärtigt, auch verfremdet, unterhaltsam vermittelt und gewinnbringend vermarktet. Auschwitz befriedigt das Bedürfnis nach Dramatisierung und spektakulärem Vergleich, Auschwitz befriedigt schließlich auch die Lust beim Betrachten schrecklich-schauriger Bilder. Das mag man bedauern, zu verhindern ist die Globalisierung und Kommerzialisierung einer mit der Metapher Auschwitz operierenden Erinnerungs- und Gedenkkultur kaum. Vielleicht ist nicht einmal zu verhindern, dass in Vergessenheit gerät, was Auschwitz zu einem deutschen Erinnerungsort macht.

Nietzsche, der nicht nur gegen den übermächtigen Historismus seiner Zeit polemisierte und einem vitalen Vergessen das Wort redete, wusste auch, dass nur das im Gedächtnis bleibt, „was nicht aufhört, weh zu tun". Er hat in seiner *Genealogie der Moral* darauf hingewiesen, dass dieses vor allem ein moralisches und kommunikatives Problem ist, aber eines, dem er sich „von der dunklen Rückseite" näherte, „wo es um Schuld und Sühne geht", wie Harald Weinrich dies in seinem schönen *Lethe*-Traktat treffend umschrieben hat.[388] Es sind höchst eigentlich Schuld und Schulden, die individuell wie kollektiv das Gedächtnis konstituieren und zumindest bis zur Sühne der Tat und Begleichung der Schulden Erinnerungsposten darstellen, im Verhältnis zwischen Täter und Opfer bzw. Richter und im Verhältnis zwischen Schuldner und Gläubiger.

Von einer politisch und strafrechtlich definierten Schuld der heute lebenden Deutschen gegenüber den noch lebenden NS-Verfolgten und ihren Nachkommen wird man nicht mehr reden wollen. Das materielle Schuldenverhältnis zwischen ihnen findet in der beschämend späten Zwangsarbeiter-Entschädigung eine mutmaßlich abschließende Regelung. So bleibt die Angst vor einer moralisch vorwerfbaren Vergessensschuld. Damit aber über Auschwitz auch in noch ferner Zukunft kein Gras wächst, werden sich die kommenden Generationen vor allem mit der Entstehungsgeschichte des Nationalsozialismus auseinandersetzen und immer wieder die eine beunruhigende Doppelfrage stellen müssen: warum Hitler nicht verhindert werden konnte, und warum die Gewaltverbrechen gerade in Deutschland geschehen sind.

Anhang

Anmerkungen

1. Stile des Erbens und der Umgang mit Schuld

1 Die Literatur zur Geschichtspolitik und Erinnerungskultur im innerdeutschen Verhältnis ist in den letzten Jahren schnell gewachsen. Vgl. insbesondere Christoph Kleßmann/Hans Misselwitz/Günter Wichert (Hg.), Deutsche Vergangenheiten – eine gemeinsame Herausforderung. Der schwierige Umgang mit der doppelten Nachkriegsgeschichte, Berlin 1999; Jeffrey Herf, Zweierlei Erinnerung, Die NS-Vergangenheit im geteilten Deutschland, Berlin 1998; Jürgen Danyel (Hg.), Die geteilte Vergangenheit. Zum Umgang mit Nationalsozialismus und Widerstand in beiden deutschen Staaten, Berlin 1995; Bernhard Moltmann u.a. (Hg.), Erinnerung. Zur Gegenwart des Holocaust in Deutschland-West und Deutschland-Ost, Frankfurt/Main 1993; Ulrich Herbert/Olaf Groehler, Zweierlei Bewältigung. Vier Beiträge über den Umgang mit der NS-Vergangenheit in den beiden deutschen Staaten, Hamburg 1992.

2 James Sheehan, Von der Straße ins Museum. Der Umgang des Deutschen Historischen Museums mit der deutsch-deutschen Gegenwart, in: Gottfried Korff/Martin Roth (Hg.), Das historische Museum. Labor, Schaubühne, Identitätsfabrik, Frankfurt/Main 1990, S. 277–286 (279).

3 Vgl. außer den in Anm. 1 genannten Werken zur Entwicklung des Antifaschismus in der DDR: Sigrid Meuschel, Legitimation und Parteiherrschaft. Zum Paradox von Stabilität und Revolution in der DDR, Frankfurt/Main 1992; Elke Reuter/Detlef Hansel, Das kurze Leben der VVN von 1947 bis 1953, Berlin 1997.

4 Vgl. Martin Sabrow (Hg.), Verwaltete Vergangenheit. Geschichtskultur und Herrschaftslegitimation in der DDR, Leipzig 1997; Ders. (Hg.), Geschichte als Herrschaftsdiskurs. Der Umgang mit der Vergangenheit in der DDR, Köln u.a. 2000.

5 Als Einführung in die Real- und Forschungsgeschichte unentbehrlich: Hermann Weber, Die DDR 1945–1990, München 2. überarb. Aufl. 1993.

6 Zit. nach: Der Tagesspiegel vom 14.4.1990; vgl. auch Angelika Timm, Hammer, Zirkel, Davidstern. Das gestörte Verhältnis der DDR zu Zionismus und Staat Israel, Bonn 1997, S. 9.

7 M. Rainer Lepsius, Das Erbe des Nationalsozialismus und die politische Kultur der Nachfolgestaaten des „Großdeutschen Reiches", in: Ders., Demokratie in Deutschland. Soziologisch-historische Konstellationsanalysen. Ausgewählte Aufsätze, Göttingen 1993, S. 229–248 (231).

8 Vgl. Gabi Dolff-Bonekämper, Schinkels Neue Wache Unter den Linden.

Ein Denkmal in Deutschland, in: Akademie der Künste (Hg.), Streit um die Neue Wache. Zur Gestaltung einer zentralen Gedenkstätte, Berlin 1993, S. 35 ff.

9 Vgl. dazu die Überblicksdarstellung von Michael Feldkamp, Der Parlamentarische Rat 1948–1949, Göttingen 1998.

10 So abwägend, differenziert, Komplexität und Ambivalenz westdeutscher Vergangenheitsbewältigung gegen jede einseitige politisch-moralische Bewertung betonend, früh: Peter Steinbach, Nationalsozialistische Gewaltverbrechen. Die Diskussion in der deutschen Öffentlichkeit nach 1945, Berlin 1981, S. 91. In ähnlicher Weise außerdem Peter Graf Kielmansegg, Lange Schatten. Vom Umgang der deutschen mit der nationalsozialistischen Vergangenheit, Berlin 1989; vgl. auch aus jüngerer Zeit die materialreichen Überblicksdarstellungen von Axel Schildt, Der Umgang mit der NS-Vergangenheit in der Öffentlichkeit der Nachkriegszeit, in: Wilfried Loth/Bernd A. Rusinek (Hg.), Verwandlungspolitik. NS-Eliten in der westdeutschen Nachkriegsgesellschaft, Frankfurt/Main, New York 1998, S. 19–54; Clemens Vollnhals, Zwischen Verdrängung und Aufklärung. Die Auseinandersetzung mit dem Holocaust in der frühen Bundesrepublik, in: Ursula Büttner (Hg.), Die Deutschen und die Judenverfolgung im Dritten Reich. Werner Jochmann zum 70. Geburtstag, Hamburg 1992, S. 357–386.

11 Peter Graf Kielmansegg, Nach der Katastrophe. Eine Geschichte des geteilten Deutschland, Berlin 2000, S. 358.

12 Vgl. für den neuesten Forschungsstand und die gegenwärtige Sicht der 1950er Jahre in der deutschen Geschichtswissenschaft: Axel Schildt/Arnold Sywottek (Hg.), Modernisierung im Wiederaufbau. Die westdeutsche Gesellschaft der 50er Jahre, neu aktualisierte Studienausgabe 1998 (1993); Axel Schildt, Moderne Zeiten. Freizeit, Massenmedien und „Zeitgeist" in der Bundesrepublik der 50er Jahre, Hamburg 1995. Für die 1960er Jahre jetzt: Axel Schildt/Detlef Siegfried/Karl Christian Lammers (Hg.), Dynamische Zeiten. Die 60er Jahre in den beiden deutschen Gesellschaften, Hamburg 2000.

13 Vgl. Antonia Grunenberg, Antifaschismus – ein deutscher Mythos, Reinbek 1993; Wolfgang F. Haug, Vom hilflosen Antifaschismus zur Gnade der späten Geburt, Hamburg 1987.

14 Bernhard Schlink, Die Bewältigung der Vergangenheit durch Recht, in: Helmut König/Michael Kohlstruck/Andreas Wöll (Hg.), Vergangenheitsbewältigung am Ende des zwanzigsten Jahrhunderts (Leviathan. Zeitschrift für Sozialwissenschaften, Sonderheft 18), Opladen 1998, S. 433–451.

15 Hans-Peter Schwarz, Der Ort des Bundesrepublik in der deutschen Geschichte, Opladen 1996, S. 10.

16 Hermann Heimpel, Gegenwartsaufgaben der Geschichtswissenschaft, in: Ders., Kapitulation vor der Geschichte, Göttingen 3. Aufl. 1960, S. 45 f.

17 Ebd., S. 46.

18 Vgl. Grete Klingenstein, Über Herkunft und Verwendung des Wortes „Vergangenheitsbewältigung", in: Geschichte und Gegenwart, 4, 1988, S. 301–312; Peter Dudek, „Vergangenheitsbewältigung". Zur Problematik eines umstrittenen Begriffs, in: Aus Politik und Zeitgeschichte B 1–2/92, 3.1.1992, S. 44–53; Michael Kohlstruck, Zwischen Erinnerung und Ge-

schichte. Der Nationalsozialismus und die jungen Deutschen, Berlin 1997, bes. S. 13 ff.

19 Helmut Quaritsch hat in einer vergleichenden Studie eine Reihe von „Erfahrungssätzen" erarbeitet: Theorie der Vergangenheitsbewältigung, in: Der Staat, 31, 1992, S. 519–551. Vgl. zur Vergangenheitsbewältigung im Ländervergleich: Rolf Steininger (Hg.), Der Umgang mit dem Holocaust. Europa – USA – Israel, Wien u.a. 1994; Ian Buruma, Erbschaft der Schuld. Vergangenheitsbewältigung in Deutschland und Japan, München 1994; König/Kohlstruck/Wöll (wie Anm. 14); Petra Bock/Edgar Wolfrum (Hg.), Umkämpfte Vergangenheit. Geschichtsbilder, Erinnerung und Vergangenheitspolitik im internationalen Vergleich, Göttingen 1999.

20 So das bedenkenswerte Plädoyer des deutsch-französischen Historikers, Dachau-Häftlings und Résistance-Mitgliedes Joseph Rovan, Das Erbe der Tyrannei. Kurzer oder langer Prozess? Wie nach dem Ende eines Unrechtsregimes mit den Verantwortlichen zu verfahren ist, in: Frankfurter Allgemeine Zeitung vom 8.8.1992.

21 Vgl. Bernhard Schlink, Recht – Schuld – Zukunft, in: Jörg Calließ (Hg.), „Geschichte – Schuld – Zukunft" (= Loccumer Protokolle H. 66/87), Rehberg-Loccum 1988, S. 57–78.

22 Hannah Arendt/Karl Jaspers, Briefwechsel 1926–1969, München Neuausgabe 1993, S. 90 f.

23 Schlink (wie Anm. 14); Ders., Die Bewältigung der Vergangenheit durch Recht, Frankfurt/Main 2001.

24 Vgl. Henry Rousso, L'Epuration. Die politische Säuberung in Frankreich, in: Klaus-Dietmar Henke/Hans Woller (Hg.), Politische Säuberung in Europa. Die Abrechnung mit Faschismus und Kollaboration nach dem Zweiten Weltkrieg, München 1991, S. 192–240.

25 Ekkehard Völkl, Abrechnungsfuror in Kroatien, in: Henke/Woller (wie Anm. 24), S. 358–394.

26 Für das gesamte Problemfeld von Makrokriminalität und Zivilisation grundlegend: Hermann Weber, Die Vielzahl von Verbrechen und das ‚zivilisatorische Minimum', in: Gerd Hankel/Gerhard Stuby (Hg.), Strafgerichte gegen Menschlichkeitsverbrechen. Zum Völkerstrafrecht 50 Jahre nach dem Nürnberger Prozess, Hamburg 1996, S. 355–397 (371 f.); Herbert Jäger, Makroverbrechen als Gegenstand des Völkerstrafrechts, ebd., S. 325–354.

27 Allerdings hat Fraenkel auch betont, dass es sich um keinen echten politischen Dualismus handelt, denn „die juristische Gestalt des deutschen Doppelstaates offenbart sich darin, dass die aufrechterhaltenen Gesetze des vornationalsozialistischen Rechtsstaates nur unter dem Vorbehalt einer jeweiligen Suspendierung durch den Maßnahme-Staat ihre Wirksamkeit besitzen." Ernst Fraenkel, Gesammelte Schriften. Bd. 2: Nationalsozialismus. Herausgegeben von Alexander von Brünneck, Baden-Baden 2000, S. 510.

28 Vgl. die Beiträge von Hans Woller, „Ausgebliebene Säuberung"? Die Abrechnung mit dem Faschismus in Italien, und von Klaus-Dietmar Henke, Die Trennung vom Nationalsozialismus. Selbstzerstörung, politische Säuberung, „Entnazifizierung", Strafverfolgung, beide in: Henke/Woller (wie

Anm. 24), S. 148–191 bzw. S. 21–83. Für Deutschland außerdem die vergleichend einführende, kommentierte Dokumentensammlung von Clemens Vollnhals (Hg.), Entnazifizierung. Politische Säuberung und Rehabilitierung in den vier Besatzungszonen 1945–1949, München 1991, sowie die grundlegende Studie von Lutz Niethammer, Die Mitläuferfabrik. Die Entnazifizierung am Beispiel Bayerns, Bonn Neuausg. 1982.

29 Siehe dazu vor allem: Ulrich Brochhagen, Nach Nürnberg. Vergangenheitsbewältigung und Westintegration in der Ära Adenauer, Hamburg 1994; Norbert Frei, Vergangenheitspolitik. Die Anfänge der Bundesrepublik und die NS-Vergangenheit, München 1996.

30 Heribert Adam, Widersprüche der Befreiung: Wahrheit, Gerechtigkeit und Versöhnung in Südafrika, in: König/Kohlstruck/Wöll (wie Anm. 14), S. 350–370; Kendall Thomas, Die Verfassung der Amnestie: Der Fall Südafrika, in: Gary Smith/Avishai Margalit (Hg.), Amnestie oder die Politik der Erinnerung, Frankfurt/Main 1997, S. 179 ff.

31 Vgl. Bundesminister der Finanzen in Zusammenarbeit mit Walter Schwarz (Hg.), Die Wiedergutmachung nationalsozialistischen Unrechts durch die Bundesrepublik Deutschland, 6 Bde., München 1974 ff. (zit.: Die Wiedergutmachung).

32 Zum folgenden v. a. Schlink, Recht (wie Anm. 21), S. 57 ff. Vgl. auch Ders., Bewältigung (wie Anm. 23).

33 Vgl. Friedrich Wilhelm Rothenpieler, Der Gedanke einer Kollektivschuld in juristischer Sicht, Berlin 1982, bes. S. 66 ff. Es ist bei einer politologischen Studie zur deutschen Vergangenheitsbewältigung wie der von Gesine Schwan, Politik und Schuld. Die zerstörerische Macht des Schweigens, Frankfurt/M. 1997, erstaunlich, dass sie zwar dem philosophischen, psychologischen und politisch-kulturellen Umfeld des Schuldproblems breiten Raum widmet, die strafrechtlichen und rechtspolitischen Aspekte aber nur am Ende ihres Buches streift. Anregend auch: Klaus Günther, Der strafrechtliche Schuldbegriff als Gegenstand einer Politik der Erinnerung in der Demokratie, in: Smith/Margalit (wie Anm. 30), S. 48–89.

34 Vgl. Norbert Frei, Von deutscher Erfindungskraft. Die Kollektivschuldthese in der Nachkriegszeit, in: Rechtshistorisches Journal 16, 1997, S. 621–634; jetzt auch in: Gary Smith (Hg.), Hannah Arendt revisited: „Eichmann in Jerusalem" und die Folgen, Frankfurt/Main 2000, S. 157–170.

35 Schlink (wie Anm. 21), S. 58 f.

36 Ebd., S. 68.

2. Entnazifizierung. Versuch einer politischen Säuberung

37 Zit. nach Alexander Fischer (Hg.), Teheran – Jalta – Potsdam. Die sowjetischen Protokolle von den Kriegskonferenzen der ‚Großen Drei', Köln 3. Aufl. 1985, S. 184 f.

38 Im folgenden stütze ich mich vor allem auf: Vollnhals (wie Anm. 28); Henke/Woller (wie Anm. 24); Niethammer (wie Anm. 28); Volker Dotterweich, Die „Entnazifizierung", in: Josef Becker, Theo Stammen, Peter Waldmann (Hg.), Vorgeschichte der Bundesrepublik Deutschland, Mün-

chen 1979, S. 123–161; Walter Dirks, Folgen der Entnazifizierung. Ihre Auswirkungen in kleinen und mittleren Gemeinden der drei westlichen Zonen, in: Sociologica. Aufsätze Max Horkheimer zum 60. Geburtstag, Frankfurt/Main 1955, S. 445–470; Justus Fürstenau, Entnazifizierung. Ein Kapitel deutscher Nachkriegsgeschichte, Neuwied/Berlin 1969.

39 Vgl. Heiner Wember, Umerziehung im Lager – Internierung und Bestrafung von Nationalsozialisten in der britischen Besatzungszone Deutschlands, Essen 1991; Christa Schick, Die Internierungslager, in: Martin Broszat/Klaus–Dietmar Henke/Hans Woller (Hg.), Von Stalingrad zur Währungsreform. Zur Sozialgeschichte des Umbruchs in Deutschland, München 1988, S. 301–326.

40 Vgl. Niethammer (wie Anm. 28), S. 34 ff.

41 Zit. nach Vollnhals (wie Anm. 28), S. 262 f.

42 Zur Statistik vgl. vor allem die Tabellen bei Vollnhals (wie Anm. 28), passim.

43 So Otto Bachof, Die „Entnazifizierung", in: Andreas Flitner (Hg.), Deutsches Geistesleben und Nationalsozialismus, Tübingen 1965, S. 195 ff.

44 Anna Merritt/Richard L. Merritt (Eds.), Public Opinion in Occupied Germany. The OMGUS-Surveys 1945–1949, Urbana/Ill. 1970, S. 307 f.

45 Vgl. beispielhaft für zwei bayerische Landkreise: Hans Woller, Gesellschaft und Politik in der amerikanischen Besatzungszone. Die Region Ansbach und Fürth, München 1986, bes. S. 119 ff.

46 Henke (wie Anm. 28), S. 55 f.

47 Zit. nach Vollnhals (wie Anm. 28), S. 281 ff.

48 Vgl. Clemens Vollnhals, Evangelische Kirche und Entnazifizierung. Die Last der nationalsozialistischen Vergangenheit, München 1989.

49 Zahlreiche Beispiele, auch die folgenden Zitate bei: Robert Fritzsch, Entnazifizierung. Der fast vergessene Versuch einer politischen Säuberung, in: Aus Politik und Zeitgeschichte, B 24/72, 10.6.1972, S. 24 ff.

50 Vgl. Klaus-Dietmar Henke, Die Grenzen der politischen Säuberung in Deutschland nach 1945, in: Ludolf Herbst (Hg.), Westdeutschland 1945–1955. Unterwerfung, Kontrolle, Integration, München 1986, S. 127 ff. Vollnhals (wie Anm. 28), S. 55 ff. (Einleitung: Das gescheiterte Experiment); Henke (wie Anm. 28).

51 In diesem Sinne schon früh Steinbach (wie Anm. 10); Ders., Nationalsozialistische Gewaltverbrechen in der deutschen Öffentlichkeit nach 1945, in: Jürgen Weber/Peter Steinbach (Hg.), Vergangenheitsbewältigung durch Strafverfahren? NS-Prozesse in der Bundesrepublik, München 1984, S. 13 ff.

52 So eine auf die italienische *epurazione* gemünzte, treffende Formulierung von Woller (wie Anm. 28), S. 190. Wie diese ‚zweite Chance‘ in den m. E. im allgemeinen zu Unrecht gescholtenen fünfziger Jahren genutzt wurde, ist Thema des 6. und 7. Abschnitts.

53 Vgl. zur Entnazifizierung in der DDR insbesondere Helga Welsh, „Antifaschistisch-demokratische Umwälzung" und politische Säuberung in der sowjetischen Besatzungszone Deutschlands, in: Henke/Woller (wie Anm. 24), S. 84–107; Vollnhals (wie Anm. 28), bes. S. 43 ff. Wolfgang Meinicke, Zur Entnazifizierung in der sowjetischen Besatzungszone unter Be-

rücksichtigung von Aspekten politischer und sozialer Veränderungen 1945–1948, Diss. Berlin-Ost 1983.

54 Vgl. dazu jetzt Christian Meyer-Seitz, Die Verfolgung von NS-Straftaten in der Sowjetischen Besatzungszone, Berlin 1998; Günther Wieland, Ahndung von NS-Verbrechen in Ostdeutschland 1945 bis 1990, in: Neue Justiz, 2, 1991, S. 49–53.

55 Vgl. Michael Klonovsky/Jan von Flocken, Stalins Lager in Deutschland. Dokumentation und Zeugenberichte 1945–1950, München 1993; Vollnhals (wie Anm. 28), S. 237 ff.

56 Vgl., auch für die nachfolgenden Zitate: Klonovsky/v. Flocken (wie Anm. 55), S. 205 ff.

3. Die Nürnberger Prozesse und die deutsche Schuld

57 Vgl. Lothar Kettenacker, Die Behandlung der Kriegsverbrecher als anglo-amerikanisches Rechtsproblem, in: Gerd R. Ueberschär (Hg.), Der Nationalsozialismus vor Gericht. Die alliierten Prozesse gegen Kriegsverbrecher und Soldaten 1943–1952, Frankfurt/Main 1999, S. 17–31. Siehe auch die für die Vor- und Verlaufsgeschichte des Prozesses grundlegende und umfassende Darstellung aus der Sicht des US-Chefanklägers in den Nachfolgeprozessen Telford Taylor, Die Nürnberger Prozesse. Hintergründe, Analysen und Erkenntnisse aus heutiger Sicht, München 1994, der aus deutscher Sicht noch keine vergleichbare Monographie gegenübersteht.

58 Vgl. Weber (wie Anm. 26), sowie: Christopher Simpson, Die seinerzeitige Diskussion über die in Nürnberg zu verhandelnden Delikte, in: Hankel/Stuby (wie Anm. 26), S. 39 ff. Siehe auch die grundlegende Studie von J. Willis, Prologue to Nuremberg: The Politics and Diplomacy of Punishing War Criminals of the First World War, Westport 1982.

59 Eine Geschichte aller Nürnberger Prozesse fehlt bislang ebenso wie ihre Rezeptionsgeschichte. Die beste Einführung und Gesamtübersicht bietet gegenwärtig Ueberschär (wie Anm. 57) mit umfangreicher Bibliographie und einem schmalen Dokumentenanhang, in dem zwar das Londoner Abkommen zur Errichtung des IMT vom 8.8.1945 abgedruckt ist, das für den Prozess ungleich wichtigere Dokument, das Gerichts-Statut mit den allgemeinen Grundsätzen und Anklagepunkten aber leider nicht. Außerdem Bradley F. Smith, Der Jahrhundertprozess. Die Motive der Richter von Nürnberg. Anatomie einer Urteilsfindung, Frankfurt/Main 1979. Bereits 1957 erschien – zunächst als reportageartige Fortsetzung in der Münchener Illustrierten der reich bebilderte Dokumentenbericht von Joe J. Heydecker/Johannes Leeb, Der Nürnberger Prozess. Bilanz der tausend Jahre, Köln 6. Aufl. 1962.

Unentbehrlich weiterhin die Geschichte gerichtlicher Vergangenheitsbewältigung aus juristischer Sicht: Adalbert Rückerl, NS-Verbrechen vor Gericht. Versuch einer Vergangenheitsbewältigung, Karlsruhe 1982, bes. S. 88 ff. Außerdem: Susanne Jung, Die Rechtsprobleme der Nürnberger Prozesse dargestellt am Verfahren gegen Friedrich Flick, Tübingen 1992. Knappe, problemorientierte Überblicke bei Jürgen Weber, Sinn und

Problematik der Nürnberger Kriegsverbrecherprozesse, in: Aus Politik und Zeitgeschichte, B 48/1968, S. 3–31; Alfred Maurice des Zayas, Der Nürnberger Kriegsverbrecherprozess, in: Alexander Demandt (Hg.), Macht und Recht. Große Prozesse in der Geschichte, München 3. Aufl. 1991; Ernst Benda, Der Nürnberger Prozess. Grundlage eines neuen Völkerrechts?, in: Uwe Schultz (Hg.), Große Prozesse. Recht und Gerechtigkeit in der Geschichte, München 1996, S. 340–350; Peter Steinbach, Der Nürnberger Prozess gegen die Hauptkriegsverbrecher, in: Ueberschär (wie Anm. 57), S. 32 ff.

60 So Wilhelm E. Süskind, Die Mächtigen vor Gericht, München 1963, S. 79, mit den gesammelten Beiträgen über den Nürnberger Prozess, die zunächst in der *Süddeutschen Zeitung* erschienen waren; vgl. auch Anneke de Rudder, „Warum das ganze Theater?" Der Nürnberger Prozess in den Augen der Zeitgenossen, in: Wolfgang Benz (Hg.), Jahrbuch für Antisemitismusforschung, Bd. 6, Frankfurt/Main 1997, S. 218–242.

61 Karl Dietrich Erdmann, Die Zeit der Weltkriege, Stuttgart 1976 (Handbuch der Deutschen Geschichte Bd. 4), S. 645. Aber noch in der 8. Auflage des „Gebhardt" (Stuttgart 1959, Bd. 4) hatte Erdmann geschrieben: „... dieser Prozess war keine Selbstreinigung des deutschen Volkes, zu dem er vielleicht hätte werden können, wenn die notwendige strafrechtliche Sühne der nationalsozialistischen Verbrechen in einem deutschen Gerichtsverfahren nach deutschem Recht und durch deutsche Richter erfolgt wäre. Der Gerichtshof war nicht eigentlich international, da nicht nur keine Deutschen, sondern auch keine Neutralen an ihm beteiligt wurden. Er war eine Veranstaltung der Sieger über den Besiegten. Was sollte das deutsche Volk, vor dessen Augen nun die Greuel der nationalsozialistischen Vernichtungslager aufgedeckt wurden und das zugleich am eigenen Leibe die Gewalttaten und Vertreibungen im Osten erlebte, von der moralischen Legitimation eines Gerichtshofes denken, in dem auch der sowjetische Paktgenosse aus der Zeit des Polenkrieges als Ankläger und Richter auftrat?" (S. 326).

62 Vgl. Günther Wieland, Der Jahrhundertprozess von Nürnberg. Nazi- und Kriegsverbrecher vor Gericht, Berlin 1986.

63 Robert W. Kempner, Ankläger einer Epoche. Lebenserinnerungen, Frankfurt/Main 1983, S. 223.

64 Hans Fiedler (d.i. Alfred Döblin), Der Nürnberger Lehrprozess, Baden-Baden 1946.

65 Vgl. Der Prozess gegen die Hauptkriegsverbrecher vor dem Internationalen Militärgerichtshof Nürnberg, 14. November 1945 – 1. Oktober 1946, 42 Bände, Nürnberg 1947–1949 (Die Verhandlungsniederschriften sind als 12bändige Reprint-Ausgabe im Delphin Verlag, München und Zürich 1984, erschienen, nach der hier zitiert wird).

66 Ansgar Diller/Wolfgang Mühl Benninghaus (Hg.), Berichterstattung über den Nürnberger Prozess gegen die Hauptkriegsverbrecher 1945/46. Edition und Dokumentation ausgewählter Rundfunkquellen, Potsdam 1998.

67 Vgl. dazu jetzt Lawrence Douglas, *Nazi Concentration Camps* vor dem Nürnberger Gerichtshof, in: Ulrich Baer (Hg.), „Niemand zeugt für den

Zeugen". Erinnerungskultur nach der Shoah, Frankfurt/Main 2000, S. 197–218.

68 Für die Nachlebenden ist er indes ein höchst aufschlußreiches Dokument. Vgl. Brigitte J. Hahn, Umerziehung durch Dokumentarfilm? Ein Instrument amerikanischer Kulturpolitik im Nachkriegsdeutschland (1945–1953), Münster 1993, S. 177 ff.

69 Dazu der eingehende, materialreiche Beitrag von Anneke de Rudder (wie Anm. 60).

70 Karl Jaspers, Die Schuldfrage, in: Ders., Hoffnung und Sorge. Schriften zur deutschen Politik 1945–1965, München 1965, S. 75. Zur Stimmungs- und politischen Bewusstseinslage auch: Josef Foschepoth, Zur deutschen Reaktion auf Niederlage und Besatzung, in: Herbst (wie Anm. 50), S. 151–165; Arnold Sywottek, Tabuisierung und Anpassung in Ost und West. Bemerkungen zur deutschen Geschichte nach 1945, in: Thomas Koebner u. a. (Hg.), Deutschland nach Hitler. Zukunftspläne im Exil und aus der Besatzungszeit 1939–1949, Opladen 1987, S. 229–260.

71 Der Prozess gegen die Hauptkriegsverbrecher (wie Anm. 65), Bd. 1–2, S. 115. Vgl. zum folgenden auch Taylor (wie Anm. 57), S. 203 ff.

72 Ebd., S. 120 f.

73 Ebd., S. 183.

74 Zit. nach Niels Kadritzke, Freispruch wegen Dummheit, in: die tageszeitung vom 27.9.1996, S. 19.

75 Der Prozess gegen die Hauptkriegsverbrecher (wie Anm. 65), Bd. 22, S. 418 ff.

76 Gustave M. Gilbert, Nürnberger Tagebuch. Gespräche der Angeklagten mit dem Gerichtspsychologen, Frankfurt/Main 1962, S. 145.

77 So Joachim C. Fest, Das Gesicht des Dritten Reiches. Profile einer totalitären Herrschaft, München 7. Aufl. 1980, S. 409.

78 Der Prozess gegen die Hauptkriegsverbrecher (wie Anm. 65), Bd. 22, S. 428.

79 Ebd., S. 431.

80 Ebd., S. 437 f.

81 Ebd., S. 438.

82 Ebd., S. 439.

83 Ebd., S. 440 ff.

84 Ebd., S. 444 u. 446.

85 Ebd., S. 452.

86 Ebd., S. 465.

87 Ebd., S. 461.

88 Der Prozess gegen die Hauptkriegsverbrecher (wie Anm. 65), Bd. 16, S. 476.

89 Vgl. Taylor (wie Anm. 57), S. 650 und 688.

90 Eberhard Jäckel, Beinahe Hitlers Freund, in: Der Spiegel vom 27.10.1969, S. 196 f.

91 Alexander Mitscherlich, Hitler blieb ihm ein Rätsel. Die Selbstblendung Albert Speers, in: Frankfurter Allgemeine Zeitung vom 1.11.1975.

92 Joachim Fest, Speer. Eine Biographie, Berlin 1999, S. 386.

93 Vgl. dazu die in der Kommentierung und lückenhaften Präsentation aller-

dings nicht überzeugende Edition von Ulrich Schlie (Hg.), „Alles, was ich weiß". Aus unbekannten Geheimdienstprotokollen vom Sommer 1945. Mit einem Bericht „Frauen um Hitler" von Karl Brandt, München 1999.

94 Matthias Schmidt, Albert Speer: Das Ende eines Mythos. Speers wahre Rolle im Dritten Reich, Bern und München 1982; vgl. dazu auch Fest (wie Anm. 92), S. 450 ff. und Gitta Sereny, Albert Speer. Das Ringen mit der Wahrheit und das deutsche Trauma, München 1995, S. 267 ff.

95 Sereny (wie Anm. 94), S. 817.

96 Jean Améry, Offener Brief an Herrn Ex-Minister Speer, in: Frankfurter Rundschau vom 14.10.1975.

97 Erich Fried, Offener Brief an Jean Améry, in: Frankfurter Rundschau vom 16.10.1975.

98 Siehe für alle Prozesse die Materialsammlung von: Kurt Heinze/Karl Schilling, Die Rechtsprechung der Nürnberger Militärtribunale. Sammlung der Rechtsthesen, der Urteile und gesonderten Urteilsbegründungen der dreizehn Nürnberger Prozesse, Bonn 1952.

99 Vgl. Wolfgang U. Eckart, Fall 1: Der Nürnberger Ärzteprozess, in: Ueberschär (wie Anm. 57), S.73–85.

100 Alexander Mitscherlich/Fred Mielke, Medizin ohne Menschlichkeit. Dokumente des Nürnberger Ärzteprozesses, Frankfurt/Main 1960. Siehe auch die 2. Aufl. 1978 mit neuem Vorwort, sowie zur Editions- und Rezeptionsgeschichte: Jürgen Peter, Der Nürnberger Ärzteprozess im Spiegel seiner Aufarbeitung anhand der drei Dokumentensammlungen von Alexander Mitscherlich und Fred Mielke, Münster/Hamburg 1994.

101 Richard Toellner, Der blinde Spiegel, in: Frankfurter Allgemeine Zeitung vom 18.1.1997.

102 Mitscherlich/Mielke (wie Anm. 100), S. 7 ff.

103 Vgl. Bernd Boll, Fall 6: Der IG-Farben-Prozess, in: Ueberschär (wie Anm. 57), S. 133–143; Joseph Borkin, Die unheilige Allianz der I.G. Farben. Eine Interessengemeinschaft im Dritten Reich, Frankfurt/Main 3. Aufl. 1981, bes. S. 125 ff.; Tom Bower, „Alle deutschen Industriellen saßen auf der Anklagebank". Die Nürnberger Nachfolgeprozesse gegen Krupp, Flick und die I.G. Farben, in: Rainer Eisfeld/Ingo Müller (Hg.), Gegen Barbarei. Essays Robert M.W. Kempner zu Ehren, Frankfurt/Main 1990, S. 239–256.

104 Siehe Fritz ter Meer, Die I.G. Farben Industrie Aktiengesellschaft. Ihre Entstehung, Entwicklung und Bedeutung, Düsseldorf 1953.

105 Vgl. Ulrich Herbert, Best. Biographische Studien über Radikalismus, Weltanschauung und Vernunft 1903–1989, Bonn 1996, bes. S. 403 ff.

106 Vgl. Ralf Ogorreck/Volker Rieß, Fall 9: Der Einsatzgruppenprozess (gegen Otto Ohlendorf und andere), in: Ueberschär (wie Anm. 57), S. 164–175.

107 Zit. nach Joachim Perels, Verpasste Chancen. Zur Bedeutung der Nürnberger Nachfolgeprozesse vor dem Hintergrund der ungenügenden Strafverfolgung von NS-Tätern in der BRD, in: KZ Gedenkstätte Neuengamme (Hg.), Die frühen Nachkriegsprozesse. Beiträge zur Geschichte der nationalsozialistischen Verfolgung in Norddeutschland, Heft 3, Bremen 1997, S. 30–37 (33).

108 Vgl. Rudolf Wassermann, Fall 3: Der Nürnberger Juristenprozess, in: Ueberschär (wie Anm. 57), S. 99–109; Heribert Ostendorf/Heino ter Veen, Das „Nürnberger Juristenurteil". Eine kommentierte Dokumentation, Frankfurt/Main 1982; Ingo Müller, Furchtbare Juristen. Die unbewältigte Vergangenheit unserer Justiz, München 1987.

109 Zit. nach Ostendorf/ter Veen (wie Anm. 108), S. 12.

110 Zit. nach ebd., S. 221.

111 Bundesminister der Justiz (Hg.), Im Namen des Deutschen Volkes. Justiz und Nationalsozialismus, Köln 1989, S. 6.

112 Vgl. dazu Heinrich Wefing, Der Dolch unter der Robe. Wer richtet die Richter? Der Nürnberger Juristenprozess, in: Frankfurter Allgemeine Zeitung vom 6.12.1997

113 Vgl. Rainer A. Blasius, Fall 11: Der Wilhelmstraßen-Prozess gegen das Auswärtige Amt und andere Ministerien, in: Ueberschär (wie Anm. 57), S. 187 ff.

114 Zit. nach Hans-Jürgen Döscher, Verschworene Gesellschaft. Das Auswärtige Amt unter Adenauer zwischen Neubeginn und Kontinuität, Berlin 1995, S. 159 f.

115 Siehe die Beiträge von Friedhelm Kröll, Fall 2: Der Prozess gegen Erhard Milch („Milch Case") und Beate Ihme-Tuchel, Fall 7: Der Prozess gegen die „Südost-Generale", beide in: Ueberschär (wie Anm. 57), S. 86 ff. und S. 144 ff.

116 Vgl. Wolfram Wette, Fall 12: Der OKW-Prozess (gegen Wilhelm Ritter von Leeb und andere), in: Ueberschär (wie Anm. 57), S. 199–212; Ders., Das Bild der Wehrmacht-Elite nach 1945, in: Gerd Ueberschär (Hg.), Hitlers militärische Elite, Bd. 2: Vom Kriegsbeginn bis zum Welkriegsende, Darmstadt 1998, S. 293–308. Jörg Friedrich, Das Gesetz des Krieges. Das deutsche Heer in Russland 1941–1945. Der Prozess gegen das Oberkommando der Wehrmacht, München 1993. Siehe auch: Alfred Streim, Saubere Wehrmacht? Die Verfolgung von Kriegs- und NS-Verbrechen in der Bundesrepublik und der DDR, in: Hannes Heer/Klaus Naumann (Hg.), Vernichtungskrieg. Verbrechen der Wehrmacht 1941–1944, Hamburg 1995, S. 569–600. Erstaunlicherweise fehlt in der umfassend angelegten Forschungsbilanz: Die Wehrmacht. Mythos und Realität, hrsg. v. Rolf-Dieter Müller/Hans-Erich Volkmann, München 1999, ein spezieller Beitrag über die Nürnberger Prozesse gegen Wehrmachts-Generale.

117 Vgl. Taylor (wie Anm. 57), S. 333 ff.

118 Der Prozess gegen die Hauptkriegsverbrecher (wie Anm. 65), Bd. 1–2, S. 313 f.

119 Robert W. Kempner (wie Anm. 63), S. 223 u. 456.

120 Zit. nach dem für die Problematik grundlegenden Beitrag von Heinz Artzt, Zur Abgrenzung von Kriegsverbrechen und NS-Verbrechen, in: Adalbert Rückerl (Hg.), NS-Prozesse. Nach 25 Jahren Strafverfolgung: Möglichkeiten – Grenzen – Ergebnisse, Karlsruhe 1971, S.163–194 (185 ff.)

121 Verhandlungen des Deutschen Bundestages, 4. Wahlperiode, 170. Sitzung vom 10.3.1965, Stenographische Berichte Bd. 57, S. 8550 f.

122 Zit. nach Rückerl, (wie Anm. 59), S. 114.

123 Sebastian Haffner, Anmerkungen zu Hitler, München 1978, S. 165.

124 Verhandlungen des Deutschen Bundestages, 1.Wahlperiode, 1.Sitzung vom 7.9.1949, Stenographische Berichte, Bd. 1, S. 2.

125 Die Hinweise verdanke ich der ersten grundlegenden Studie zur Geschichte des 9.November als Gedenktag im Nachkriegsdeutschland: Harald Schmid, „Die Toten werden noch gebraucht". Geschichtspolitik und Gedenktage: Die Institutionalisierung des 9./10. November 1938 in der politischen Kultur der Bundesrepublik Deutschland, Diss.phil. Hamburg 1999, bes. S. 191 ff., der die Interpretation eines in der damaligen Zeit weiten Opferbegriffes bestätigt.

126 Siehe Peter Reichel, „... die Erinnerung daran abschütteln wie einen bösen Traum". Wie in Hamburg die Auseinandersetzung mit der NS-Zeit begann, in: Ursula Büttner/Bernd Nellessen (Hg.), Die zweite Chance. Der Übergang von der Diktatur zur Demokratie in Hamburg 1945–1949, Hamburg 1997, S. 123 ff.

127 Vgl. Frei (wie Anm. 34); Rothenpieler (wie Anm. 33), S. 191 ff.

128 Vgl. für die Dokumentation und Interpretation demoskopischer Daten der frühen Nachkriegsjahre: Arnulf Kutsch, Einstellungen zum Nationalsozialismus in der Nachkriegszeit, in: Publizistik, 40, 1995, S. 415–447. Weiterhin unentbehrlich ist: Merrit/Merrit (wie Anm. 44). Vgl. auch de Rudder (wie Anm. 60), S. 218 ff.

129 Die meisten der nachfolgend genannten kirchlichen Erklärungen finden sich bei: Rolf Rendtorff/Hans Hermann Henrix (Hg.), Die Kirchen und das Judentum. Dokumente von 1945–1985, Paderborn und München 1988. Vgl. zur Rolle der Kirchen in den Debatten der damaligen Zeit über Kollektivschuld, ‚Judenfrage', Entnazifizierung, Nürnberger Prozesse und ‚Kriegsverbrecher' aus der Fülle der inzwischen vorliegenden Literatur insbesondere die frühen, thematisch einschlägigen und wegweisenden Arbeiten von Werner Jochmann, Gesellschaftskrise und Judenfeindschaft in Deutschland 1870–1945, Hamburg 1988; außerdem Martin Greschat, Protestanten in der NS-Zeit, Stuttgart, Berlin, Köln 1994; Karl Herbert, Kirche zwischen Aufbruch und Tradition. Entscheidungsjahre nach 1945, Stuttgart 1989; Clemens Vollnhals, Die Evangelische Kirche zwischen Traditionswahrung und Neuorientierung, in: Broszat/Henke/Woller (wie Anm. 39), S. 113–167.

130 Vgl. auch für die nachfolgenden Zitate: Jaspers (wie Anm. 70), S. 67 ff. Siehe dazu v. a. die einschlägigen Beiträge in: Jürgen C. Heß/Hartmut Lehmann/ Volker Sellin (Hg.), Heidelberg 1945, Stuttgart 1996; zum geistes- und ideengeschichtlichen Hintergrund: Anson Rabinbach, In the Shadow of Catastrophe. German Intellectuals between Apocalypse and Enlightenment, Berkeley 1997; Thomas Koebner, Die Schuldfrage. Vergangenheitsverweigerung und Lebenslügen in der Diskussion 1945–1949, in: Ders. u. a. (wie Anm. 70), S. 301–329; Ralf Kadereit, Karl Jaspers und die Bundesrepublik Deutschland. Politische Gedanken eines Philosophen, Paderborn 1999.

131 Vgl. Albrecht Götz, Bilanz der Verfolgung von NS-Straftaten, Köln 1986, S. 12 ff.; Hans Zürrlein, Die Frage der Kollektivschuld aus dem Blickwinkel deutscher Literaten und Publizisten, in: Gerhard Hay (Hg.), Zur literarischen Situation 1945–1949, Königstein/Ts. 1977, S. 15–35.

132 Ebd., S. 31 ff. („Erneuerung der Universität").

4. Wiedergutmachung. Entschädigung der Verfolgten

133 Grundlegend und umfassend für die Geschichte der politik-, rechts- und verwaltungswissenschaftlichen Aspekte des Wiedergutmachungsrechts: Die Wiedergutmachung (wie Anm. 31). Außerdem Constantin Goschler, Wiedergutmachung. Westdeutschland und die Verfolgten des Nationalsozialismus 1945–1954, München 1992; ergänzend und zur Vertiefung für einzelne Akteure, spezielle Problemaspekte und Opfergruppen unverzichtbar: Ludolf Herbst/Constantin Goschler (Hg.), Wiedergutmachung in der Bundesrepublik Deutschland (Sondernummer der Schriftenreihe der Vierteljahreshefte für Zeitgeschichte), München 1989; zuletzt: Hermann-Josef Brodesser/Bernd Josef Fehn/Tilo Franosch/Wilfried Wirth, Wiedergutmachung und Kriegsfolgenliquidation. Geschichte – Regelungen – Zahlungen, München 2000.

134 Ludolf Herbst, Einleitung, in: Herbst/Goschler (wie Anm. 133), S. 8.

135 Jacob und Wilhelm Grimm, Deutsches Wörterbuch (Nachdruck der Erstausgabe von 1935), München 1984, Bd. 9, Sp. 1469 f.

136 Das ist die gebräuchliche Kurzformel für ‚Conference on Jewish Material Claims against Germany‘, dem Zusammenschluß mehrerer jüdischer Organisationen. Vgl. Nana Sagi, Die Rolle der jüdischen Organisationen in den USA und die Claims Conference, in: Herbst/Goschler (wie Anm. 133), S. 99 ff.

137 Vgl. Willy Albrecht, Ein Wegbereiter. Jakob Altmaier und das Luxemburger Abkommen, in: Herbst/Goschler (wie Anm. 133), S. 205–214.

138 Vgl. Erich Lüth, Ein Hamburger schwimmt gegen den Strom, Hamburg 1981.

139 Vgl. für die Schätzung der Verfolgtenzahlen Herbst (wie Anm. 134), S. 19. Mit weiteren Zahlen für die ausländischen NS-Verfolgten im gleichen Band: Ulrich Herbert, Nicht entschädigungsfähig? Die Wiedergutmachungsansprüche der Ausländer, S. 273–302; Constantin Goschler, Offene Fragen der Wiedergutmachung. Entschädigungsforderungen von Verfolgten des Nationalsozialismus als politischer Diskurs, in: König u. a. (wie Anm. 14), S. 38–52.

140 Nahum Goldmann, Mein Leben als deutscher Jude, München und Wien 1980, S. 372.

141 Zit. nach Goschler (wie Anm. 133), S. 46.

142 Grundlegend dazu: Walter Schwarz, Rückerstattung nach den Gesetzen der Alliierten Mächte, München 1974 (Die Wiedergutmachung, Bd. 1); Goschler (wie Anm. 133), S. 106 ff. und Ders., Die Auseinandersetzung um die Rückerstattung ‚arisierten‘ jüdischen Eigentums nach 1945, in: Büttner (wie Anm. 10), S. 339–356.

143 Otto Küster, der – von den Nazis 1933 als Richter entlassen – später vom liberalen württembergischen Ministerpräsident Reinhold Maier zum Staatsbeauftragten für Wiedergutmachung berufen wurde und einer der maßgeblichen deutschen Akteure bei der politischen Auseinandersetzung um Rückerstattung und Entschädigung war, sprach von einer „Tragödie". Walter Schwarz, deutsch-jüdischer Jurist, der die publizistische Doku-

mentation der Wiedergutmachung zu seinem Lebenswerk gemacht hat, kam zu einer sehr viel positiveren Würdigung, als er die moderate Formel von der besatzungsrechtlichen Form „einer Manifestation des deutschen Willens zur Wiedergutmachung" prägte. Constantin Goschler, Vertreter der jüngeren Zeithistoriker-Generation, betont sehr viel stärker die komplexe und schwer auflösbare interessenpolitische Konfrontation aller Beteiligten, die dem stellvertretenden US-amerikanischen Militärgouverneur Lucius D. Clay, zumal unter dem bestehenden Zeitdruck, letztlich keine andere Wahl ließ als den Weg einer besatzungsrechtlichen Verordnung.

144 Vgl. Schwarz (wie Anm. 142), S. 69 ff. (Der politische Kampf gegen die alliierte Rückerstattungs-Gesetzgebung) und Rainer Erb, Die Rückerstattung: ein Kristallisationspunkt für Antisemitismus, in: Werner Bergmann/Rainer Erb (Hg.), Antisemitismus in der politischen Kultur nach 1945, Opladen 1990, S. 283–252.

145 Zit. nach Schwarz (wie Anm. 142), S. 70.

146 Vgl. Constantin Goschler, Der Fall Philipp Auerbach. Wiedergutmachung in Bayern, in: Herbst/Goschler (wie Anm. 133), S. 77–98.

147 Siehe dazu Schwarz (wie Anm. 142), S. 74 ff.

148 Zit. nach ebd., S. 75.

149 Friedrich Biella u. a., Das Bundesrückerstattungsgesetz, München 1981 (Die Wiedergutmachung, Bd. 2).

150 Schwarz (wie Anm. 142), S. 177 ff.

151 Zum folgenden Goschler (wie Anm. 133); Ernst Féaux de la Croix/Helmut Rumpf, Der Werdegang des Entschädigungsrechts unter national- und völkerrechtlichem und politologischem Aspekt, München 1985 (Die Wiedergutmachung Bd. 3).

152 Dass und warum die Kommunisten, die im US-REG selbstverständlich zu den Entschädigungsberechtigten gezählt wurden, zunächst leer ausgingen, kann – wie auch die Entwicklung bei den anderen benachteiligten Gruppen – hier leider nicht dargestellt werden; vgl. den grundlegenden Beitrag von Gotthard Jasper, Die disqualifizierten Opfer. Der Kalte Krieg und die Entschädigung für Kommunisten, in: Herbst/Goschler (wie Anm. 133), S. 361–384.

153 Siehe dazu vor allem Wolfgang Jacobmeyer, Vom Zwangsarbeiter zum heimatlosen Ausländer. Die Displaced Persons in Westdeutschland 1945–1951, Göttingen 1985; Fritz Bauer Institut (Hg.), Überlebt und unterwegs. Jüdische Displaced Persons im Nachkriegsdeutschland (Jahrbuch 1997 zur Geschichte und Wirkung des Holocaust), Frankfurt/Main, New York 1997.

154 Siehe die vergleichende Übersicht bei Ernst Féaux de la Croix, Vom Unrecht zur Entschädigung: Der Weg des Entschädigungsrechts, in: Ders./Helmut Rumpf (wie Anm. 151), S. 1–118.

155 Verhandlungen des Deutschen Bundestages, 1. Wahlperiode, 5. Sitzung vom 20. 9. 1949, Stenographische Berichte Bd. 1, S. 27.

156 Ebd., S. 36 (6. Sitzung vom 21. 9. 1949).

157 Allgemeine Wochenzeitung der Juden in Deutschland vom 1. 9. 1950.

158 Der Text ist abgedruckt bei Rolf Vogel (Hg.), Der deutsch-israelische Dialog. Dokumentation eines erregten Kapitels deutscher Außenpolitik, München u. a. 1987, Teil I: Politik, Bd. 1, S. 33 ff.

159 Verhandlungen des Deutschen Bundestages, 1.Wahlperiode, 165.Sitzung. vom 27.9.1951, Stenographische Berichte, Bd. 9, S. 6697f.

160 Vgl. Goschler (wie Anm. 133), S. 211ff.; Anna J. Merritt/Richard L. Merritt (Eds.), Public Opinion in Semisovereign Germany. The HICOG-Surveys 1949–1955, Urbana/Chicago/London 1980; Michael Wolffsohn, Das Wiedergutmachungsabkommen mit Israel: Eine Untersuchung bundesdeutscher und ausländischer Umfragen, in: Herbst (wie Anm. 50), S. 203ff.

161 Vgl. Goldmann (wie Anm. 140), S. 371. Außerdem Hans-Peter Schwarz, Die Ära Adenauer. Gründerjahre der Republik 1949–1957, Stuttgart, Wiesbaden 1981, S. 181ff.

162 Vgl. Nana Sagi, German Reparations. A History of the Negotiations, Jerusalem 1980; Kai von Jena, Versöhnung mit Israel? Die deutsch-israelischen Verhandlungen bis zum Wiedergutmachungsabkommen von 1952, in: VfZ 34, 1986, S. 457–480; Goschler (wie Anm. 133), S. 257ff.; Féaux de la Croix/Rumpf (wie Anm. 151), S. 147ff. Rudolf Huhn, Die Wiedergutmachungsverhandlungen in Wassenaar, in: Herbst/Goschler (wie Anm. 133), S. 139–160.

163 Vgl. seinen: Bericht eines Beauftragten. Die deutsch-israelischen Beziehungen 1951–1966, Tübingen 1967.

164 Franz Böhm (1895–1977) Mitarbeiter im Reichswirtschaftsministerium, 1933 für Wirtschaftsrecht habilitiert, seit 1936 Professor in Jena, wegen Kritik an der NS-Rassenpolitik 1940 in den Ruhestand versetzt, nach 1945 in verschiedenen politischen Funktionen, 1952–1965 Mitglied der CDU-Fraktion des Deutschen Bundestages, seit 1946 Professor für Wirtschaftsrecht in Frankfurt/Main.

165 Goschler (wie Anm. 133), S. 269f.

166 Vgl. Hans-Peter Schwarz (Hg.), Die Wiederherstellung des deutschen Kredits. Das Londoner Schuldenabkommen, Stuttgart/Zürich 1982; Christoph Buchheim, Das Londoner Schuldenabkommen, in: Herbst (wie Anm. 50), S. 219–230.

167 Verhandlungen des Deutschen Bundestages, 1. Wahlperiode, 254. Sitzung vom 18.3.1953, Stenographische Berichte Bd. 15, S. 12277f.

168 Vgl. Goschler (wie Anm. 139); Karl Hessdörfer, Die finanzielle Dimension, in: Herbst/Goschler (wie Anm. 133), S. 55ff.; Féaux de la Croix, Internationalrechtliche Grundlagen der Wiedergutmachung, in: Ders./Rumpf (wie Anm. 151), S. 187ff.

169 Vgl. auch für die nachfolgenden Zitate Timm (wie Anm. 6), S. 51ff. u. 127ff.

170 Herf (wie Anm. 1), S. 54ff.

171 Zit. nach Timm (wie Anm. 6), S. 137. Die DDR hat bis in die siebziger Jahre nur zweimal eine Wiedergutmachungspflicht anerkannt: gegenüber Jugoslawien, das sich die Anerkennung der DDR mit 100 Millionen Mark honorieren ließ, und gegenüber den USA. Für die Aufnahme diplomatischer Beziehungen wurde ‚symbolisch' 1 Million Dollar an die Claims Conference gezahlt. Höhepunkt der schrittweisen Annäherung zwischen der DDR und Israel bzw. den jüdischen Organisationen war 1988 der Besuch des Präsidenten des World Jewish Congress, Edgar Bronfman, und

die Teilwiederherstellung der Neuen Synagoge in der Berliner Oranien-
burger Straße.

172 Goldmann (wie Anm. 140), S. 452.

173 Vgl. zum folgenden Herbert (wie. Anm. 139).

174 Zit. nach ebd., S. 279.

175 Siehe dazu Ernst Féaux de la Croix, Staatsvertragliche Ergänzungen der
Entschädigung, in : Ders./Rumpf (wie Anm. 151), S. 201–310.

176 Vgl. Heinz Geyr, Auf dem Weg zur Aussöhnung. Bonn, Warschau und
die humanitären Fragen, Stuttgart 1978.

177 Walter Schwarz, Schlussbetrachtung. Beilage zu: Die Wiedergutmachung,
Bd. VI. München 1987, S. 28; Ders., Wiedergutmachung, in: Herbst/
Goschler (wie Anm. 133), S. 54. Ihm widersprach der junge Mediziner
Christian Pross (Wiedergutmachung, Frankfurt/Main 1988), zeitweilig
Mitarbeiter am Hamburger Institut für Sozialforschung. Polemisch und
einseitig deutete er die gewiß in vieler Hinsicht unzureichende Wieder-
gutmachung zu einem „Kleinkrieg gegen die Opfer" um. Vgl. dazu auch
Goschler (wie Anm. 139).

178 Bericht der Bundesregierung über Wiedergutmachung und Entschädigung
für nationalsozialistisches Unrecht sowie über die Lage der Sinti, Roma
und verwandter Gruppen, Verhandlungen des Deutschen Bundestages,
10. Wahlperiode, Drucksachen Bd. 341, Nr. 10/6287 vom 31. 10. 1986.

179 Verhandlungen des Deutschen Bundestages, 11.Wahlperiode, 46.Sitzung
vom 3. 12. 1987, Stenographische Berichte Bd. 143, S. 3194 ff.

180 Klaus Dörner, Ein Heer der Vergessenen – die Sozialverfolgten des Dritten Reiches. Immer noch Opfer zweiter Klasse, in: Die Zeit vom
23. 8. 1985; Vergessene Nachhut, in: Der Spiegel Nr. 46/1986, S. 108 f.

181 Verhandlungen des Deutschen Bundestages, 13. Wahlperiode, Drucksachen Bd. 526, Nr. 13/1193 vom 25. 4. 1995.

182 Verhandlungen des Deutschen Bundestages, 13. Wahlperiode, Drucksachen Bd. 573, Nr. 13/6824 vom 29. 1. 1997.

183 Verhandlungen des Deutschen Bundestages, 14. Wahlperiode, 114. Sitzung vom 6. 7. 2000, Stenographische Berichte, S. 10751 ff.

184 So der Kommentar der Frankfurter Allgemeinen Zeitung vom 7. 7. 2000
(Jürgen Jeske).

5. Der Remer-Prozess und die Rehabilitierung des 20. Juli

185 Eine breit angelegte, auch die Beiträge der künstlerischen Medien einbe-
ziehende Rezeptionsgeschichte des 20. Juli steht noch aus. Vgl. Gerd
R. Ueberschär (Hg.), Der 20. Juli 1944. Bewertung und Rezeption des
deutschen Widerstands gegen das NS-Regime, Köln 1994; grundlegend
für eine Rezeptionsgeschichte die thematisch breit gefächerte Aufsatz-
sammlung von Peter Steinbach, Widerstand im Widerstreit. Der Widerstand gegen den Nationalsozialismus in der Erinnerung der Deutschen,
Paderborn 2., erw. Aufl. 2000; Regina Holler, 20. Juli 1944. Vermächtnis
oder Alibi?, München u.a. 1994 und Norbert Frei, Erinnerungskampf.
Zur Legitimationsproblematik des 20. Juli 1944 im Nachkriegsdeutsch-

land, in: Christian Jansen u. a. (Hg.), Von der Aufgabe der Freiheit. Politische Verantwortung und bürgerliche Gesellschaft im 19. und 20. Jahrhundert. Festschr. f. Hans Mommsen, Berlin 1996, S. 493 ff.

186 Zit. nach Holler (wie Anm. 185), S. 88.

187 Siehe Robert Buck, Die Rezeption des 20. Juli in der Bundeswehr, in: Ueberschär (wie Anm. 185), S. 214–234; Georg Meyer, Auswirkungen des 20. Juli 1944 auf das innere Gefüge der Wehrmacht bis Kriegsende und auf das soldatische Selbstverständnis im Vorfeld des westdeutschen Verteidigungsbeitrages bis 1950/51 und Norbert Wiggershaus, Zur Bedeutung und Nachwirkung des militärischen Widerstands in der Bundesrepublik Deutschland und in der Bundeswehr, beide in: Militärgeschichtliches Forschungsamt (Hg.), Aufstand des Gewissens. Der militärische Widerstand gegen Hitler und das NS-Regime 1933–1945, Herford und Bonn o. J. (1984), S. 465–500 und 501–528.

188 Vgl. Wilfried v. Bredow, Die Last der Traditionen, in: Deutsche Studien. Sonderheft: Tradition in der Bundeswehr und Nationalen Volksarmee, 1981, S. 55 ff.

189 Zit. nach Wiggershaus (wie Anm. 187), S. 523.

190 Verhandlungen des Deutschen Bundestages, 1. Wahlperiode, 130. Sitzung vom 5. 4. 1951, Stenographische Berichte, Bd. 6, S. 4984. Vgl. dazu auch Georg Meyer, Soldaten ohne Armee. Berufssoldaten im Kampf um Standesehre und Versorgung, in: Broszat/Henke/Woller (wie Anm. 39), S. 683–750.

191 Vgl. Horst W. Schmollinger, Die Sozialistische Reichspartei, in: Richard Stöss (Hg.), Parteien-Handbuch. Die Parteien der Bundesrepublik Deutschland. 1945–1980, 2 Bde., Opladen 1984, Bd. 2, S. 2274–2336.

192 Siehe dazu jetzt vor allem Frei (wie Anm. 29), S. 326 ff.

193 Lehr hatte vor 1933 der DNVP angehört. Er wurde von den Nazis seines Amtes als Düsseldorfer Oberbürgermeister enthoben, vorübergehend inhaftiert und nahm später Verbindung zum Widerstandskreis um den ehemaligen Leipziger Oberbürgermeister Carl Goerdeler auf.

194 BVerfGE Bd. 2, S. 1–79 (69).

195 Zum Remer-Prozess insbes. Rudolf Wassermann, Zur Auseinandersetzung um den 20. Juli 1944. Der Remer-Prozess als Meilenstein der Nachkriegsgeschichte, in: Ders., Recht, Gewalt, Widerstand. Vorträge und Aufsätze, Berlin 1985, S. 36–64; Franz Gress/Hans-Gerd Jaschke, Politische Justiz gegen rechts: Der Remer-Prozess in paradigmatischer Perspektive, in: Eisfeld/Müller (wie Anm. 103), S. 453–478; Peter Steinbach, Vergangenheitsbewältigung. Vom Erkennen nationalsozialistischer Verbrechen zur „Wiedergutmachung", in: Rainer Roth/Walter Seifert (Hg.), Die zweite deutsche Demokratie. Ursprünge, Probleme, Perspektiven, Köln u. Wien 1990, S. 109–160.

196 Leben und Lebenswerk Bauers würdigen: Rudolf Wassermann, „Fritz Bauer", in: Peter Glotz/Wolfgang R. Langenbucher (Hg.), Vorbilder für Deutsche, München 1986, S. 221–238; Joachim Perels/Irmtrud Wojak, Motive im Denken und Handeln Fritz Bauers, in: Dies., Die Humanität der Rechtsordnung. Ausgewählte Schriften, hrsg. v. Joachim Perels/Irmtrud Wojak, Frankfurt/Main 1998, S. 9–34.

197 Die Gutachten von Hans-Joachim Iwand, Ernst Wolf, Rupert Angermair, Helmut Friebe, Hans-Günther Seraphim, Percy Ernst Schramm sind dokumentiert in: Herbert Kraus (Hg.), Die im Braunschweiger Remerprozess erstatteten moraltheologischen und historischen Gutachten nebst Urteil, Hamburg 1953. Siehe dort auch die nachfolgenden Zitate.

198 Vgl. Eine Grenze hat Tyrannenmacht. Plädoyer im Remer-Prozess (1952), in: Bauer (wie Anm. 196), S. 169–180 auch für die nachfolgenden Zitate.

199 Das waren: W.E. Albrecht, F. Ch. Dahlmann, H. v. Ewald, G. Gervinus, J. Grimm, W. Grimm und W. E. Weber.

200 Zit. nach Kraus (wie Anm. 197), S. 123.

201 Zit. nach ebd., S. 136.

202 Dazu eingehend Gress/Jaschke (wie Anm. 195).

203 Zit. nach Wassermann (wie Anm. 195), S. 63; Zum aktuellen politischen Hintergrund vgl. Gerd Schmückle, Ohne Pauken und Trompeten. Erinnerungen an Krieg und Frieden, Stuttgart 1982, S. 214 ff.

6. Bewältigung der Vergangenheitsbewältigung

204 Vgl. Ulrich Voelklein, Die verweigerte Schuld: Gespräche mit einem Täter. Wie aus dem NS-Kreishauptmann Claus Volkmann der linksliberale Publizist Peter Grubbe wurde, Hamburg 2000.

205 Vgl. Helmut König u.a. (Hg.), Vertuschte Vergangenheit. Der Fall Schwerte und die NS-Vergangenheit der deutschen Hochschulen, München 1997; Loth/Rusinek (wie Anm. 10). Außerdem: Ulrich Herbert, Rückkehr in die Bürgerlichkeit? NS-Eliten in der Bundesrepublik, in: Bernd Weisbrod (Hg.), Rechtsradikalismus in der politischen Kultur der Nachkriegszeit. Die verzögerte Normalisierung in Niedersachsen, Hannover 1995, S. 57–173; Axel Schildt, NS-Eliten in der Bundesrepublik Deutschland, in: Geschichte, Politik und ihre Didaktik 24, 1996, S. 20 ff.

206 Grundlegend für das folgende: Frei (wie Anm. 29), S. 25–131, das Zitat findet sich auf S. 29; Ders., Amnestiepolitik in den Anfangsjahren der Bundesrepublik, in: Smith/Margalit (wie Anm. 30), S. 120ff. Jörg Friedrich, Die kalte Amnestie. NS-Täter in der Bundesrepublik, Frankfurt/Main 1984.

207 Zit. nach Frei (wie Anm. 29), S. 65.

208 Vgl. Wolfgang Kraushaar, Die Protest-Chronik 1949–1959. Eine illustrierte Geschichte von Bewegung, Widerstand und Utopie, Hamburg 1996, 4 Bde., Bd. 1, S. 495 f.

209 Norbert Frei, Ich heiße jetzt Anders. Das zweite Leben von Menschen, die in der Nazi-Zeit schuldig geworden sind, in: Süddeutsche Zeitung vom 14./15. September 1996.

210 Der seit den alliierten Prozessen übliche Ausdruck ‚Kriegsverbrecher' wurde bald in Anführungszeichen gesetzt, weil damit das kriminelle Element in Zweifel gezogen bzw. überhaupt zurückgewiesen werden sollte. Vielfach sprach man auch nur von ‚Kriegsverurteilten'. Wenn dieser Begriff heute in Anführungszeichen steht, so geschieht das aus einer ganz anderen Absicht. Nun soll darauf aufmerksam gemacht werden, dass es

sich bei den vereinfacht so bezeichneten Tätern um Personen handelt, die nicht selten wegen Kriegs- *und* Menschlichkeitsverbrechen verurteilt worden waren, deren Gleichsetzung in einem Begriff aber als Verharmlosung des Völkermords abgelehnt wird. Vgl. dazu auch Frei (wie Anm. 29), S. 234 f. und Artzt (wie Anm. 120).

211 Vgl. zum folgenden Frei (wie Anm. 29), S. 69 ff.; außerdem: Udo Wengst, Beamtentum zwischen Reform und Tradition. Beamtengesetzgebung in der Gründungsphase der Bundesrepublik Deutschland 1948–1953, Düsseldorf 1988; Bernd Wunder, Geschichte der Bürokratie in Deutschland, Frankfurt/Main 1986, S. 164 ff.; Curt Garner, Der öffentliche Dienst in den 50er Jahren: Politische Weichenstellungen und ihre sozialgeschichtlichen Folgen, in: Schildt/Sywottek (wie Anm. 12), S. 759–790.

212 Curt Garner, Schlussfolgerungen aus der Vergangenheit? Die Auseinandersetzung um die Zukunft des deutschen Berufsbeamtentums nach dem Ende des Zweiten Weltkrieges, in: Hans-Erich Volkmann (Hg.), Ende des Dritten Reiches. Ende des Zweiten Weltkrieges, München 1995, S. 607–674. Wunder (wie Anm. 211), S. 149 ff.

213 Vgl. Alfons Söllner, Deutsche Politikwissenschaftler in der Emigration. Studien zu ihrer Akkulturation und Wirkungsgeschichte, Opladen 1996.

214 Zit. nach Garner (wie Anm. 212), S. 620.

215 Für die genauen Zahlen: Garner (wie Anm. 211), S. 788 ff. Nach oben abweichende Zahlen bei Wunder (wie Anm. 211), S. 166, der von über einer halben Million Betroffener spricht und einschließlich der Angehörigen von einer Gesamtzahl von 1,5 Millionen ausgeht.

216 Garner (wie Anm. 211), S 772.

217 Verhandlungen des Deutschen Bundestages, 1. Wahlperiode, 130. Sitzung vom 5.4.1951, Stenographische Berichte Bd. 6, S. 4984.

218 Vgl. Michael Förster, Jurist im Dienst des Unrechts. Leben und Werk des ehemaligen Staatssekretärs im Reichsjustizministerium, Franz Schlegelberger (1876–1970), Baden-Baden 1995.

219 Vgl. Michael Kirn, Verfassungsumsturz oder Rechtskontinuität? Die Stellung der Jurisprudenz nach 1945 zum Dritten Reich, insbesondere die Konflikte um die Kontinuität der Beamtenrechte und Art. 131 Grundgesetz, Berlin 1972.

220 BVerfGE Bd. 3, S. 58–162; Kirn (wie Anm. 219), S. 167 ff.

221 BGHZ 13, S. 265–319; Frei (wie Anm. 29), S. 95; Kirn (wie Anm. 219), S. 209 ff.

222 Der ,Gestapo-Beschluß' vom 19.2.1957, in: BVerfGE Bd. 6, S. 132–222; Kirn (wie Anm. 219), S. 259 ff.

223 So Frei (wie Anm. 29), S. 98.

224 Kirn (wie Anm. 219), S. 277 ff.

225 Vgl. Bernd Boll, Generalfeldmarschall Erich von Lewinski, gen. von Manstein, in: Ueberschär (wie Anm. 116), S. 143 ff.; Oliver von Wrochem, Die Auseinandersetzung mit Wehrmachtsverbrechen im Prozess gegen den Generalfeldmarschall Erich von Manstein 1949, in: ZfG, 46, 1998, S. 329–353 und Ders., Der Fall Manstein. Aufarbeitung von Wehrmachtsverbrechen und Kriegsverbrecherfrage im Schatten des Kalten Krieges, unveröffentl. Mag.Arb. Hamburg 1995; Christian Schneider, Denkmal Manstein.

Psychogramm eines Befehlshabers, in: Heer/Naumann (wie Anm. 116), S. 402 ff.

226 Vgl. für die genauere Aufschlüsselung der Zahlen mit weiteren Verweisen v. a. Frei (wie Anm. 29), S. 143 und 235, sowie Rückerl, NS-Verbrechen (wie Anm. 59), S. 88 ff.

227 Grundlegend für das folgende Frank M. Busher, The US War Crimes Trial Program in Germany. 1946–1955, New York 1989. Ich stütze mich außerdem auf Brochhagen (wie Anm. 29), S. 17–172 und Frei (wie Anm. 29), S. 133–306.

228 Christian Meier, Die Gnade der späten Verurteilung. Ein kurze Geschichte der Gnadenentscheidungen zu den zwöllf Nürnberger Prozessen, in: 1999. Zeitschrift für Sozialgeschichte des 20. und 21. Jahrhunderts, 4, 1996, S. 73 ff.

229 In diesem Verfahren ging es um das während der deutschen Ardennen-Offensive im Winter 1944/45 verübte Massaker an belgischen Zivilisten und etwa 350 US-Soldaten durch die SS. Dieser Massenmord hat die amerikanische Öffentlichkeit in besonderer Weise abgestoßen und empört; das Verfahren fand entsprechend große Beachtung. Alle 73 Angeklagten, unter ihnen die berüchtigten SS-Führer Joachim Peiper und Sepp Dietrich, wurden für schuldig befunden, mehr als die Hälfte von ihnen mit dem Tode bestraft, aber keines dieser Urteile ist je vollstreckt worden, Freiheitsstrafen wurden verringert oder ganz aufgehoben. Vgl. James F. Weingartner, Crossroads of Death. The Story of the Malmedy Massacre and Trial, Berkeley 1979; Robert Sigel, Im Interesse der Gerechtigkeit. Die Dachauer Kriegsverbrecherprozesse 1945–1948, Frankfurt/Main, New York 1992; Ute Stiepani, Die Dachauer Prozesse und ihre Bedeutung im Rahmen der alliierten Strafverfolgung von NS-Verbrechen, in: Ueberschär (wie Anm. 57), S. 227 ff.

230 Frei (wie Anm. 29), S. 153 ff. Weingartner (wie Anm. 229).

231 Vgl. Arthur L. Smith, Die Hexe von Buchenwald, Köln 1983.

232 Vgl. v. a. Thomas Alan Schwartz, Die Begnadigung deutscher Kriegsverbrecher. John McCloy und die Häftlinge von Landsberg, in: VfZ, 38, 1990, S. 375–414; Ders., America's Germany. John McCloy and the Federal Republic of Germany. Cambridge/Mass., London 1991; Busher (wie Anm. 227).

233 Zit. nach Schwartz (wie Anm. 232), S. 392.

234 Zit. nach ebd., S. 399.

235 In der Festung Landsberg hatte Hitler nach dem gescheiterten Münchener Putschversuch 1923/24 seine kurze Haftzeit verbracht und sein Buch *Mein Kampf* geschrieben. In Landsberg mussten bei Kriegsende etwa 30 000 KZ-Häftlinge für ein Rüstungsprojekt arbeiten. Die Amerikaner verwandelten das Lager bei Kaufering in ein großes Displaced-Persons-Camp für Holocaust-Überlebende, während sie die vor allem in den Nürnberger und Dachauer Prozessen verurteilten Täter in das Festungsgefängnis brachten. Vgl. Martin Paulus u.a. (Hg.), Ein Ort wie jeder andere. Bilder aus einer deutschen Kleinstadt. Landsberg 1923–1958, Reinbek 1995.

236 Vgl. Brochhagen (wie Anm. 29), S. 114 ff.; Ders., Kalter Krieg um Spandau, in: Die Zeit vom 19. 2. 1993.

237 Fest (wie Anm. 92), S. 482.

238 Erwin K. Scheuch/Hans Dieter Klingemann, Theorie des Rechtsradikalismus in westlichen Industriegesellschaften, in: Hamburger Jahrbuch für Wirtschafts- und Gesellschaftspolitik, Tübingen 1967.

239 M. Rainer Lepsius (wie Anm. 7), S. 229 ff.

240 Fritz René Allemann, Bonn ist nicht Weimar, Köln und Berlin 1956 und Ders., Zwischen Stabilität und Krise. Etappen der deutschen Politik 1955–1963, München 1963.

241 Grundlegend dazu Werner Bergmann, Antisemitismus in öffentlichen Konflikten, Frankfurt/Main, New York 1997; Frank Stern, Im Anfang war Auschwitz. Antisemitismus und Philosemitismus im deutschen Nachkrieg, Gerlingen 1991. Vgl. außerdem Bergmann/Erb (wie Anm. 144); Wolfgang Benz (Hg.), Antisemitismus in Deutschland. Zur Aktualität eines Vorurteils, München 1995.

242 Vgl. Frank Stern, Von der Bühne auf die Straße. Der schwierige Umgang mit dem deutschen Antisemitismus in der politischen Kultur 1945 bis 1990 – Eine Skizze, in: Wolfgang Benz (Hg.), Jahrbuch für Antisemitismusforschung Bd. 1, Frankfurt/Main 1992, S. 42–76; Anat Feinberg, Wiedergutmachung im Programm. Jüdisches Schicksal im deutschen Nachkriegsdrama, Köln 1988.

243 Vgl. Dorothea Hollstein, „Jud Süß" und die Deutschen. Antisemitische Vorurteile im nationalsozialistischen Spielfilm, Berlin u.a. 1983. Allgemein und grundlegend zum Film im Nationalsozialismus: Klaus Kreimeier, Die Ufa-Story. Geschichte eines Film-Konzerns, München/Wien 1992; Boguslaw Drewniak, Der deutsche Film 1938–1945. Ein Gesamtüberblick, Düsseldorf 1987.

244 Damit sind jene auch ‚Reprisen' genannten deutschen Spielfilme aus der Zeit gemeint, die wie selbstverständlich in die west- und ostdeutschen Fernsehprogramme der Nachkriegszeit integriert wurden; vgl. Alfons Arns, Die halbe Wahrheit, in: medium, 4, 1991, S. 35 ff.; Hans Helmut Prinzler (Hg.), Das Jahr 1945. Filme aus fünfzehn Ländern, Berlin 1990, S. 153 ff.; Hans-Peter Kochenrath, Kontinuität im deutschen Film, in: Wilfried v. Bredow/Rolf Zurek (Hg.), Film und Gesellschaft in Deutschland. Dokumente und Materialien, Hamburg 1975, S. 286 ff. Siehe auch Holger Theuerkauf, Goebbels' Filmerbe. Das Geschäft mit unveröffentlichten Ufa-Filmen, Berlin 1998.

245 Zit. nach Helmar Harald Fischer, „Was gestrichen ist, kann nicht durchfallen'. Trauerarbeit, Vergangenheitsverdrängung oder sentimentale Glorifizierung? in: Theater heute, 9/1989, S. 1 ff.

246 Vgl. Dorothea Hollstein, Biedermann als Zeitzeuge. Reichsfilmintendant Fritz Hippler und die bundesdeutschen Medien, in: medium, 3, 1989, S. 38 ff.; Gerhard Schäfer, Fritz Hippler – Landsmannschafter in Braunhemd und Couleur, in: L. Elm/D. Heither/G. Schäfer (Hg.), Füxe, Burschen, Alte Herren. Studentische Korporationen vom Wartburgfest bis heute, Köln 1992, S. 157–179.

247 Vgl. v.a. Hollstein (wie Anm. 243); Karsten Witte, Film im Nationalsozialismus. Blendung und Überblendung, in: Wolfgang Jacobsen u.a. (Hg.),

Geschichte des deutschen Films, Stuttgart 1993, S. 119 ff. (hier. S. 150 ff.); vgl. auch die Beiträge von Adolf Arns, Fatale Korrespondenzen, und Klaus Kreimeier, Antisemitismus im nationalsozialistischen Film, beide in: Cilly Kugelmann und Fritz Backhaus (Hg.), Jüdische Figuren in Film und Karikatur. Die Rothschilds und Joseph Süß Oppenheimer, Frankfurt/ Main 1996. Für die literarische Rezeptionsgeschichte des Stoffes siehe die Studie von Barbara Gerber, Jud Süß. Aufstieg und Fall im frühen 18. Jahrhundert. Ein Beitrag zur historischen Antisemitismus- und Rezeptionsforschung, Hamburg 1990.

248 Die Literatur zum Fall Harlan/Lüth ist inzwischen recht umfangreich. Vgl. Herbert Pardo/Siegfried Schiffner, Jud Süss. Historisches und juristisches Material zum Fall Veit Harlan, Hamburg 1949; Hans Schwab-Felisch, Die Affäre Harlan, in: Der Monat, 3, 1951, S. 414 ff.; Siegfried Zielinski, Veit Harlan. Analysen und Materialien zur Auseinandersetzung mit einem Film-Regisseur des deutschen Faschismus, Frankfurt/Main 1981; Michael Marek, Meine Partei ist die Kunst. Veit Harlan, Jud Süß und der Versuch, NS-Kunst juristisch zu bewerten, Ms. Deutschlandfunk vom 20.1.1995; Wolfgang Kraushaar, Der Kampf gegen den „Jud Süß"-Regisseur Veit Harlan. Ein Meilenstein in der Grundrechtssprechung des Bundesverfassungsgerichts, in: Mittelweg 36, 4, 1995, S. 4–33; Bergmann (wie Anm. 241), S. 86 ff.; Dietrich Kuhlbrodt, „Jud Süß" und der Fall Harlan/ Lüth. Zur Entnazifizierung des NS-Films, in: Peter Reichel (Hg.), Das Gedächtnis der Stadt. Hamburg im Umgang mit seiner nationalsozialistischen Vergangenheit, Hamburg 1997, S. 101–112.

249 Zielinski (wie Anm. 248), S. 59 ff.

250 Zit. nach Kuhlbrodt (wie Anm. 248), S. 103.

251 Vgl. – auch für alle folgenden Zitate dieses Absatzes – Veit Harlan, Im Schatten meiner Filme. Selbstbiographie, herausgegeben und mit einem Nachwort versehen von H. C. Opfermann, Gütersloh 1966, S. 213 ff.

252 Hamburger Abendblatt vom 5.3.1949.

253 Hamburger Abendblatt vom 7.3.1949.

254 Zit. nach Zielinski (wie Anm. 248), S. 58.

255 Zit. nach BVerfGE Bd. 7, 1958, S. 199.

256 Zit. nach ebd., S. 200.

257 Schwab-Felisch (wie Anm. 248), S. 422.

258 Kraushaar, (wie Anm. 248), S. 18.

259 Vgl. dazu Stern (wie Anm. 241); Bergmann/Erb (wie Anm. 144).

260 Zit. nach Zielinski (wie Anm. 248), S. 218.

261 Siehe Dieter Gosewinkel, Adolf Arndt. Die Wiederbegründung des Rechtsstaats aus dem Geist der Sozialdemokratie (1945–1961), Bonn 1991, S. 493 ff.

262 Siehe, auch für die anderen Zitate in dem Absatz: BVergE Bd. 7, 1958, S. 198–230. Außerdem: Eine Lanze für die freie Meinungsäußerung, in: Stuttgarter Zeitung vom 16.1.1958; Lüth durfte gegen Harlan vorgehen. Eine Entscheidung des Bundesverfassungsgerichts. Das Recht auf freie Meinungsäußerung, in: Frankfurter Allgemeine Zeitung vom 16.1.1958.

263 Deutsche Universitätszeitung Nr. 3 vom 8.2.1952.

264 Verhandlungen des Deutschen Bundestages, 1.Wahlperiode, 197. Sitzung vom 29.2.1952, Stenographische Berichte Bd. 10, S. 8474.

265 Norbert Grob, Veit Harlan, in: Hans-Michael Bock (Hg.), CineGraph. Lexikon zum deutschsprachigen Film, Hamburg 1984 ff.

266 Vgl. Georg Seeßlen, Ich werde Dich auf Händen tragen oder die Todessehnsucht als wiederkehrendes Element, in: journal film 26 (1993) 1, S. 13 ff. und Olaf Möller, Die Konsequenz. Warum, wer OPFERGANG sagt, auch JUD SÜSS sagen muß ..., in: journal film 26 (1993) 1, S. 26 ff.

267 Dietrich Kuhlbrodt, Veit Harlan: Ein deutscher Regisseur, in: die tageszeitung v. 28. 6. 1990.

268 So vor allem die stark personen- und elitenbezogene, umfassende Darstellung von Hans-Peter Schwarz, Die Ära Adenauer. Gründerjahre der Republik 1949–1957, Stuttgart 1981; Ders., Die Ära Adenauer. Epochenwechsel 1957–1963, Stuttgart 1983.

269 In dieser betont strukturgeschichtlichen Sicht Schildt/Sywottek (wie Anm. 12).

270 Diese Sicht geht auf eine der bekanntesten soziologischen Studien über die fünfziger Jahre zurück: Helmut Schelsky, Die skeptische Generation. Eine Soziologie der deutschen Jugend, Köln 1957.

271 So das inzwischen zum geflügelten Wort avancierte Diktum von Hermann Lübbe, Es ist nichts vergessen, aber einiges ausgeheilt, in: Frankfurter Allgemeine Zeitung vom 24. 1. 1983.

272 So jetzt Kraushaar (wie Anm. 208).

273 Eingehend dazu Frei (wie Anm. 29), S. 309 ff. und Bergmann (wie Anm. 241), S. 117 ff.

274 Vgl. Reinhard Schiffers, Zwischen Bürgerfreiheit und Staatsschutz. Wiederherstellung und Neufassung des politischen Strafrechts in der Bundesrepublik Deutschland 1949–1951, Düsseldorf 1989, S. 49 ff.

275 Vgl. Joachim Perels, Die schrittweise Rechtfertigung der NS-Justiz. Der Huppenkothen-Prozess, in: Peter Nahamowitz/Stefan Breuer (Hg.), Politik – Verfassung – Gesellschaft. Traditionslinien und Entwicklungsperspektiven. Otwin Massing zum 60. Geburtstag, Baden-Baden 1995, S. 51 ff.

276 Vgl. Frei (wie Anm. 29), S. 361 ff. Lesenswert immer noch die älteren Darstellungen von Manfred Jenke, Verschwörung von rechts? Ein Bericht über den Rechtsradikalismus in Deutschland nach 1945, Berlin 1961, S. 160 ff.; Kurt P. Tauber, Beyond Eagle and Swastika. German Nationalism since 1945, Middletown 1967, 2 Bde., Bd. 1, S. 132 ff. und 689 ff.

277 Zit. nach Frei, (wie Anm. 29), S. 393.

278 Vgl. Brochhagen (wie Anm. 29), S. 213 ff.

279 Verhandlungen des Deutschen Bundestages, 2. Wahlperiode, 42. Sitzung vom 16. 9. 1954, Stenographische Berichte, Bd. 21, S. 1944 ff. Vgl. auch Reinhard Schiffers, Verfassungsschutz und parlamentarische Kontrolle in der Bundesrepublik Deutschland 1949–1957: mit einer Dokumentation zum „Fall John" im Bundestagsausschuß zum Schutz der Verfassung, Düsseldorf 1997.

280 Vgl. Heinz-Georg Marten, Der niedersächsische Ministersturz. Protest und Widerstand der Georg-August-Universität Göttingen gegen den Kultusminister Schlüter im Jahre 1955, Göttingen 1987.

281 Vgl. auch für die nachstehenden Zitate Bergmann (wie Anm. 241), S. 192 ff.

282 Daß das nördliche Bundesland in den 50er Jahren in besonderer Weise durch politische Skandale dieser Art von sich Reden machte, beschreibt: Bernd Kasten, „Das Ansehen des Landes Schleswig Holsteins". Die Regierung von Hassel im Umgang mit Problem der nationalsozialistischen Vergangenheit 1954–1961, in: Zeitschrift der Gesellschaft für Schleswig-Holsteinische Geschichte, Bd. 118, 1993, S. 267–84.

283 Süddeutsche Zeitung vom 30./31.8.1960.

284 Vgl. Rückerl (wie Anm. 59), S. 140 ff.; Steinbach (wie Anm. 10), S. 38 ff.

285 Vgl. Bergmann (wie Anm. 241), S. 208 ff. Vgl. auch Rainer Hering, Der Fall „Nieland" und sein Richter. Zur Kontinuität in der Hamburger Justiz zwischen „Drittem Reich" und Bundesrepublik, in: Zeitschrift des Vereins für hamburgische Geschichte, Bd. 81, 1995, S. 207–222.

286 Verhandlungen des Dt. Bundestages, 3. Wahlperiode, 56. Sitzung vom 22.1.1959, Stenographische Berichte Bd. 42, S. 3047 ff.

287 Zit. nach Kraushaar (wie Anm. 208), Bd. 3, S. 2150 f.

288 Vgl. Kraushaar (wie Anm. 208), S. 2306 f.

289 Eingehend dazu: Schmid (wie Anm. 125), S. 396 ff.

290 Hans Georg v. Studnitz, Die Bewältigung des Antisemitismus in Deutschland, in: Außenpolitik, 10, 1959, S. 744–50.

291 Vgl. dazu Elisabeth Domansky, Die gespaltene Erinnerung, in: Manuel Köppen (Hg.), Kunst und Literatur nach Auschwitz, Berlin 1993, S. 178–196.

292 Karl Marx, Anschlag auf die deutsche Demokratie, in: Allgemeine Wochenzeitung der Juden in Deutschland vom 1.1.1960.

293 Bundesregierung (Hg.), Die antisemitischen und nazistischen Vorfälle in der Zeit vom 25. Dezember bis zum 28. Januar 1960, Bonn 1960.

294 Neues Deutschland vom 28.12.1959.

295 Die Rede ist abgedruckt in: Bundesregierung (wie Anm. 293), S. 44 f.

296 Vgl. Schmid (wie Anm. 125), S. 396 ff.; außerdem: Vollnhals (wie Anm. 10); Schildt (wie Anm. 10). Für die politische Bildung: Peter Dudek, „Der Rückblick auf die Vergangenheit wird sich nicht vermeiden lassen". Zur pädagogischen Verarbeitung des Nationalsozialismus in Deutschland (1945–1990), Opladen 1995.

297 Arnold Sywottek, Das wissenschaftliche „Stadtgedächtnis". Forschungen über die Zeit nationalsozialistischer Herrschaft in Hamburg zwischen Tabus und Aufarbeitungserwartungen, in: Reichel (wie Anm. 248), S. 218–235.

298 Imanuel Geiss, Studien über Geschichte und Geschichtswissenschaft, Frankfurt/Main 1972, S. 108–198; Gregor Schöllgen, 25 Jahre Fischer-Kontroverse, in: Historisches Jahrbuch, 1986, S. 386–406; zuletzt: Gerd Krumeich, Das Erbe der Wilhelminer. Vierzig Jahre Fischer-Kontroverse: Um die deutschen Ziele im Ersten Weltkrieg stritten die Historiker, weil man vom Zweiten geschwiegen hatte, in: Frankfurter Allgemeine Zeitung vom 4.11.1999.

299 Vgl. Egon Netenjakob u. a. (Hg.), Staudte, Berlin 1991, S. 213 ff.

300 Christoph Classen, Bilder der Vergangenheit. Die Zeit des Nationalsozialismus im Fernsehen der Bundesrepublik Deutschland 1955–1965, Köln, Weimar, Wien 1999.

301 Hans-Jürgen Schultz (Hg.), Juden, Christen, Deutsche, Stuttgart 1961.
302 Vgl. Josef Foschepoth, Im Schatten der Vergangenheit. Die Anfänge der Gesellschaften für Christlich-Jüdische Zusammenarbeit, Göttingen 1993; Hans Erler/Ansgar Koschel (Hg.), Der Dialog zwischen Juden und Christen. Versuche des Gesprächs nach Auschwitz, Frankfurt/Main, New York 1999.
303 Vgl. Peter Schönbach, Reaktionen auf die antisemitische Welle im Winter 1959/1960, Frankfurt/Main 1961, S. 48 ff.; dort auch in Auszügen die zitierte Adenauer-Rede.
304 Vgl. dazu v. a. Brochhagen (wie Anm.29), S. 289 ff.
305 Inzwischen hat ein ehemaliger Mitarbeiter des Auswärtigen Amtes, der damals in den USA tätig war, mitgeteilt, dass ein Anfang der siebziger Jahre in Washington übergelaufener KGB-Agent aufgedeckt habe, die antisemitische Schändungs-Welle sei eine „vom KGB unter Einsatz der Stasi organisierte Aktion" gewesen. Vgl. den Leserbrief von Dr. Volkmar Zühlsdorff (Bonn), in: Frankfurter Allgemeine Zeitung vom 18. 2. 2000.
306 Vgl. die Beiträge zum ,Fall Globke' in: Thomas Herz/Michael Schwab-Trapp (Hg.), Umkämpfte Vergangenheit. Diskurse über den Nationalsozialismus seit 1945, Opladen 1997, S. 57 ff. und S. 109 ff.
307 Vgl. Klaus Bästlein, „Nazi-Blutrichter als Stützen des Adenauer-Regimes". Die DDR-Kampagnen gegen NS-Richter und –Staatsanwälte, die Reaktion der bundesdeutschen Justiz und ihre gescheiterte Selbstreinigung 1957–1968, in: Helge Grabitz u. a. (Hg.), Die Normalität des Verbrechens. Bilanz und Perspektiven der Forschung zu den nationalsozialistischen Gewaltverbrechen. Festschr. f. Wolfgang Scheffler zum 65. Geburtstag, Berlin 1994, S. 408–443.
308 Vgl. Michael Lemke, Kampagnen gegen Bonn. Die Systemkrise der DDR und die West-Propaganda der SED 1960–1963, in: VfZ, 41, 1993, S. 151–174.
309 Vgl. Gosewinkel (wie Anm. 261) , S. 241 f.
310 Siehe zur rechtspolitischen Geschichte von § 130 StGB vor allem Sebastian Cobler, Das Gesetz gegen die ,Auschwitz-Lüge'. Anmerkungen zu einem rechtspolitischen Ablasshandel, in: Kritische Justiz, 18, 1985, S. 159ff.
311 Vgl. Gosewinkel (wie Anm. 261), S. 243 f.
312 Hendrik G. van Dam, Kein Naturschutzpark für Juden. Zum Gesetz gegen Volksverhetzung, in: Die Zeit vom 19. 12. 1960.
313 Verhandlungen des Deutschen. Bundestages, 3. Wahlperiode, 92. Sitzung vom 3. 12. 1959, Stenographische Berichte, Bd. 44, S. 5088.
314 Zit. nach Cobler (wie Anm. 310), S. 161.
315 Richard Stöss, Die extreme Rechte in der Bundesrepublik. Entwicklung, Ursachen, Gegenmaßnahmen, Opladen 1989, S. 173 ff.
316 Der Staatsanwalt muß nun aktiv werden, wenn der Beleidigte als „Angehöriger einer Gruppe unter der nationalsozialistischen oder einer anderen Gewalt- und Willkürherrschaft verfolgt wurde" (§ 194).
317 Vgl. Monika Frommel, Fremdenfeindliche Gewalt, Polizei und Strafjustiz, in: Kritische Justiz, 27, 1994, S. 323–343.
318 Vgl. zum Fall Deckert v. a. Wolfgang Benz, Realitätsverweigerung als antisemitisches Prinzip: Die Leugnung des Völkermords, in: Ders. (wie

Anm. 241), S. 121–139. Allgemein zum rechtsextremistischen Revisionismus des Holocaust: Deborah E. Lipstadt, Betrifft: Leugnen des Holocaust, Zürich 1994; Till Bastian, Auschwitz und die ‚Auschwitz-Lüge', München 1994; Thomas Wandres, Die Strafbarkeit des Auschwitz-Leugnens, Berlin 2000.

319 BGH-Urteil vom 18.9.1979, in: BGHZ Bd. 75, S. 160 ff.

320 Horst Meier, Das Strafrecht gegen die „Auschwitz-Lüge", in: Merkur, 48, 1994, S. 1128 ff.

321 Bundesgesetzblatt vom 4.11.1994, Nr. 76, Z 5702 A, S. 3187.

322 Die Stadt München hatte der NPD für eine Versammlung die Auflage erteilt, diese müsse garantieren, dass auf der Veranstaltung die Judenmord des ‚Dritten Reiches' nicht geleugnet oder verharmlost werde. Das Bundesverfassungsgericht entschied, eine solche Auflage sei mit dem Grundrecht der Meinungsfreiheit vereinbar: BVerfGE Bd. 90, S. 241 ff. Zu dieser Kontroverse insbesondere: Simone Dietz, Die Lüge von der „Auschwitz-Lüge" – Wie weit reicht das Recht auf freie Meinungsäußerung, in: Kritische Justiz, 28, 1995, S. 210–220; Stefan Huster, Das Verbot der „Auschwitzlüge", die Meinungsfreiheit und das Bundesverfassungsgericht, in: NJW, 1996, S. 487 ff.

323 Dietz (wie Anm. 322), S. 222.

8. Strafsache gegen Mulka u. a. Der Auschwitz-Prozess

324 Eine umfassende Monographie über Vorgeschichte, Verlauf und Rezeption des Auschwitz-Prozesses, einschließlich einer Würdigung seines Beitrages zur Holocaust-Deutung in der Nachkriegszeit, steht weiterhin aus. Unverzichtbar sind: der dokumentarische Bericht von Bernd Naumann, Auschwitz. Bericht über die Strafsache gegen Mulka u. a. vor dem Schwurgericht Frankfurt, Frankfurt/Main 1968, der im Auftrag der Frankfurter Allgemeinen Zeitung 20 Monate lang kontinuierlich über den Prozess berichtete; Hermann Langbein, Der Auschwitz-Prozess. Eine Dokumentation, Frankfurt/Main 1965 (Nachdruck 1995), der den Prozess, nachdem er als Zeuge ausgesagt hatte, vom 24. Verhandlungstag bis zum Ende beobachten konnte, mitstenografierte und aus seinen Stenogrammen diese Dokumentation zusammenstellte. Als dokumentarische Einführung aus juristischer Sicht jetzt auch Gerhard Werle/Thomas Wandres, Auschwitz vor Gericht. Völkermord und bundesdeutsche Strafjustiz. Mit einer Dokumentation des Auschwitz-Urteils, München 1995. Die Prozessakten befinden sich bei der Staatsanwaltschaft beim Landgericht Frankfurt am Main, Hauptakten, 4 Ks 2/63, Bd. 1–Bd. 128; über einen Tonbandmitschnitt vom 19.-183. Verhandlungstag verfügt das Fritz Bauer Institut, Sammlung Auschwitz-Prozess (CD AP001–CD AP366).

325 Zur Vorgeschichte und zum Prozessverlauf jetzt v. a. Werner Renz, Auschwitz als Strafsache. Vorgeschichte und Verlauf des 1. Frankfurter Auschwitz-Prozesses (Frankfurt/Main 2001), dem ich für die Einsicht in das noch unveröffentlichte Manuskript herzlich danke; Fritz Bauer Institut (Hg.), „Gerichtstag halten über uns selbst …". Geschichte und Wirkung des ersten Frankfurter Auschwitz-Prozesses, Frankfurt/Main 2001.

326 Vgl. Hendrik G. v. Dam/Ralph Giordano (Hg.), KZ-Verbrechen vor deutschen Gerichten. Einsatzkommando Tilsit – Der Prozess zu Ulm, Frankfurt/Main 1966.

327 Rudolf Höß, der erste Lagerkommandant, war in einem Warschauer Prozess zum Tode verurteilt und im Frühjahr 1947 im Angesicht seiner Wirkungsstätte gehenkt worden. In einem weiteren Verfahren gegen 40 SS-Angehörige vor einem Krakauer Gericht wurde auch gegen Arthur Liebehenschel, den zweiten Lager-Kommandanten, die Todesstrafe verhängt und vollstreckt, und mit ihm gegen 21 weitere Angeklagte.
Die Alliierten hatten beschlossen, die von ihnen wegen Beteiligung an den NS-Gewaltverbrechen festgenommenen Personen Polen zu überstellen. In etwa vierzig Prozessen vor polnischen Gerichten sind von den rd. 7000 SS-Angehörigen, die im Lager-Komplex Auschwitz-Birkenau Dienst taten, etwa zehn Prozent verurteilt worden.

328 Für den Prozessbeginn siehe die Berichte in: Frankfurter Allgemeine Zeitung vom 21.12.1963; Süddeutsche Zeitung vom 21./22.12.1963; Frankfurter Rundschau vom 21.12.1963.

329 Peter Jochen Winters, Das Unfaßbare vor Gericht. Vor dreißig Jahren endete der Auschwitz-Prozess, in: Frankfurter Allgemeine Zeitung vom 19.8.1995.

330 Am 2. Juli 1964, dem 60. Verhandlungstag. Das Münchener Institut für Zeitgeschichte geht auf eine Vereinbarung der Ministerpräsidenten Bayerns, Hessens und Württemberg-Badens aus dem Jahr 1947 zurück. Sie beschlossen die Gründung eines Instituts zur Erforschung der nationalsozialistischen Politik, das im Mai 1949 mit seiner Arbeit begann. Seit September 1950 wird es als Deutsches Institut für die Geschichte der nationalsozialistischen Zeit von der Bundesrepublik und dem Land Bayern getragen, zwei Jahre später erhielt es seinen heutigen Namen. Unter der langjährigen Leitung von Martin Broszat erreichte des IfZ eine national und international führende Stellung. Vgl. Klaus-Dietmar Henke/Claudio Natoli (Hg.), Mit dem Pathos der Nüchternheit. Martin Broszat, das Institut für Zeitgeschichte und die Erforschung des Nationalsozialismus, Frankfurt/Main u. New York 1991.

331 Siehe zu Mulka: Langbein (wie Anm. 324), Bd. 1, S. 163ff. und Bd. 2, S. 873ff.; Naumann (wie Anm. 324), S. 36ff.; Werle/Wandres (wie Anm. 324), S. 124ff.

332 Das waren Judentransporte, die von der Dienststelle Eichmann im Reichssicherheitshauptamt zusammengestellt wurden.

333 Siehe zu Kaduk: Langbein (wie Anm. 324), Bd. 1, S. 249ff. und Bd. 2, S. 878f.; Naumann (wie Anm. 324), S. 26f.; Werle/Wandres (wie Anm. 324), S. 165ff.

334 Siehe zu Stark: Langbein (wie Anm. 324), Bd. 1, S. 435ff. und Bd. 2, S. 883ff.; Naumann (wie Anm. 324), S. 20ff.

335 Siehe zu Dr. Lucas: Langbein (wie Anm. 324), Bd. 2, S. 599 und 889f.; Naumann (wie Anm. 324), S. 20f.

336 Langbein (wie Anm. 324), Bd. 1, S. 621f. Auch Hannah Arendt, Nach Auschwitz. Essays und Kommentare 1, Berlin 1989, S. 109, meint, dass er das „genaue Gegenteil eines ‚unerträglichen Falles'" gewesen sei.

337 Zit. nach Renz (wie Anm. 325), S. 90.

338 Gilbert (wie Anm. 76), S. 253.

339 Martin Broszat (Hg.), Kommandant in Auschwitz. Autobiographische Aufzeichnungen des Rudolf Höß, 14. Aufl. München 1994; vgl. auch: Harald Welzer, Verweilen beim Grauen. Essays zum wissenschaftlichen Umgang mit dem Holocaust, Tübingen 1997, S. 93 ff. (Sozialingenieur der Vernichtung: Rudolf Höß); Joachim Zeiler, Psychogramm des Kommandanten von Auschwitz: Erkenntnis und Begegnung durch Zerstörung. Zur Autobiographie des Rudolf Höß, in: Psyche, 45, 1991, S. 335–362. Über Rudolf Höß hat Theodor Kotulla 1977 mit Götz George in der Hauptrolle den Film *Aus einem deutschen Leben* gedreht; vgl. das Presseheft/ Filmverlag der Autoren, München 1977.

340 Alle Gutachten sind veröffentlicht in: Hans Buchheim/Martin Broszat/Hans-Adolf Jacobsen/Helmut Krausnick, Anatomie des SS-Staates, Bd. I: Die SS – das Herrschaftsinstrument. Befehl und Gehorsam, Olten und Freiburg i. Br. 1965, S. 257–380.

341 Vgl. Renz (wie Anm. 325), S. 52 ff.; Langbein (wie Anm. 324), Bd. 2, S. 837 ff.

342 Zit. nach Werle/Wandres (wie Anm. 324), S. 81 f.

343 Zit. nach Naumann (wie Anm. 324), S. 261.

344 Für Urteil, Urteilsbegründung und die nachfolgenden Zitate vgl. Werle/ Wandres (wie Anm. 324), S. 86 ff.; Renz (wie Anm. 325), S. 78 ff.; Naumann (wie Anm. 324), S. 274 ff.

345 Arendt (wie Anm. 336), S. 81 ff.

346 Vgl. dazu Irmtrud Wojak, Die Verschmelzung von Geschichte und Kriminologie. Historische Gutachten im ersten Frankfurter Auschwitz-Prozess, in: Norbert Frei u. a., Geschichte vor Gericht. Historiker, Richter und die Suche nach Gerechtigkeit, München 2000, S. 29–45.

347 Vgl. Norbert Frei, Der Frankfurter Auschwitz-Prozess und die deutsche Zeitgeschichtsforschung, in: Fritz Bauer Institut (Hg.), Auschwitz: Geschichte, Rezeption und Wirkung, Jahrbuch 1996 zur Geschichte und Wirkung des Holocaust, Frankfurt/Main und New York 1996, S. 123–138.

348 Vgl. auch zum folgenden Renz (wie Anm. 325), S. 37.

349 Hans Laternser, Die andere Seite im Auschwitz-Prozess 1963/65. Reden eines Verteidigers, Stuttgart 1965, S. 82 ff.

350 Zit. nach Renz (wie Anm. 325), S. 40.

351 Michael Stolleis, Der Richter als Historiker – der Historiker als Richter, in: Frei u. a. (wie Anm. 346), S. 173 ff.

352 Darauf hat Renz (wie Anm. 325), S. 41, aufmerksam gemacht.

353 Buchheim, Befehl und Gehorsam, in: Ders. u. a. (wie Anm. 340), Bd. 1, S. 334. Dass und wie dieses Unrechtsbewußtsein durch den Reichsführer SS Himmler suspendiert wurde, zeigt seine berüchtigte Posener Rede ebenso wie seine Entscheidung, dass eigenmächtige Judenerschießungen, wenn sie aus „eigensüchtigen oder sadistischen bzw. sexuellen Motiven" erfolgen, gerichtlich geahndet werden müssen, ggf. auch wegen Mord und Totschlags, dass aber bei Tötungen ohne Befehl aus „rein politischen Motiven" keine Bestrafung erfolgt, es sei denn, „die Aufrechterhaltung der Ordnung" erfordere das.

237

354 Vgl. v. a. Gerhard Werle. Der Holocaust als Gegenstand der bundesdeutschen Strafjustiz, in: NJW, 40, 1992, S. 2529ff.; Werle/Wandres (wie Anm. 324), S. 30ff.

355 Fritz Bauer, Im Namen des Volkes. Die strafrechtliche Bewältigung der Vergangenheit (1965), in: Perels/Wojak (wie Anm. 346), S. 77ff.

356 Bergmann (wie Anm. 241), S. 277 und 280f.

9. Die Verjährungsdebatten des Bundestages

357 Vgl. als ersten Überblick Helmut Dubiel, Niemand ist frei von Geschichte. Die nationalsozialistische Herrschaft in den Debatten des Deutschen Bundestages, München 1999. Peter Reichel, Ein Verhältnis zur Vergangenheit gewinnen. Seit 50 Jahren debattiert der Deutsche Bundestag über die NS-Diktatur, in: Kulturforum / NDR Radio 3, 23.11.1999.

358 Verhandlungen des Deutschen Bundestages, 1.Wahlperiode, 2.Sitzung vom 12.9.1949, Stenographische Berichte, Bd. 1, S. 10.

359 Rückerl, NS-Verbrechen (wie Anm. 59), 124f. Vgl. auch den Bericht der Bundesregierung über die Verfolgung nationalsozialistischer Straftaten, Verhandlungen des Deutschen Bundestages, 4.Wahlperiode, Drucksachen Bd. 96, Nr. 4/3124 vom 26.2.1965.

360 Verhandlungen des Deutschen Bundestages, 3.Wahlperiode, Sitzung vom 24.5.1960, Stenographische Berichte, Bd. 46, S. 668, auch veröffentlicht in: Deutscher Bundestag (Hg.), Zur Verjährung nationalsozialistischer Verbrechen. Dokumentation der parlamentarischen Bewältigung des Problems 1960–1979, 3 Bde., Bonn 1980, Bd. 1, S. 30 (nach dieser Ausgabe wird im folgenden zitiert.)

361 Zum folgenden Rückerl, NS-Verbrechen (wie Anm. 59), S. 140ff.

362 Vgl. Adalbert Rückerl (Hg.), NS-Vernichtungslager im Spiegel deutscher Strafprozesse. Belzec, Sobibor, Treblinka, Chelmno, München 1977.

363 So der Abgeordnete Walter Menzel, in: Deutscher Bundestag (wie Anm. 360), S. 17ff. und 24.

364 Vgl. Gosewinkel (wie Anm. 261), S. 244f.

365 Das Bundesverfassungsgericht war von zwei Landgerichten angerufen worden wegen einer verfassungsrechtlichen Prüfung des ‚Gesetzes über die Berechnung strafrechtlicher Verjährungsfristen', das der Bundestag am Ende der zweiten Verjährungsdebatte 1965 beschlossen hatte; vgl. den Beschluß vom 26.2.1969 in: BVerfGE Bd. 25, S. 269ff. 26.2.1969. Für den Verfassungsgerichtsbeschluß vom 18. Sept. 1952 siehe BVerfGE Bd. 1, S. 418ff.

366 Fritz Schäffer, in: Deutscher Bundestag (wie Anm. 360), S. 27.

367 Rückerl, NS-Verbrechen (wie Anm. 59), S. 154f.

368 Bergmann, Antisemitismus (wie Anm. 241), S. 290f.

369 Vgl. den Bericht der Bundesregierung, in: Deutscher Bundestag (wie Anm. 360), S. 88–143.

370 Vgl. auch für die nachfolgenden Zitate: Deutscher Bundestag (wie Anm. 360), S. 147–247.

371 Ebd., S. 193f.

372 Diese Rede ist zu Recht aufgenommen worden in die schöne, von Marie-

Luise Recker herausgegebene Anthologie: Politische Reden. 1945–1990, Frankfurt/Main 1999 (Adolf Arndt, Der Gerechtigkeit wegen, S. 489 ff.).

373 Ebd., S. 213 f.

374 Vgl. Reinhard Henkys, Die nationalsozialistischen Gewaltverbrechen. Geschichte und Gericht, Stuttgart u. Berlin 1964, S. 339 ff. u. 346 ff.

375 Zit. nach Rückerl, NS-Verbrechen (wie Anm. 59), S. 189. Vgl. auch: Probleme der Verfolgung und Ahndung nationalsozialistischer Gewaltverbrechen, Verhandlungen des 46. Deutschen Juristentages, München u. Berlin 1967.

376 Ingo Müller (wie Anm. 108), S. 247; vgl. auch die Ausführungen des CSU-Abgeordneten Richard Jaeger in der 3. Verjährungsdebatte, am 11. 6. 1969, in: Deutscher Bundestag (wie Anm. 360), Teil II, S. 398 f.; außerdem Rückerl (wie Anm. 59), S. 190 f. Nebenbei machte Jaeger das Parlament darauf aufmerksam, wie man diese, zahlreiche NS-Täter begünstigende Folge hätte vermeiden können, schlicht dadurch, dass man „Verjährungsfristen für den Gehilfen nicht nach seiner Tat, sondern nach der Tat des Haupttäters bemessen" hätte.

377 Vgl. zuletzt Gerhard Werle, Der Holocaust als Gegenstand der bundesdeutschen Strafjustiz, in: NJW, Heft 40, 1992, S. 2531 f.; außerdem Müller (wie Anm. 108), S. 247 ff.

378 Vgl. Rückerl, NS-Verbrechen (wie Anm. 59), S. 199 ff.

379 Vgl. Heiner Lichtenstein, Majdanek. Reportage eines Prozesses, Frankfurt/Main 1979; Falko Kruse, Das Majdanek-Urteil. Von den Grenzen deutscher Rechtsprechung, in: Kritische Justiz, 18, 1985, S. 140–158.

380 Dietrich Strothmann, Im Namen des Zweifels, in: Die Zeit vom 10.7.1981. Vgl. dazu auch das Podiumsgespräch mit Strothmann, in: Weber/Steinbach (wie Anm. 51), S. 192 ff.

381 Vgl. Bergmann (wie Anm. 241), S. 369 f.

382 Vgl. Deutscher Bundestag (wie Anm. 360), Teil II, S. 510 ff.

383 Hans Mommsen, Alternative zu Hitler. Studien zur Geschichte des deutschen Widerstands, München 2000.

384 Friedrich Meinecke, Die deutsche Katastrophe. Betrachtungen und Erinnerungen, 6. Aufl. Wiesbaden 1965.

385 Ausführlicher habe ich die Auseinandersetzung um die Neue Wache und das Holocaust-Mahnmal dargestellt in meinem Buch: Politik mit der Erinnerung. Gedächtnisorte im Streit um die nationalsozialistische Vergangenheit, 2., aktual. Aufl. Frankfurt/Main 1999.

386 Reinhart Koselleck, Zur politischen Ikonologie des gewaltsamen Todes. Ein deutsch-französischer Vergleich, Basel 1998.

387 Vgl. Detlef Junker, Die Amerikanisierung des Holocaust. Über die Möglichkeit, das Böse zu externalisieren und die eigene Mission fortwährend zu erneuern, in: Frankfurter Allgemeine Zeitung vom 9. 9. 2000; Peter Novick, The Holocaust and Collective Memory, London 2000.

388 Weinrich, Harald, Lethe. Kunst und Kritik des Vergessens, München 1997.

Literatur

Allemann, Fritz René, Bonn ist nicht Weimar, Köln und Berlin 1956.

Arendt, Hannah, Nach Auschwitz. Essays und Kommentare 1, Berlin 1989.

Baer, Ulrich (Hg.), „Niemand zeugt für den Zeugen". Erinnerungskultur nach der Shoah, Frankfurt/M. 2000.

Barkan, Elazar, The Guilt of Nations. Restitution and Negotiating Historical Injustices, London 2000.

Bauer, Fritz, Die Humanität der Rechtsordnung. Ausgewählte Schriften, hrsg. von Joachim Perels und Irmtrud Wojak, Frankfurt/Main 1998.

Benz, Wolfgang (Hg.), Antisemitismus in Deutschland. Zur Aktualität eines Vorurteils, München 1995.

Bergmann, Werner, Antisemitismus in öffentlichen Konflikten, Frankfurt/ Main, New York 1997.

Bergmann, Werner/Erb, Rainer (Hg.), Antisemitismus in der politischen Kultur nach 1945, Opladen 1990.

Bergmann, Werner/Erb, Rainer/Lichtblau, Albert (Hg.), Schwieriges Erbe. Der Umgang mit dem Nationalsozialismus und Antisemitismus in Österreich, der DDR und der Bundesrepublik Deutschland, Frankfurt/Main 1995.

Bock, Petra/Wolfrum, Edgar (Hg.), Umkämpfte Vergangenheit. Geschichtsbilder, Erinnerung und Vergangenheitspolitik im internationalen Vergleich, Göttingen 1999.

Bredow, Wilfried von, Tückische Geschichte. Kollektive Erinnerung an den Holocaust, Stuttgart 1996.

Brochhagen, Ulrich, Nach Nürnberg. Vergangenheitsbewältigung und Westintegration in der Ära Adenauer, Hamburg 1994.

Brodesser, Hermann-Josef/Fehn, Bernd Josef/Franosch, Tilo/Wirth, Wilfried, Wiedergutmachung und Kriegsfolgenliquidation. Geschichte – Regelungen – Zahlungen, München 2000.

Broszat, Martin/Henke, Klaus-Dietmar/Woller, Hans (Hg.), Von Stalingrad zur Währungsreform. Zur Sozialgeschichte des Umbruchs in Deutschland, München 1988.

Broszat, Martin (Hg.), Kommandant in Auschwitz. Autobiographische Aufzeichnungen des Rudolf Höß, 14. Aufl. München 1994.

Buchheim, Hans/Broszat, Martin/Jacobsen, Hans-Adolf/Krausnick, Helmut, Anatomie des SS-Staates, 2 Bde., Olten und Freiburg i. Br. 1965.

Bundesminister der Finanzen in Zusammenarbeit mit Walter Schwarz (Hg.), Die Wiedergutmachung nationalsozialistischen Unrechts durch die Bundesrepublik Deutschland, 6 Bde., München 1974 ff.

Buruma, Ian, Erbschaft der Schuld. Vergangenheitsbewältigung in Deutschland und Japan, München 1994.

Busher, Frank M., The US-War Crimes Trial Program in Germany 1946–1955, New York 1989.

Büttner, Ursula (Hg.), Die Deutschen und die Judenverfolgung im Dritten Reich. Werner Jochmann zum 70. Geburtstag, Hamburg 1992.

Classen, Christoph, Bilder der Vergangenheit. Die Zeit des Nationalsozialismus im Fernsehen der Bundesrepublik Deutschland 1955–1965, Köln, Weimar, Wien 1999.

Danyel, Jürgen (Hg.), Die geteilte Vergangenheit. Zum Umgang mit Nationalsozialismus und Widerstand in beiden deutschen Staaten, Berlin 1995.

Demandt, Alexander (Hg.), Macht und Recht. Große Prozesse in der Geschichte, 3. Aufl. München 1991.

Diller, Ansgar/Mühl-Benninghaus, Wolfgang (Hg.), Berichterstattung über den Nürnberger Prozess gegen die Hauptkriegsverbrecher 1945/46. Edition und Dokumentation ausgewählter Rundfunkquellen, Potsdam 1998.

Döscher, Hans-Jürgen, Verschworene Gesellschaft. Das Auswärtige Amt unter Adenauer zwischen Neubeginn und Kontinuität, Berlin 1995.

Dubiel, Helmut, Niemand ist frei von der Geschichte. Die nationalsozialistische Herrschaft in den Debatten des Deutschen Bundestages, München u. Wien 1999.

Dudek, Peter/Jaschke, Hans-Gerd, Entstehung und Entwicklung des Rechtsextremismus in der Bundesrepublik, Opladen 1984, 2 Bde.

Dudek, Peter, „Der Rückblick auf die Vergangenheit wird sich nicht vermeiden lassen". Zur pädagogischen Verarbeitung des Nationalsozialismus in Deutschland (1945–1990), Opladen 1995.

Eisfeld, Rainer/Müller, Ingo (Hg.), Gegen Barbarei. Essays Robert W. Kempner zu Ehren, Frankfurt/Main 1990.

Falter, Jürgen/Jaschke, Hans-Gerd/Winkler, Jürgen R. (Hg.), Rechtsextremismus. Ergebnisse und Perspektiven der Forschung (PVS-Sonderheft 27), Opladen 1996.

Féaux de la Croix, Ernst/Rumpf, Helmut, Der Werdegang des Entschädigungsrechts unter völkerrechtlichem und politologischem Aspekt, München 1985.

Felken, Detlef, Dulles und Deutschland. Die amerikanische Deutschlandpolitik 1953-1959, Bonn u. Berlin 1993.

Fest, Joachim, Speer. Eine Biographie, Berlin 1999.

Foitzik, Jan, Sowjetische Militäradministration in Deutschland (SMAD) 1945–1949, Berlin 1999.

Foschepoth, Josef, Im Schatten der Vergangenheit. Die Anfänge der Gesellschaften für Christlich-Jüdische Zusammenarbeit, Göttingen 1993.

Frei, Norbert, Vergangenheitspolitik. Die Anfänge der Bundesrepublik und die NS-Vergangenheit, München 1996.

Frei, Norbert/van Lak, Dirk/Stolleis, Michael, Geschichte vor Gericht. Historiker, Richter und die Suche nach Gerechtigkeit, München 2000.

Friedrich, Jörg, Die kalte Amnestie. NS-Täter in der Bundesrepublik, Frankfurt/Main 1984.

Friedrich, Jörg, Freispruch für die Nazi-Justiz. Die Urteile gegen NS-Richter seit 1948. Eine Dokumentation, Reinbek 1983.

Friedrich, Jörg/Wollenberg, Jörg (Hg.), Licht in den Schatten der Vergangenheit. Zur Enttabuisierung der Nürnberger Kriegsverbrecherprozesse, Frankfurt/Main, Berlin 1987.

Fritz Bauer Institut (Hg.), Auschwitz: Geschichte, Rezeption und Wirkung, Jahrbuch 1996 zur Geschichte und Wirkung des Holocaust, Frankfurt/Main, New York 1996.

Fritz Bauer Institut (Hg.), „Gerichtstag halten über uns selbst ..." Geschichte und Wirkung des ersten Frankfurter Auschwitz-Prozesses, Frankfurt/Main 2001.

Fritz Bauer Institut (Hg.), Überlebt und unterwegs. Jüdische Displaced Persons im Nachkriegsdeutschland, Jahrbuch 1997 zur Geschichte und Wirkung des Holocaust, Frankfurt/Main, New York 1997.

Fromme, Friedrich Karl, Von der Weimarer Verfassung zum Bonner Grundgesetz. Die verfassungspolitischen Folgerungen des Parlamentarischen Rates aus Weimarer Republik und nationalsozialistischer Diktatur, 2. Aufl. Tübingen 1962.

Fürstenau, Justus, Entnazifizierung. Ein Kapitel deutscher Nachkriegsgeschichte, Neuwied, Berlin 1969.

Gilbert, Gustave M., Nürnberger Tagebuch. Gespräche der Angeklagten mit dem Gerichtspsychologen, Frankfurt/Main 1962.

Gimbel, John, Amerikanische Besatzungspolitik in Deutschland, 1945–1949, Frankfurt/Main 1991.

Giordano, Ralph, Die zweite Schuld oder Von der Last Deutscher zu sein, Köln 1987.

Goschler, Constantin, Wiedergutmachung. Westdeutschland und die Verfolgten des Nationalsozialismus 1945–1954, München 1992.

Gosewinkel, Dieter, Adolf Arndt. Die Wiederherstellung des Rechtsstaats aus dem Geist der Sozialdemokratie (1945-1961), Bonn 1991.

Götz, Albrecht, Bilanz der Verfolgung von NS-Straftaten, Köln 1986.

Grabitz, Helge u.a. (Hg.), Die Normalität des Verbrechens. Bilanz und Perspektiven der Forschung zu den nationalsozialistischen Gewaltverbrechen, Berlin 1994.

Graml, Hermann/Henke, Klaus-Dietmar (Hg.), Nach Hitler. Der schwierige Umgang mit unserer Geschichte. Beiträge von Martin Broszat, 2. Aufl. München 1987.

Grosser, Alfred, Ermordung der Menschheit. Der Genozid im Gedächtnis der Völker, München 1990.

Grunenberg, Antonia, Antifaschismus – ein deutscher Mythos, Reinbek 1993.

Haffner, Sebastian, Anmerkungen zu Hitler, München 1978.

Hahn, Brigitte J., Umerziehung durch Dokumentarfilm? Ein Instrument amerikanischer Kulturpolitik im Nachkriegsdeutschland (1945–1953), Münster 1993.

Hankel, Gerd/Stuby, Gerhard (Hg.), Strafgerichte gegen Menschlichkeitsverbrechen. Zum Völkerstrafrecht 50 Jahre nach dem Nürnberger Prozeß, Hamburg 1996.

Haug, Wolfgang F., Vom hilflosen Antifaschismus zur Gnade der späten Geburt, Hamburg 1987.

Heil, Johannes/Erb, Rainer (Hg.), Geschichtswissenschaft und Öffentlichkeit. Der Streit um Daniel Goldhagen, Frankfurt/Main 1998.

Heinze, Kurt/Schilling, Karl, Die Rechtsprechung der Nürnberger Militärtribunale. Sammlung der Rechtsthesen, der Urteile und gesonderten Urteilsbegründungen der dreizehn Nürnberger Prozesse, Bonn 1952.

Henke, Klaus-Dietmar/Woller, Hans (Hg.), Politische Säuberung in Europa.

Die Abrechnung mit Faschismus und Kollaboration nach dem Zweiten Weltkrieg, München 1991.

Henkys, Reinhard, Die nationalsozialistischen Gewaltverbrechen. Geschichte und Gericht, Stuttgart u. Berlin 1964.

Herbert, Ulrich, Best. Biographische Studien über Radikalismus, Weltanschauung und Vernunft 1903–1989, Bonn 1996.

Herbert, Ulrich (Hg.), Nationalsozialistische Vernichtungspolitik 1939–1945, Frankfurt/Main 1998.

Herbst, Ludolf (Hg.), Westdeutschland 1945–1955. Unterwerfung, Kontrolle, Integration, München 1986.

Herbst, Ludolf/Goschler, Constantin (Hg.), Wiedergutmachung in der Bundesrepublik Deutschland (Sondernummer der Schriftenreihe der Vierteljahreshefte für Zeitgeschichte), München 1989.

Herf, Jeffrey, Zweierlei Erinnerung, Die NS-Vergangenheit im geteilten Deutschland, Berlin 1998.

Herz, Thomas/Schwab-Trapp, Michael (Hg.), Umkämpfte Vergangenheit. Diskurse über den Nationalsozialismus seit 1945, Opladen 1997.

Hirsch, Martin/Paech, Norman/Stuby, Gerhard (Hg.), Politik als Verbrechen. 40 Jahre „Nürnberger Prozesse", Hamburg 1986.

Jacobmeyer, Wolfgang, Vom Zwangsarbeiter zum heimatlosen Ausländer. Die Displaced Persons in Westdeutschland 1945–1951, Göttingen 1985.

Jacobsen, Hans-Adolf/Thomala, M. (Hg.), Bonn – Warschau 1945–1991. Die deutsch-polnischen Beziehungen, Köln 1992.

Jäger, Herbert, Verbrechen unter totalitärer Herrschaft. Studien zur nationalsozialistischen Gewaltkriminalität, Frankfurt/Main 1982 (1967).

Jaspers, Karl, Hoffnung und Sorge. Schriften zur deutschen Politik 1945–1965, München 1965.

Jung, Susanne, Die Rechtsprobleme der Nürnberger Prozesse – dargestellt am Verfahren gegen Friedrich Flick, Tübingen 1992.

Just-Dahlmann, Barbara/Just, Helmut, Die Gehilfen. NS-Verbrechen und die Justiz nach 1945, Frankfurt/Main 1988.

Kadereit, Ralf, Karl Jaspers und die Bundesrepublik Deutschland. Politische Gedanken eines Philosophen, Paderborn 1999.

Kalinowsky, Harry H., Kampfplatz Justiz. Politische Justiz und Rechtsextremismus in der Bundesrepublik Deutschland 1949–1990, Pfaffenweiler 1993.

Kempner, Robert W., Ankläger einer Epoche. Lebenserinnerungen, Frankfurt/Main u. Berlin 1986.

Kielmansegg, Peter Graf, Lange Schatten. Vom Umgang der Deutschen mit der nationalsozialistischen Vergangenheit, Berlin 1989.

Kielmansegg, Peter Graf, Nach der Katastrophe. Eine Geschichte des geteilten Deutschland, Berlin 2000.

Kirn, Michael, Verfassungsumsturz oder Rechtskontinuität? Die Stellung der Jurisprudenz nach 1945 zum Dritten Reich, insbesondere die Konflikte um die Kontinuität der Beamtenrechte und Art. 131 Grundgesetz, Berlin 1972.

Kittel, Manfred, Die Legende von der „Zweiten Schuld". Vergangenheitsbewältigung in der Ära Adenauer, Berlin, Frankfurt/Main 1993.

Kleßmann, Christoph/Misselwitz, Hans/Wichert, Günter (Hg.), Deutsche

Vergangenheiten – eine gemeinsame Herausforderung. Der schwierige Umgang mit der doppelten Nachkriegsgeschichte, Berlin 1999.

Klonovsky, Michael/von Flocken, Jan, Stalins Lager in Deutschland. Dokumentation und Zeugenberichte 1945–1950, München 1993.

Koebner, Thomas, u. a. (Hg.), Deutschland nach Hitler. Zukunftspläne im Exil und aus der Besatzungszeit 1939–1949, Opladen 1987.

Kohlstruck, Michael, Zwischen Erinnerung und Geschichte. Der Nationalsozialismus und die jungen Deutschen, Berlin 1997.

König, Helmut/Kohlstruck, Michael/Wöll, Andreas (Hg.), Vergangenheitsbewältigung am Ende des zwanzigsten Jahrhunderts (Leviathan. Zeitschrift für Sozialwissenschaften, Sonderheft 18), Opladen 1998.

König, Helmut/Kuhlmann, Wolfgang/Schwabe, Klaus (Hg.), Vertuschte Vergangenheit. Der Fall Schwerte und die NS-Vergangenheit der deutschen Hochschulen, München 1997.

Köppen, Manuel (Hg.), Kunst und Literatur nach Auschwitz, Berlin 1993.

Koselleck, Reinhart, Zur politischen Ikonologie des gewaltsamen Todes. Ein deutsch-französischer Vergleich, Basel 1998.

Kraus, Herbert (Hg.), Die im Braunschweiger Remerprozess erstatteten moraltheologischen und historischen Gutachten nebst Urteil, Hamburg 1953.

Kraushaar, Wolfgang, Die Protest-Chronik 1949–1959, Hamburg 1996, 4 Bde.

Kröger, Ullrich, Die Ahndung von NS-Verbrechen vor westdeutschen Gerichten und ihre Rezeption in der deutschen Öffentlichkeit 1958 bis 1965 unter besonderer Berücksichtigung von SPIEGEL, STERN, ZEIT, SZ, FAZ, WELT, BILD, HAMBURGER ABENDBLATT, NZ und NEUEM DEUTSCHLAND, Phil.Diss. Hamburg 1973.

KZ-Gedenkstätte Neuengamme (Hg.), Die frühen Nachkriegsprozesse (Beiträge zur Geschichte der nationalsozialistischen Verfolgung in Norddeutschland, Heft 3), Bremen 1997.

Langbein, Hermann, Der Auschwitz-Prozeß. Eine Dokumentation, Frankfurt/Main 1965 (Nachdruck 1995).

Lepsius, M. Rainer, Demokratie in Deutschland. Soziologisch-historische Konstellationsanalysen. Ausgewählte Aufsätze, Göttingen 1993.

Leo, Annette/Reif-Spirek, Peter (Hg.), Helden, Täter und Verräter. Studien zum DDR-Antifaschismus, Berlin 1999.

Lichtenstein, Heiner, Im Namen des Volkes? Eine persönliche Bilanz der NS-Prozesse, Köln 1984.

Lichtenstein, Heiner, Majdanek. Reportage eines Prozesses, Frankfurt/Main 1979.

Lömker, Joachim, Die gefährliche Abwertung von Bevölkerungsteilen (§ 130 StGB), Jur.Diss. Hamburg 1970.

Loewy, Hanno (Hg.), Holocaust: Die Grenzen des Verstehens. Eine Debatte über die Besetzung der Geschichte, Reinbek 1992.

Loewy, Hanno/Moltmann, Bernhard (Hg.), Erlebnis – Gedächtnis – Sinn. Authentische und konstruierte Erinnerung, Frankfurt/Main, New York 1998.

Loth, Wilfried/Rusinek, Bernd A. (Hg.), Verwandlungspolitik. NS-Eliten in der westdeutschen Nachkriegsgesellschaft, Frankfurt/Main, New York, 1998.

Meier, Christian, Vierzig Jahre nach Auschwitz. Deutsche Geschichtserinnerung heute, München 1990.

Meinecke, Friedrich, Die deutsche Katastrophe. Betrachtungen und Erinnerungen, 6. Aufl. Wiesbaden 1965.

Merrit, Anna J./Merrit, Richard L. (Eds.), Public Opinion in Occupied Germany. The OMGUS Surveys 1945–49, Urbana/Chicago/London 1970.

Meyer-Seitz, Christian, Die Verfolgung von NS-Straftaten in der Sowjetischen Besatzungszone, Berlin 1998.

Mitscherlich, Alexander und Margarete, Die Unfähigkeit zu trauern, München 1967.

Mitscherlich, Alexander/Mielke, Fred, Medizin ohne Menschlichkeit. Dokumente des Nürnberger Ärzteprozesses, Frankfurt/Main 1960.

Moltmann, Bernhard (Hg.), Erinnerung. Zur Gegenwart des Holocaust in Deutchland-West und Deutschland-Ost, Frankfurt/Main 1993.

Mommsen, Hans, Alternative zu Hitler. Studien zur Geschichte des deutschen Widerstands, München 2000.

Müller, Ingo, Furchtbare Juristen. Die unbewältigte Vergangenheit unserer Justiz, München 1987.

Müller, Rolf-Dieter/Volkmann, Hans-Erich (Hg.), Die Wehrmacht. Mythos und Realität, München 1999.

Naumann, Bernd, Auschwitz. Bericht über die Strafsache gegen Mulka u.a. vor dem Schwurgericht Frankfurt, Frankfurt/Main 1968.

Niethammer, Lutz, Die Mitläuferfabrik. Die Entnazifizierung am Beispiel Bayerns, Neuausg. Bonn 1982.

Novick, Peter, The Holocaust and Collective Memory. The American Experience, London 2000.

Oberreuter, Heinrich/Weber, Jürgen (Hg.), Freundliche Feinde? Die Alliierten und die Demokratiegründung in Deutschland, München u. Landsberg 1996.

Oppitz, Ulrich-Dieter, Strafverfahren und Strafverfolgung bei NS-Gewaltverbrechen, 2. Aufl. Ulm 1979.

Ostendorf, Heribert/ter Veen, Heino, Das „Nürnberger Juristenurteil". Eine kommentierte Dokumentation, Frankfurt/Main 1982.

Prantl, Heribert (Hg.), Wehrmachtsverbrechen. Eine deutsche Kontroverse, Hamburg 1997.

Pross, Christian, Wiedergutmachung. Der Kleinkrieg gegen die Opfer. Herausgegeben vom Hamburger Institut für Sozialforschung, Frankfurt/Main 1988.

Prozeß, Der, gegen die Hauptkriegsverbrecher vor dem Internationalen Militärgerichtshof Nürnberg, 14. November 1945 – 1. Oktober 1946, 42 Bände, Nürnberg 1947–1949 (Reprint, 12 Bände, München, Zürich 1984).

Rabinbach, Anson, In the Shadow of Catastrophe. German Intellectuals between Apocalypse and Enlightenment, Berkeley 1997.

Reichel, Peter, Politik mit der Erinnerung. Gedächtnisorte im Streit um die nationalsozialistische Vergangenheit, 2. Aufl. Frankfurt/Main 1999 (1995).

Reichel, Peter (Hg.), Das Gedächtnis der Stadt. Hamburg im Umgang mit seiner nationalsozialistischen Vergangenheit, Hamburg 1997.

Reiter, Raimond, 30 Jahre „Justiz und NS-Verbrechen". Die Aktualität einer Urteilssammlung, Frankfurt/Main u. a. 1998.

Rendtorff, Rolf/Henrix, Hans Hermann (Hg.), Die Kirchen und das Judentum. Dokumente von 1945–1985, Paderborn und München 1988.

Renz, Werner, Auschwitz als Strafsache. Vorgeschichte und Verlauf des 1. Frankfurter Auschwitz-Prozesses (Frankfurt/Main 2000 unveröffentl. Ms.).

Roth, Rainer/Seifert, Walter (Hg.), Die zweite deutsche Demokratie. Ursprünge, Probleme, Perspektiven, Köln u. Wien 1990.

Rothenpieler, Friedrich Wilhelm, Der Gedanke einer Kollektivschuld in juristischer Sicht, Berlin 1982.

Rückerl, Adalbert (Hg.), NS-Prozesse. Nach 25 Jahren Strafverfolgung: Möglichkeiten – Grenzen – Ergebnisse, Karlsruhe 1971.

Rückerl, Adalbert, NS-Verbrechen vor Gericht. Versuch einer Vergangenheitsbewältigung, Karlsruhe 1982.

Rückerl, Adalbert (Hg.), NS-Vernichtungslager im Spiegel deutscher Strafprozesse, München 1977.

Rupieper, Hermann-Josef, Der besetzte Verbündete. Die amerikanische Deutschlandpolitik 1949–1955, Opladen 1991.

Rupieper, Hermann-Josef, Die Wurzeln der westdeutschen Nachkriegsdemokratie. Der amerikanische Beitrag 1945–1952, Opladen 1993.

Rüter, C. F./de Mildt, D. W. (Hg.), Justiz und NS-Verbrechen. Sammlung deutscher Strafurteile wegen nationalsozialistischer Tötungsverbrechen 1945–1999, Amsterdam 1966 ff. (bisher 1945–1966, 22 Bde.).

Rüter, C. F./de Mildt, D. W. (Hg.), Die westdeutschen Strafverfahren wegen nationalsozialistischer Tötungsverbrechen 1945–1997. Eine systematische Verfahrensbeschreibung mit Karten und Registern, Amsterdam u. München 1998.

Sabrow, Martin (Hg.), Geschichte als Herrschaftsdiskurs. Der Umgang mit der Vergangenheit in der DDR, Köln, Weimar, Wien 2000.

Sabrow, Martin (Hg.), Verwaltete Vergangenheit. Geschichtskultur und Herrschaftslegitimation in der DDR, Leipzig 1997.

Sagi, Nana, German Reparations. A History of the Negotiations, Jerusalem 1980.

Schiffers, Reinhard, Zwischen Bürgerfreiheit und Staatsschutz. Wiederherstellung und Neufassung des politischen Strafrechts in der Bundesrepublik Deutschland 1949–1951, Düsseldorf 1989.

Schildt, Axel/Sywottek, Arnold (Hg.), Modernisierung im Wiederaufbau. Die westdeutsche Gesellschaft der 50er Jahre, aktual. Ausg. Bonn 1998.

Schildt, Axel/Siegfried, Detlef/Lammers, Karl Christian (Hg.), Dynamische Zeiten. Die 60er Jahre in den beiden deutschen Gesellschaften, Hamburg 2000.

Schneider, Peter/Meyer, Hermann J., Rechtliche und politische Aspekte der NS-Verbrecherprozesse, Mainz 1986.

Schultz, Uwe (Hg.), Große Prozesse. Recht und Gerechtigkeit in der Geschichte, München 1996.

Schwan, Gesine, Politik und Schuld. Die zerstörerische Macht des Schweigens, Frankfurt/Main 1997.

Schwartz, Thomas Alan, America's Germany. John J. McCloy and the Federal Republic of Germany, Cambridge/Mass., London 1991.

Schwarz, Hans-Peter (Hg.), Die Wiederherstellung des deutschen Kredits. Das Londoner Schuldenabkommen, Stuttgart/Zürich 1982.

Schwarz, Hans-Peter, Die Ära Adenauer. Epochenwechsel 1957–1963, Stuttgart, Wiesbaden 1983.

Schwarz, Hans-Peter, Die Ära Adenauer. Gründerjahre der Republik 1949–1957, Stuttgart, Wiesbaden 1981.

Schwarz, Walter, Rückerstattung nach den Gesetzen der Alliierten Mächte, München 1974.

Sereny, Gitta, Albert Speer. Das Ringen mit der Wahrheit und das deutsche Trauma, München 1995.

Sigel, Robert, Im Interesse der Gerechtigkeit. Die Dachauer Kriegsverbrecherprozesse 1945–1948, Frankfurt/Main, New York 1992.

Smith, Bradley, Der Jahrhundertprozeß. Die Motive der Richter von Nürnberg – Anatomie einer Urteilsfindung, Frankfurt/Main 1979.

Smith, Gary/Margalit, Avishai (Hg.), Amnestie oder die Politik der Erinnerung, Frankfurt/Main 1997.

Smith, Gary (Hg.), Hannah Arendt revisited: „Eichmann in Jerusalem" und die Folgen, Frankfurt/Main 2000.

Smith, Gary/Emrich, Hinderk M. (Hg.), Vom Nutzen des Vergessens, Berlin 1996.

Steinbach, Peter, Nationalsozialistische Gewaltverbrechen. Die Diskussion in der deutschen Öffentlichkeit nach 1945, Berlin 1981.

Steinbach, Peter, Widerstand im Widerstreit. Der Widerstand gegen den Nationalsozialismus in der Erinnerung der Deutschen, 2., erw. Aufl. Paderborn 2000.

Steininger, Rolf (Hg.), Der Umgang mit dem Holocaust. Europa – USA – Israel, Wien u. a. 1994.

Stern, Frank, Im Anfang war Auschwitz. Antisemitismus und Philosemitismus im deutschen Nachkrieg, Gerlingen 1991.

Stöss, Richard, Die extreme Rechte in der Bundesrepublik. Entwicklung, Ursachen, Gegenmaßnahmen, Opladen 1989.

Tauber, Kurt P., Beyond Eagle and Swastika. German Nationalism since 1945, Middletown 1967, 2 Bde.

Taylor, Telford, Die Nürnberger Prozesse. Hintergründe, Analysen und Erkenntnisse aus heutiger Sicht, München 1994.

Timm, Angelika, Hammer, Zirkel, Davidstern. Das gestörte Verhältnis der DDR zu Zionismus und Staat Israel, Bonn 1997.

Ueberschär Gerd R. (Hg.), Der 20. Juli 1944. Bewertung und Rezeption des deutschen Widerstands gegen das NS-Regime, Köln 1994.

Ueberschär, Gerd R. (Hg.), Der Nationalsozialismus vor Gericht. Die alliierten Prozesse gegen Kriegsverbrecher und Soldaten 1943–1952, Frankfurt/Main 1999.

Vogel, Rolf (Hg.), Der deutsch-israelische Dialog. Dokumentation eines erregenden Kapitels deutscher Außenpolitik, Teil I: Politik, München 1987, 3 Bde.

Volkmann, Hans-Erich (Hg.), Ende des Dritten Reiches. Ende des Zweiten Weltkrieges, München 1995.

Vollnhals, Clemens, Evangelische Kirche und Entnazifizierung. Die Last der nationalsozialistischen Vergangenheit, München 1989.

Vollnhals, Clemens (Hg.), Entnazifizierung. Politische Säuberung und Rehabilitierung in den vier Besatzungszonen 1945–1949, München 1991.

Wachs, Philipp-Christian, Der Fall Theodor Oberländer. Ein Lehrstück deutscher Geschichte, Frankfurt/Main 2000.

Wandres, Thomas, Die Strafbarkeit des Auschwitz-Leugnens (Strafrechtliche Abhandlungen NF Bd. 129), Berlin 2000.

Wassermann, Rudolf, Recht, Gewalt, Widerstand. Vorträge und Aufsätze, Berlin 1985.

Weber, Jürgen/Steinbach, Peter (Hg.), Vergangenheitsbewältigung durch Strafverfahren? NS-Prozesse in der Bundesrepublik, München 1984.

Wehler, Hans-Ulrich, Entsorgung der deutschen Vergangenheit? Ein polemischer Essay zum „Historikerstreit", München 1988.

Weingartner, James F., Crossroads of Death. The Story of the Malmedy Masacre and Trial, Berkeley 1979.

Weinrich, Harald, Lethe. Kunst und Kritik des Vergessens, München 1997.

Weisz, Christoph (Hg.), OMGUS-Handbuch. Die amerikanische Militärregierung in Deutschland 1945–1949, München 1994.

Welzer, Harald, Verweilen beim Grauen. Essays zum wissenschaftlichen Umgang mit dem Holocaust, Tübingen 1997.

Wengst, Udo, Beamtentum zwischen Reform und Tradition. Beamtengesetzgebung in der Gründungsphase der Bundesrepublik Deutschland 1948–1953, Düsseldorf 1988.

Werle, Gerhard/Wandres, Thomas, Auschwitz vor Gericht. Völkermord und bundesdeutsche Strafjustiz. Mit einer Dokumentation des Auschwitz-Urteils, München 1995.

Wilke, Jürgen u.a. (Hg.), Holocaust und NS-Prozesse. Die Presseberichterstattung in Israel und Deutschland zwischen Aneignung und Abwehr, Köln 1995.

Willis, J., Prologue to Nuremberg: The Politics and Diplomacy of Punishing War Criminals of the First World War, Westport 1982.

Wolffsohn, Michael, Ewige Schuld? 40 Jahre deutsch-jüdisch-israelische Beziehungen, München 1988.

Wolfrum, Edgar, Geschichtspolitik in der Bundesrepublik Deutschland. Der Weg zur bundesrepublikanischen Erinnerung 1948–1990, Darmstadt 1999.

Zielinski, Siegfried, Veit Harlan. Analysen und Materialien zur Auseinandersetzung mit einem Film-Regisseur des deutschen Faschismus, Frankfurt/Main 1981.

Personenregister

→ Weißbuch von der Bundesregierung

Warum waren überhaupt die
Attentäter von 20. Juli als
Vaterlandverräter betrachtet?

– die Verjährungsfrist
etw. kann nach einer bestimmten Zeit
nicht mehr strafrechtlich verfolgt
werden etw. geht als verloren (verloren?)

Erinnerungen und Zeugnisse

Verlag C. H. Beck München

Zeitgeschichte

Hans Mommsen
Alternative zu Hitler
Studien zur Geschichte des deutschen Widerstandes
2000. 424 Seiten. Paperback
Beck'sche Reihe Band 1373

Christoph Studt (Hrsg.)
Das Dritte Reich
Ein Lesebuch zur deutschen Geschichte 1933–1945
4. Auflage. 1998. 350 Seiten mit 6 Abbildungen. Paperback
Beck'sche Reihe Band 1257

Norbert Frei/Dirk van Laak/Michael Stolleis (Hrsg.)
Geschichte vor Gericht
Historiker, Richter und die Suche nach Gerechtigkeit
2000. 187 Seiten. Paperback
Beck'sche Reihe Band 1355

Dieter Langewiesche
Nation, Nationalismus, Nationalstaat
in Deutschland und Europa
2000. 268 Seiten mit 6 Abbildungen. Paperback
Beck'sche Reihe Band 1399

Michael Brenner
Nach dem Holocaust
Juden in Deutschland 1945–1950
1995. 254 Seiten mit 16 Abbildungen und 1 Karte. Paperback
Beck'sche Reihe Band 1139

Gerhard A. Ritter
Über Deutschland
Die Bundesrepublik in der deutschen Geschichte
2., durchgesehene Auflage. 2000. 304 Seiten. Paperback
Beck'sche Reihe Band 1389

Verlag C. H. Beck München